역사 이야기로 배우는 한국어

지은이 김순례
번역 Justin Chang, 卢鸿金, 吉本一, 中島仁
펴낸이 정규도
펴낸곳 (주)다락원

초판 1쇄 인쇄 2019년 1월
초판 2쇄 발행 2023년 6월
책임편집 이숙희, 백다흰, 박인경, 정은영
디자인 윤지영, 김희정
일러스트 윤병철, 다감인
녹음 신소윤, 김래환

다락원 경기도 파주시 문발로 211, 10881
내용 문의 : (02)736-2031 내선 420~426
구입 문의 : (02)736-2031 내선 250~252
Fax : (02)732-2037
출판등록 1977년 9월 16일 제406-2008-000007호

Copyright © 2019, 김순례

저자 및 출판사의 허락 없이 이 책의 일부 또는 전부를 무단
복제·전재·발췌할 수 없습니다. 구입 후 철회는 회사 내규
에 부합하는 경우에 가능하므로 구입 문의처에 문의하시기
바랍니다. 분실·파손 등에 따른 소비자 피해에 대해서는
공정거래위원회에서 고시한 소비자 분쟁 해결 기준에 따라
보상 가능합니다. 잘못된 책은 바꿔 드립니다.

ISBN 978-89-277-3227-3 18710
     978-89-277-3150-4 (set)

http://www.darakwon.co.kr
http://koreanbooks.darakwon.co.kr

다락원 홈페이지를 방문하시면 상세한 출판 정보와 함께 MP3 자료 등
다양한 어학 정보를 얻으실 수 있습니다.

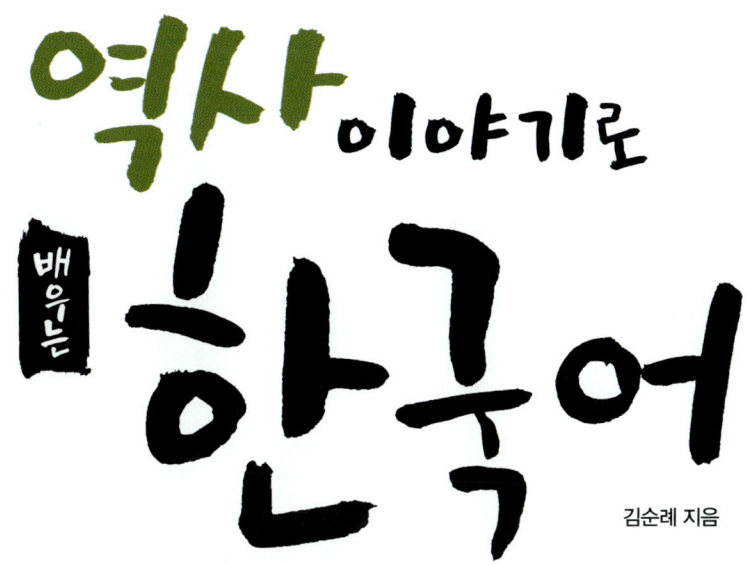

김순례 지음

머리말

『역사 이야기로 배우는 한국어』는 중급 이상의 한국어 학습자를 대상으로 한 읽기 교재로 『전래동화로 배우는 한국어』, 『설화로 배우는 한국어』에 이은 시리즈물입니다. 역사는 사회가 어떻게 변화해 왔는지에 대한 기록인 만큼, 한국 역사를 공부한다는 것은 한국 문화를 배우는 것이면서 동시에 한국어를 익히는 데도 효과적입니다. 이 책은 흥미로운 한국의 역사 이야기를 통해 보다 더 친숙하고 쉽게 한국 문화와 한국어에 대한 이해를 높일 수 있도록 구성하였습니다.

본 교재에는 고조선부터 조선에 이르기까지 한국인이 사랑하는 역사 속 인물들의 이야기가 수록되어 있습니다. 역사 속 인물의 이야기는 당시의 시대적 상황과 당시 사람들의 가치관뿐만 아니라, 오늘날 한국인의 정서를 이해하는 데에도 도움을 줍니다. 예를 들어 무슨 일이든 틀리지 않고 잘 맞을 때 흔히 '백발백중'이라고 하는데, 이는 고구려를 세운 주몽으로부터 비롯된 표현입니다. 이처럼 한국의 역사 이야기를 많이 알수록 한국인과 한국 문화를 더욱 잘 이해할 수 있고, 좀 더 수준 높은 한국어를 구사할 수 있습니다.

본 교재에 수록된 역사 이야기는 과거의 기록을 바탕으로 했지만, 설화적 요소가 가미된 부분도 적지 않습니다. 이는 그 인물에 대한 당시의 사고관이 반영된 것이므로 한국 문화를 이해하는 데 도움이 될 것입니다. 모쪼록 『역사 이야기로 배우는 한국어』가 한국 역사를 소재로 하는 훌륭한 읽기 교재가 출간되는 데에 밑거름이 될 수 있기를 기대해 봅니다.

끝으로 이 책이 나오기까지 정성을 다해 도움을 주신 다락원 한국어출판부 편집진과 삽화와 번역을 맡아 주신 분들께도 감사를 드립니다. 또한 본 교재의 완성을 위하여 도움을 주신 여러 선생님들과 외국인 학생들에게도 깊이 감사 드립니다.

2019년 1월
김순례

일러두기

'역사 이야기로 배우는 한국어'는 중급 단계의 한국어 학습자를 대상으로 한 한국어 읽기 교재입니다.

본 교재는 한국의 역사 이야기를 통해 외국인 학습자가 한국인의 기본적인 정서와 가치관을 비롯하여, 어휘, 문법, 표현 등을 좀 더 재미있게 배울 수 있도록 하였습니다. 이로써 학습자들의 말하기, 듣기, 읽기, 쓰기 능력을 신장시키고, 한국의 역사 이야기를 세계에 알리며 한국어와 한국 문화에 대한 이해를 돕고자 하였습니다.

본 교재는 고조선 시대, 삼국 시대, 고려 시대, 조선 시대, 총 4개의 시대에서 전해 오는 역사 이야기를 선정하여 총 15개의 단원으로 구성하였습니다. 세부 내용은 다음과 같습니다.

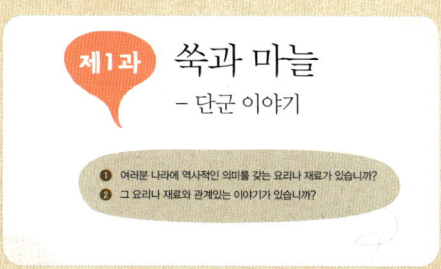

❶ 제목, 들어가기
본문과 관계있는 질문과 함께 관련 사진이나 삽화를 실었습니다. 이를 통해 본문의 내용과 주제에 보다 흥미롭게 접근할 수 있습니다.

❷ 이야기 상상하기
그림 속의 상황, 인물 등과 관련된 어휘와 표현을 그림을 보며 자연스럽게 익히며, 본문이 어떻게 전개될지 상상해 보게 함으로써 적극적인 학습을 유도하였습니다.

❸ 상상하며 듣기
전체적으로 본문의 내용을 들으면서 무작위로 섞여 있는 '이야기 상상하기'의 그림을 순서에 맞게 배열한 후 이야기로 구성해 봅니다. 이로써 본문의 전체적인 이야기의 맥락을 이해할 수 있습니다.

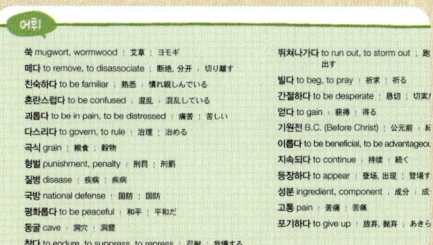

❹ 어휘
앞서 본문을 들으면서 학습자가 맥락 속에서 추측했던 어휘의 의미를 학습자의 모국어로 확인할 수 있도록 하였습니다.

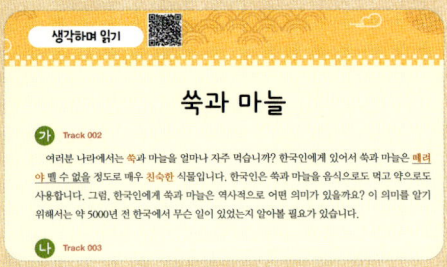

❺ 생각하며 읽기
앞에서 학습한 어휘와 들은 내용을 바탕으로 학습자가 상상한 내용을 직접 읽어 보며 확인할 수 있습니다. 어휘는 진하게 색 글 씨로 표시하였고 해당 과에서 배울 문법과 표현은 밑줄로 표시하여 내용과 더불어 형태에도 집중할 수 있게 했습니다.

＊영어, 중국어, 일본어 번역은 별책 부록을 참고해 주세요.

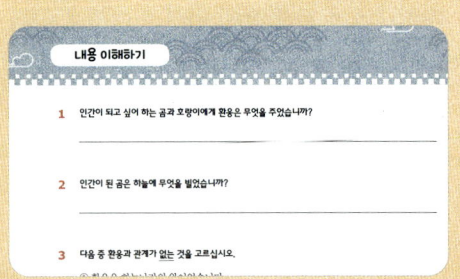

❻ 내용 이해하기
본문과 관련된 문제를 풀어 보며 본문의 내용 이해 정도를 파악할 수 있습니다. 내용 파악 문제와 신출 어휘 관련 문제를 풀어 보며 학습자가 학습한 내용을 한 번 더 다지고 어휘의 다양한 쓰임을 알 수 있습니다.

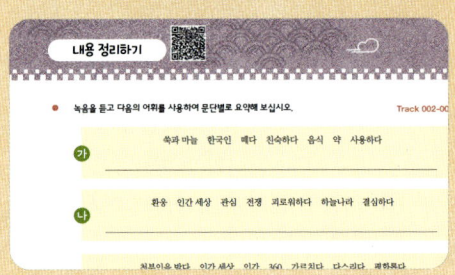

❼ 내용 정리하기
본문 내용을 문단별로 다시 들으면서, 제시된 어휘를 바탕으로 중심 내용을 정리할 수 있습니다. 본문에서 사용된 어휘를 순서대로 사용하여 각 문단의 중심 문장을 만들어 보고, 수록된 모범 답안으로 스스로 확인해 볼 수 있습니다.

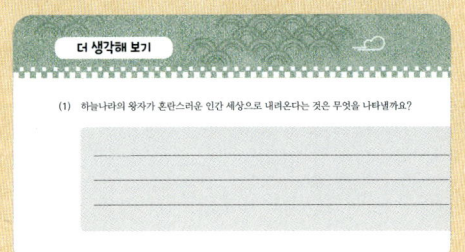

❽ 문형과 표현 익히기
'생각하며 읽기'에서 학습자가 맥락을 통해 유추했던 문법의 의미와 용법을 확인하여 문법을 정확하게 사용할 수 있도록 하였습니다. 이때 본문에 등장한 문장을 예문에 사용하여 새로운 문형과 표현에 대한 접근성을 높였습니다.

＊영어, 중국어, 일본어 번역은 별책 부록을 참고해 주세요.

❾ 더 생각해 보기
학습자의 입장에서 본문의 내용을 가정, 변형, 확장함으로써 적극적인 말하기와 쓰기를 할 수 있도록 하였습니다.

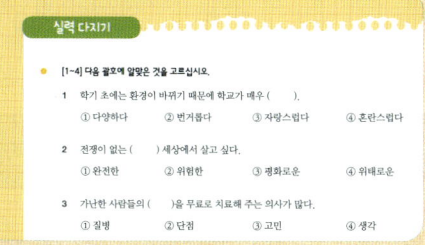

❿ 실력 다지기

본문에서 배운 어휘와 문법, 표현 등을 문제를 통해 복습하고 점검할 수 있도록 하였습니다. 유의어와 반의어 등의 의미를 정확하게 이해하여 문장 안에서 다양한 문법과 표현을 알맞게 쓸 수 있는지 주관식 문제로 확인할 수 있습니다.

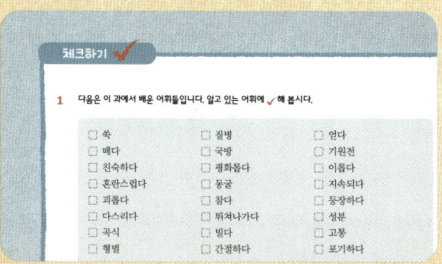

⓫ 체크하기

각 과에서 배운 어휘와 문법을 얼마나 알고 있는지 스스로 확인하고 부족한 부분을 다시 점검하여 학습하게 하였습니다. 또한 내용, 문법, 관련 문화 등에 대한 이해 정도를 상, 중, 하로 체크해 보도록 하였습니다.

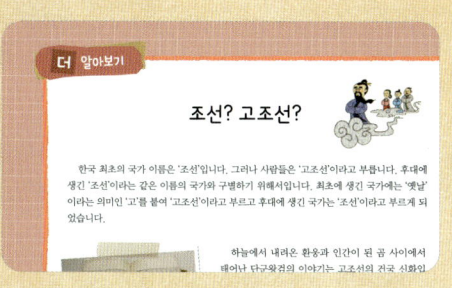

⓬ 더 알아보기

본문에서 다루지 못한 뒷이야기나 관련된 내용을 시각 자료와 함께 소개하였습니다. 본문과 관련 있는 읽기 자료를 통해 한국 역사와 한국어에 대한 이해도를 한층 높일 수 있도록 하였습니다.
＊영어, 중국어, 일본어 번역은 별책 부록을 참고해 주세요.

⓭ 쉬어 가기

본문의 소재나 주제와 관계있는 내용을 속담, 퀴즈, 노래, 게임, 퍼즐 등의 재미있는 형식으로 구성하여 학습의 긴장감을 해소하며 마무리하는 단계입니다.

교수 요목

시대	과	제목	내용	문형과 표현 익히기	더 알아보기	쉬어 가기	연표로 보는 역사
1장 고조선 시대	1	쑥과 마늘 – 단군 이야기	쑥과 마늘에 얽힌, 단군이 고조선을 세우기까지의 이야기	-(으)려야 -(으)ㄹ 수 없다 -고자 -더라도	조선? 고조선? 고조선의 대표 유물	입에 쓴 약이 몸에는 좋다. 쑥개떡 만들기	연표로 보는 고조선 시대
2장 삼국 시대	2	백발백중 – 주몽 이야기	활을 잘 쏘는 주몽이 시련을 딛고 고구려를 세운 이야기	-고 해서 -(으)ㄴ/는가? -(으)ㄹ 뻔하다	알에서 나온 아이	활과 과녁이 서로 맞는다. 우리는 몇 점?	연표로 보는 삼국 시대
	3	부러진 칼 – 유리왕 이야기	부러진 칼을 찾아서 주몽의 아들임을 증명해 낸 유리왕 이야기	-다가 -아/어 있다 -던	고구려와 백제는 형제	등잔 밑이 어둡다. 세모는 몇 개?	
	4	눈먼 사랑 – 낙랑 공주 이야기	사랑에 눈이 멀어 나라를 배신하고 비극적인 결말을 맞게 된 낙랑 공주 이야기	-았/었다가 (으)로 삼다 마저	대무신왕의 계획?	믿는 도끼에 발등 찍힌다. 매직 아이	
	5	생각하기 나름 – 원효 대사 이야기	원효 대사가 모든 것은 생각하기 나름이라는 깨달음을 얻고 백성들에게 불교를 전파한 이야기	-(으)ㄹ 겸 -다니/(이)라니 -기 나름	해골 물 이야기는 사실? 하늘을 받칠 기둥과 설총	꿈보다 해몽이 좋다. 생각하기 나름	
3장 고려 시대	6	억울한 누명 – 왕건 이야기	왕건이 억울한 누명에 현명하게 대처함으로써 위기에서 벗어난 이야기	-아/어 가다/오다 -(으)ㄴ/는 척하다 -자	고려? 고구려?	뛰어 봤자 부처님 손바닥 우리도 관심법을?	연표로 보는 고려 시대
	7	나를 믿어 주는 사람 – 공민왕과 노국 공주 이야기	서로의 지지와 신뢰를 바탕으로 뜻을 펼칠 수 있었던 공민왕과 노국 공주 이야기	에도(-(으)ㄴ/는데도) 불구하고 이자 -고 말다	몽골풍과 고려양	바늘 가는 데 실 간다. 나는 혹시 애정 결핍?	
	8	대를 이은 열정 – 최무선 이야기	최무선, 그의 아들, 손자까지 총 3대가 화약을 만드는 데 평생을 바친 이야기	-(으)ㄹ 뿐만 아니라(뿐만 아니라) 은/는커녕 (이)야말로	고려와 Korea	화약을 지고 불로 들어간다. 열정 테스트	

시대	과	제목	내용	문형과 표현 익히기	더 알아보기	쉬어 가기	연표로 보는 역사
3장 고려 시대	9	지워지지 않는 핏자국 - 정몽주 이야기	자신의 신념을 지키는 게 무엇보다 중요했던 정몽주 이야기	을/를 통해 -다시피 만 못하다	하여가와 단심가	귀가 얇다. 나도 시인	연표로 보는 고려 시대
4장 조선 시대	10	백성을 사랑한 왕 - 세종 대왕 이야기	사랑하는 백성들을 위해 한글을 만들었던 세종 대왕 이야기	에 의해(서) -곤 하다 -는 데(에)	훈민정음의 특징 28자 중 사라진 4글자는?	낫 놓고 기역자도 모른다. 초성 게임	연표로 보는 조선 시대
	11	홀연히 사라진 천재 과학자 - 장영실 이야기	신분을 뛰어넘어 눈부신 과학적 성과를 보였으나 홀연히 역사에서 사라진 장영실 이야기	-아/어다가 을/를 비롯하여 -는 바람에	장영실의 발명품	개천에서 용 난다. 열두 동물과 시간	
	12	나라를 구한 영웅 - 이순신 이야기	뛰어난 지도력으로 나라를 지켜낸 이순신 장군 이야기	에 따라(서) -아/어 봤자 -는 한	이순신의 3대 대첩	적을 알고 나를 알면 백번 싸워도 위태롭지 않다! 가로세로 퍼즐	
	13	뒤틀린 나무 - 사도 세자 이야기	뒤틀린 나무에 얽힌 뒤주에 갇혀 죽은 사도 세자 이야기	-아/어 버리다 -(으)로 인해 -(으)ㄴ 채(로)	탕평채와 탕평책	부모가 죽으면 땅에 묻고 자식이 죽으면 가슴에 묻는다. 탕평채 만들기	
	14	나눔을 실천한 삶 - 김만덕 이야기	자신의 재산을 가난한 사람들에게 아낌없이 나눠 줬던 제주 거상 김만덕 이야기	-다 보니 -도록 (이)나마	출륙 금지	곳간에서 인심 난다. 나는 어떤 사람?	
	15	시대를 뛰어넘은 사상가 - 정약용 이야기	평등한 세상을 꿈꾸던 조선의 개혁가 정약용 이야기	조차 -(으)ㄹ까 봐 -았/었더니	실학과 정약용	끈 떨어진 연 생각 뛰어넘기	

차례

머리말 ··· 4
일러두기 ··· 5
교수 요목 ·· 8
차례 ··· 10

1장 고조선 시대

제1과 쑥과 마늘 – 단군 이야기 ··· 13

2장 삼국 시대

제2과 백발백중 – 주몽 이야기 ··· 29
제3과 부러진 칼 – 유리왕 이야기 ·· 43
제4과 눈먼 사랑 – 낙랑 공주 이야기 ··· 57
제5과 생각하기 나름 – 원효 대사 이야기 ·· 71

3장 고려 시대

제6과 억울한 누명 – 왕건 이야기 ·· 87
제7과 나를 믿어 주는 사람 – 공민왕과 노국 공주 이야기 ························ 101
제8과 대를 이은 열정 – 최무선 이야기 ·· 115
제9과 지워지지 않는 핏자국 – 정몽주 이야기 ·· 129

4장 조선 시대

제10과 백성을 사랑한 왕 – 세종 대왕 이야기 145

제11과 홀연히 사라진 천재 과학자 – 장영실 이야기 159

제12과 나라를 구한 영웅 – 이순신 이야기 173

제13과 뒤틀린 나무 – 사도 세자 이야기 187

제14과 나눔을 실천한 삶 – 김만덕 이야기 201

제15과 시대를 뛰어넘은 사상가 – 정약용 이야기 215

부록

모범 답안 232

어휘 색인 242

자료 출처 246

1장
고조선 시대

제1과 쑥과 마늘 – 단군 이야기

제1과 쑥과 마늘
– 단군 이야기

1. 여러분 나라에 역사적인 의미를 갖는 요리나 재료가 있습니까?
2. 그 요리나 재료와 관계있는 이야기가 있습니까?

이야기 상상하기

- 다음 그림의 내용을 상상한 후 이야기 순서대로 문장을 만드십시오.

상상하며 듣기

1 그림을 보고 이야기의 순서를 상상해 봅시다.

2 그림을 보면서 녹음을 듣고 이야기 순서대로 그림의 번호를 써 보세요.   Track 001

3 위의 순서에 맞게 이야기를 다시 구성해서 말해 보세요.

어휘

쑥 mugwort, wormwood ǀ 艾草 ǀ ヨモギ
떼다 to remove, to disassociate ǀ 断绝, 分开 ǀ 切り離す
친숙하다 to be familiar ǀ 熟悉 ǀ 慣れ親しんでいる
혼란스럽다 to be confused ǀ 混乱 ǀ 混乱している
괴롭다 to be in pain, to be distressed ǀ 痛苦 ǀ 苦しい
다스리다 to govern, to rule ǀ 治理 ǀ 治める
곡식 grain ǀ 粮食 ǀ 穀物
형벌 punishment, penalty ǀ 刑罚 ǀ 刑罰
질병 disease ǀ 疾病 ǀ 疾病
국방 national defense ǀ 国防 ǀ 国防
평화롭다 to be peaceful ǀ 和平 ǀ 平和だ
동굴 cave ǀ 洞穴 ǀ 洞窟
참다 to endure, to suppress, to repress ǀ 忍耐 ǀ 我慢する

뛰쳐나가다 to run out, to storm out ǀ 跑出去, 逃离 ǀ 飛び出す
빌다 to beg, to pray ǀ 祈求 ǀ 祈る
간절하다 to be desperate ǀ 恳切 ǀ 切実だ
얻다 to gain ǀ 获得 ǀ 得る
기원전 B.C. (Before Christ) ǀ 公元前 ǀ 紀元前
이롭다 to be beneficial, to be advantageous ǀ 有利于 ǀ 得だ
지속되다 to continue ǀ 持续 ǀ 続く
등장하다 to appear ǀ 登场, 出现 ǀ 登場する
성분 ingredient, component ǀ 成分 ǀ 成分
고통 pain ǀ 苦痛 ǀ 苦痛
포기하다 to give up ǀ 放弃, 抛弃 ǀ あきらめる

생각하며 읽기

쑥과 마늘

가 Track 002

여러분 나라에서는 **쑥**과 마늘을 얼마나 자주 먹습니까? 한국인에게 있어서 쑥과 마늘은 **떼려야** 뗄 수 없을 정도로 매우 **친숙한** 식물입니다. 한국인은 쑥과 마늘을 음식으로도 먹고 약으로도 사용합니다. 그럼, 한국인에게 쑥과 마늘은 역사적으로 어떤 의미가 있을까요? 이 의미를 알기 위해서는 약 5000년 전 한국에서 무슨 일이 있었는지 알아볼 필요가 있습니다.

나 Track 003

옛날 하늘나라에 환인이라는 왕이 있었습니다. 환인에게는 환웅이라는 아들이 있었는데, 환웅은 하늘나라에는 관심이 없고 인간들이 사는 세상에만 관심이 있었습니다. 환웅이 본 인간 세상은 전쟁으로 **혼란스러웠습니다**. 환웅은 **괴로워하는** 인간들을 보며 인간 세상에 내려오기로 결심했습니다.

다 Track 004

환웅은 아버지로부터 '천부인'을 받은 후 인간 세상을 잘 **다스리기** 위해 풍백, 운사, 우사와 함께 3천 명의 사람들을 데리고 인간 세상에 내려왔습니다. 환웅은 인간들에게 **곡식**, **형벌**, **질병**, **국방**, 교육에 관계된 360여 가지 일을 가르치고 다스렸습니다. 환웅이 온 후 인간 세상은 **평화로워졌습니다**.

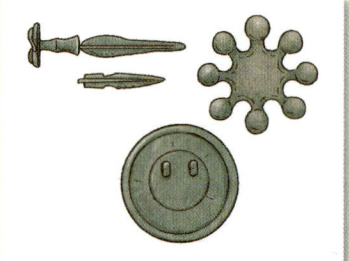
▲ 천부인

라 Track 005

평화롭게 사는 인간을 보며 곰과 호랑이가 인간이 **되고자** 환웅을 찾아왔습니다. 환웅은 쑥과 마늘을 주면서 말했습니다.

"100일 동안 빛을 보지 말고, 쑥과 마늘만 먹으면 인간이 될 것이다."

곰과 호랑이는 쑥과 마늘을 가지고 **동굴** 속으로 들어갔습니다.

마 Track 006

어둠 속에서 곰과 호랑이는 쓰고 매운 쑥과 마늘을 참고 먹었습니다. 며칠이 지나고 괴로움을 이기지 못한 호랑이는 동굴 밖으로 뛰쳐나갔습니다. 하지만 곰은 인간이 될 수 있다는 희망을 버리지 않았습니다. 삼칠일(21일)이 되었을 때 곰은 자신의 몸에 변화가 생긴 것을 알고 동굴 밖으로 나왔습니다. 밝은 곳에서 보니 곰은 여자가 되어 있었습니다.

바 Track 007

여자가 된 곰은 결혼하여 행복하게 살고 싶었습니다. 그래서 좋은 남편을 찾아 달라고 하늘에 빌었습니다. 간절한 소원을 들은 환웅은 그녀와 결혼을 하였습니다. 그리고 아들을 얻게 되었습니다. 이 아들은 자라서 왕이 되었고 사람들은 그를 단군왕검이라고 불렀습니다.

▲ 단군왕검

사 Track 008

단군은 기원전 2333년에 '아사달'을 수도로 정하고 우리나라 최초의 국가인 '조선'을 세웠습니다. 단군은 모든 인간을 이롭게 하겠다는 생각으로 법을 만들고 나라를 다스렸습니다. 단군의 조선은 그 후 약 2000년 동안 지속되었다고 합니다.

아 Track 009

이처럼 한국 역사의 시작에 '쑥과 마늘'이 등장합니다. 그런데 환웅은 왜 쑥과 마늘을 먹으라고 했을까요? 쑥과 마늘은 쓴맛과 매운맛 때문에 먹기에 괴롭습니다. 하지만 참고 먹으면 쑥과 마늘에 들어 있는 좋은 성분이 결국 몸을 이롭게 합니다. 곰은 쓴맛과 매운맛이라는 고통을 이겨내고 인간이 되었습니다. 한국인들도 역사 속에서 수많은 고통과 괴로움을 곰처럼 이겨 냈습니다. 어떠한 어려움이 오더라도 포기하지 않으면 이겨 낼 수도 있다는 의미가 쑥과 마늘에 있는 것이 아닐까요?

내용 이해하기

1 인간이 되고 싶어 하는 곰과 호랑이에게 환웅은 무엇을 주었습니까?

_____

2 인간이 된 곰은 하늘에 무엇을 빌었습니까?

_____

3 다음 중 환웅과 관계가 <u>없는</u> 것을 고르십시오.

① 환웅은 하늘나라의 왕이었습니다.
② 환웅은 천부인을 가지고 왔습니다.
③ 환웅이 낳은 아들은 단군왕검입니다.
④ 환웅은 여자가 된 곰과 결혼했습니다.

4 이 글의 내용과 같으면 O, 다르면 × 하십시오.

(1) 호랑이는 삼칠일이 되었을 때 동굴 밖으로 뛰쳐나갔다. (   )
(2) 환웅은 인간들에게 360여 가지 일을 가르치고 다스렸다. (   )
(3) 한국인은 쑥과 마늘을 음식으로도 먹고 약으로도 사용한다. (   )

5 이 글의 내용에 맞게 빈칸에 알맞은 말을 쓰십시오.

> 단군은 (1) (   ) 2333년에 '아사달'을 수도로 하는 우리나라 최초의 국가인 (2) (   )을/를 세웠습니다. 단군은 모든 인간을 (3) (   ) 하겠다는 생각으로 법을 만들고 나라를 다스렸습니다. 단군의 조선은 그 후 약 2000년 동안 (4) (   ) 합니다.

내용 정리하기

Track 002-009

● 녹음을 듣고 다음의 어휘를 사용하여 문단별로 요약해 보십시오.

가 쑥과 마늘 한국인 떼다 친숙하다 음식 약 사용하다
_____

나 환웅 인간 세상 관심 전쟁 괴로워하다 하늘나라 결심하다
_____

다 천부인을 받다 인간 세상 인간 360 가르치다 다스리다 평화롭다
_____

라 곰과 호랑이 인간이 되다 환웅 100일 빛 쑥과 마늘 동굴
_____

마 쑥과 마늘 쓰고 맵다 호랑이 뛰쳐나가다 삼칠일 곰 여자
_____

바 여자가 된 곰 결혼 남편 소원 환웅 아들을 얻다 단군왕검
_____

사 기원전 2333년 아사달 수도 조선 모든 인간 이롭게 하다 다스리다
_____

아 쑥과 마늘 괴롭다 몸에 이롭다 어려움 포기하다 이겨 내다 의미
_____

문형과 표현 익히기

1 -(으)려야 -(으)ㄹ 수 없다

어떤 행위나 동작을 하려고 해도 할 수 없을 때 사용하는 표현

(1) 요즘 바빠서 **쉬려야 쉴 수 없어요**.
(2) 불면증 때문에 **자려야 잘 수 없어요**.
(3) 옷이 작아서 **입으려야 입을 수 없습니다**.
(4) 음치인 내 친구 노래는 **들으려야 들을 수 없다**.
(5) 쑥과 마늘은 한국인에게 **떼려야 뗄 수 없을** 정도로 친숙한 식물이다.

2 -고자

선행절이 후행절의 목적이나 의도가 될 때 사용하는 표현

(1) 꿈을 **이루고자** 열심히 노력합니다.
(2) 환경 문제에 대해 여러분과 **의논하고자** 합니다.
(3) 그 문제의 답을 **찾고자** 지금까지 연구하였습니다.
(4) 곰과 호랑이는 인간이 **되고자** 환웅을 찾아왔습니다.
(5) 여러분에게 일의 진행 상황을 **알려 드리고자** 합니다.

3 -더라도

선행절의 가정된 상황과 관계없이 후행절이 이루어질 때 사용하는 표현

(1) **바쁘더라도** 밥은 꼭 먹어야 해요.
(2) 결과가 **나쁘더라도** 실망하지 마세요.
(3) 고향에 **돌아가더라도** 자주 연락하세요.
(4) 밤에 늦게 **자더라도** 저는 항상 같은 시간에 일어나요.
(5) 어려움이 **있더라도** 쉽게 포기하지 말고 이겨 내야 합니다.

더 생각해 보기

(1) 하늘나라의 왕자가 혼란스러운 인간 세상으로 내려온다는 것은 무엇을 나타낼까요?

_____
_____
_____

(2) 환웅이 나라를 잘 다스리기 위해 데려온 풍백, 운사, 우사는 무엇을 하는 사람일까요?

_____
_____
_____

(3) 어두운 동굴에서 쑥과 마늘을 먹고 곰이 인간이 되었다는 것은 무엇을 나타낼까요?

_____
_____
_____

실력 다지기

- **[1~5] 다음 괄호에 알맞은 것을 고르십시오.**

    1. 학기 초에는 환경이 바뀌기 때문에 학교가 매우 (   ).
        ① 다양하다　　② 번거롭다　　③ 자랑스럽다　　④ 혼란스럽다

    2. 전쟁이 없는 (   ) 세상에서 살고 싶다.
        ① 완전한　　② 위험한　　③ 평화로운　　④ 위태로운

    3. 가난한 사람들의 (   )을 무료로 치료해 주는 의사가 많다.
        ① 질병　　② 단점　　③ 고민　　④ 생각

    4. 선생님의 말씀을 듣고 자신감을 (   ).
        ① 구했다　　② 얻었다　　③ 들었다　　④ 생겼다

    5. 수술을 잘 마칠 수 있게 해 달라고 (   ) 기도했다.
        ① 간절히　　② 간단히　　③ 대단히　　④ 꼼꼼히

- **[6~7] 다음 밑줄 친 부분과 의미가 비슷한 것을 고르십시오.**

    6. 한국어를 공부하기 힘들어도 중간에 <u>포기하지</u> 마세요.
        ① 끊지　　② 자르지　　③ 그치지　　④ 그만두지

    7. 두 사람은 가족처럼 <u>친숙한</u> 사이이다.
        ① 친절한　　② 익숙한　　③ 친근한　　④ 낯익은

● [8~10] 다음 밑줄 친 부분과 의미가 반대인 것을 고르십시오.

8   옷에서 가격표를 <u>떼면</u> 환불이 안 됩니다.

   ① 만지면　　　② 붙이면　　　③ 누르면　　　④ 돌리면

9   잠자리는 모기를 잡아먹는 <u>이로운</u> 곤충입니다.

   ① 해로운　　　② 부러운　　　③ 괴로운　　　④ 외로운

10   유명한 배우가 무대에 <u>등장하자</u> 관객들이 환호했다.

   ① 사라지자　　　② 나타나자　　　③ 퇴장하자　　　④ 나오자

● [11~13] 아래에서 알맞은 것을 골라 문장을 완성하십시오.

> -(으)려야 -(으)ㄹ 수 없다　　　-고자　　　-더라도

11   가   내일 비가 온대요. 우리 야유회 갈 수 있어요?

   나   네, 비가 _____ 야유회에 갑니다.

12   가   한국에 어떻게 오셨나요?

   나   저는 한국 전통 무용을 _____ 한국에 왔습니다.

13   가   영수 씨, 요즘 왜 운동하러 안 나오세요?

   나   저도 운동하고 싶은데 일이 많아서 _____.

체크하기

1 다음은 이 과에서 배운 어휘들입니다. 알고 있는 어휘에 ✓ 해 봅시다.

☐ 쑥	☐ 질병	☐ 얻다
☐ 떼다	☐ 국방	☐ 기원전
☐ 친숙하다	☐ 평화롭다	☐ 이롭다
☐ 혼란스럽다	☐ 동굴	☐ 지속되다
☐ 괴롭다	☐ 참다	☐ 등장하다
☐ 다스리다	☐ 뛰쳐나가다	☐ 성분
☐ 곡식	☐ 빌다	☐ 고통
☐ 형벌	☐ 간절하다	☐ 포기하다

2 다음 (　) 안에 들어갈 표현을 알고 있는지 ✓ 하고 써 봅시다.

☐ 불면증 때문에 (　　　　　).

☐ 음치인 내 친구 노래는 (　　　　　).

☐ 꿈을 (　　　　) 열심히 노력합니다.

☐ 결과가 (　　　　) 실망하지 마세요.

☐ 고향에 (　　　　) 자주 연락하세요.

☐ 그 문제의 답을 (　　　　　) 지금까지 연구하였습니다.

☐ 곰과 호랑이는 인간이 (　　　　　) 환웅을 찾아왔습니다.

☐ 어려움이 (　　　　) 쉽게 포기하지 말고 이겨 내야 합니다.

☐ 쑥과 마늘은 한국인에게 (　　　　　) 정도로 친숙한 식물이다.

3 다음 표 안의 문장을 읽고 할 수 있는 정도에 따라 상·중·하에 ✓ 해 봅시다.

'쑥과 마늘'의 내용에 대해 말할 수 있다.	상	중	하
'쑥과 마늘'에서 배운 어휘와 문법을 사용하여 말할 수 있다.	상	중	하
'쑥과 마늘'을 통해 한국 역사를 이해하는 데 도움이 되었다.	상	중	하

더 알아보기

조선? 고조선?

한국 최초의 국가 이름은 '조선'입니다. 그러나 사람들은 '고조선'이라고 부릅니다. 후대에 생긴 '조선'이라는 같은 이름의 국가와 구별하기 위해서입니다. 최초에 생긴 국가에는 '옛날'이라는 의미인 '고'를 붙여 '고조선'이라고 부르고 후대에 생긴 국가는 '조선'이라고 부르게 되었습니다.

▲ 삼국유사

하늘에서 내려온 환웅과 인간이 된 곰 사이에서 태어난 단군왕검의 이야기는 고조선의 건국 신화입니다. 고조선에 대한 기록은 고려 시대에 쓰인 『삼국유사』에서 볼 수 있습니다. 이 책에서는 『위서』의 내용을 인용하여 고조선 이야기를 소개하였습니다. 또한 중국의 책인 『한서지리지』에도 고조선의 이야기가 기록되어 있습니다. 하지만 '고조선'에 대한 기록은 한국에 많이 남아 있지 않습니다. 긴 역사 속에서 주변 나라의 잦은 침입으로 역사책이 많이 사라졌기 때문입니다.

고조선의 대표 유물

▲ 비파형 동검

▲ 고인돌

▲ 붉은간토기

쉬어 가기

퀴즈? 퀴즈!

□□□에 쓴 약이 □□□에는 좋다.

힘들고 괴롭다고 느끼는 일도 이겨 내면 좋은 결과가 있다는 뜻입니다.

쑥개떡 만들기

재료

쑥, 쌀가루, 소금, 설탕

방법

① 쑥을 깨끗이 씻는다.
② 쑥을 끓는 물에 넣고 삶는다.
③ 찬물로 쑥을 씻고 꼭 짠다.
④ 쑥에 쌀가루, 소금, 설탕을 넣고 물을 조금씩 넣으며 반죽한다.
⑤ 적당한 크기로 동글납작하게 만든다.
⑥ 찜기에 넣고 찐다.
⑦ 조금 식은 후 참기름을 바른다.

쉬어 가기 답: 입, 몸

연표로 보는 고조선 시대

구석기 시대
약 B.C. 250만 ~ B.C. 10000

신석기 시대
B.C. 10000 ~ B.C. 1500

중국 문명
B.C. 5000

이집트 문명
B.C. 3000

메소포타미아 문명
B.C. 3500

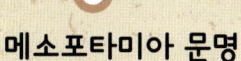

인더스 문명
B.C. 2500

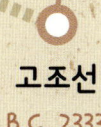

고조선
B.C. 2333

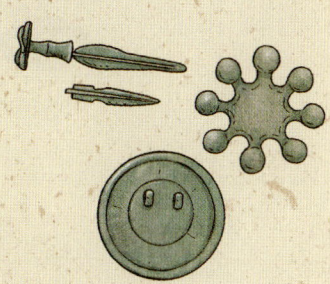

제1과 · 쑥과 마늘 – 단군 이야기

2장
삼국 시대

· · · · · · · · · ·

제2과 백발백중 – 주몽 이야기

제3과 부러진 칼 – 유리왕 이야기

제4과 눈먼 사랑 – 낙랑 공주 이야기

제5과 생각하기 나름 – 원효 대사 이야기

제2과 백발백중
– 주몽 이야기

1. 여러분은 예상한 것이나 계획한 일이 잘 맞는 편입니까?
2. 여러분 나라에 활을 잘 쏘는 사람의 이야기가 있습니까?

이야기 상상하기

● 다음 그림의 내용을 상상한 후 이야기 순서대로 문장을 만드십시오.

상상하며 듣기

1 그림을 보고 이야기의 순서를 상상해 봅시다.

2 그림을 보면서 녹음을 듣고 이야기 순서대로 그림의 번호를 써 보세요.   Track 010

3 위의 순서에 맞게 이야기를 다시 구성해서 말해 보세요.

어휘

화살을 쏘다 to shoot an arrow ｜ 射箭 ｜ 矢を射る
과녁 target, mark ｜ 箭靶 ｜ 的
임신 pregnancy ｜ 怀孕 ｜ 妊娠
쫓겨나다 to be expelled, to be kicked out ｜ 被赶走 ｜ 追い出される
불쌍하다 to be pitiful, to be pathetic ｜ 可怜 ｜ かわいそうだ
비추다 to shine, to light ｜ 照射 ｜ 照らす
낳다 to give birth ｜ 生产 ｜ 生む
날개 wing ｜ 翅膀 ｜ 翼
감싸다 to cover, to wrap ｜ 裹 ｜ 覆う
정성껏 with utmost sincerity ｜ 全心全意 ｜ 真心を込めて
돌보다 to take care ｜ 照顾 ｜ 世話をする
활 bow ｜ 弓 ｜ 弓

두려워하다 to be afraid ｜ 害怕 ｜ 恐れる
안심시키다 to appease, to assure ｜ 使…安心 ｜ 安心させる
눈치채다 to be aware of, to be conscious of ｜ 看出, 看穿 ｜ 気づく
재능 talent ｜ 才能 ｜ 才能
군사 soldier ｜ 军事 ｜ 兵士
자라 terrapin ｜ 鳖 ｜ スッポン
탈출하다 to escape ｜ 逃离 ｜ 脱出する
현인 wiseman, sage ｜ 贤人 ｜ 賢人
통합하다 to combine ｜ 统合 ｜ 統合する
시조 progenitor ｜ 始祖 ｜ 始祖
시기하다 to become jealous ｜ 嫉妒 ｜ 妬み嫌う
괴롭힘 harassment ｜ 折磨 ｜ いじめ

생각하며 읽기

백발백중

가 Track 011

예상한 것이나 계획한 일마다 틀림없이 잘 맞을 때 우리는 백발백중이라고 합니다. 백발백중이라는 말을 문자 그대로 풀어 보면 '백 개의 화살을 쏘았는데 백 개가 모두 다 맞았다.'라는 뜻입니다. 옛날 부여라는 나라에는 정말로 백 개의 화살을 쏘아 백 개를 과녁에 다 맞춘 사람이 있었다고 합니다. 백발백중이 정말 가능할까요? 그 사람은 누구일까요?

나 Track 012

옛날 부여에는 금와왕이 있었습니다. 어느 날 금와왕은 태백산 남쪽에서 울고 있는 한 여인을 만났습니다. 그 여인은 금와왕에게 울면서 말했습니다. "저는 물의 신 하백의 딸 유화입니다. 결혼도 하지 않고 임신을 하여 쫓겨났습니다. 그런데 갈 곳이 없습니다." 금와왕은 유화가 불쌍하기도 하고 아이의 아빠가 하늘나라 왕자라는 말도 듣고 해서 유화를 궁으로 데려갔습니다.

다 Track 013

어느 날 이상한 빛이 유화의 임신한 배를 비춘 후 유화는 큰 알을 낳았습니다. 금와왕은 깜짝 놀라 그 알을 개와 돼지에게 주었습니다. 그러자 개와 돼지는 알을 피해 다녔고, 새들은 알을 따뜻하게 날개로 감싸 주었습니다. 금와왕은 알을 깨려고 했지만 알에는 조금의 상처도 생기지 않았습니다. 결국 금와왕은 그 알을 유화에게 돌려주었습니다.

▲ 고구려 벽화

라 Track 014

유화가 알을 정성껏 돌봐 준 지 얼마 되지 않아 남자아이가 알을 깨고 나왔습니다. 이 아이는 어려서부터 활을 직접 만들어 쏘았는데, 쏘는 화살마다 백발백중이었습니다. 사람들은 활을 잘 쏘는 사람이라는 뜻으로 이 아이를 주몽이라 불렀습니다.

마 Track 015

금와왕의 아들들은 능력이 뛰어난 주몽이 왕이 될 것을 **두려워하여** 금와왕에게 주몽을 죽여야 한다고 말했습니다. 금와왕은 아들들을 **안심시키기** 위해 주몽에게 말을 키우는 일을 시켰는데, 이것은 아랫사람들이 하는 일이었습니다. 그러나 금와왕의 아들들은 주몽을 죽일 계획을 세웠습니다. 유화는 그들의 계획을 **눈치채고** 주몽에게 말했습니다. "아들아, 왕자들이 너를 죽이려고 한다. 너는 빨리 이곳을 떠나야 한다. 너의 능력과 **재능**을 가지고 먼 곳에 가서 큰일을 하여라."

▲ 고구려 화살촉

바 Track 016

주몽은 가까운 친구인 오이, 마리, 협보와 함께 부여를 떠났습니다. 주몽이 떠난 것을 알고 왕자들은 **군사**들을 데리고 뒤쫓아 왔습니다. 강가에 도착한 주몽은 강을 향해 말했습니다. "나는 물의 신 하백의 외손자이고, 내 아버지는 하늘의 아들이시다. 지금 군사들에게 쫓기고 있는데 어떻게 해야 **하는가**?" 그러자 물고기와 **자라**들이 강 위로 떠올라 다리를 만들었습니다. 덕분에 주몽은 강을 건널 수 있었습니다.

사 Track 017

주몽은 부여에서 **탈출한** 후 재사, 무골, 묵거를 만났습니다. 주몽은 그들이 **현인**인 것을 알고 그들과 함께 졸본으로 가서 나라를 세웠습니다. 주몽은 크고 높은 성이라는 의미로 나라의 이름을 고구려라고 지었습니다. 그리고 주변의 국가를 **통합하며** 나라를 키웠습니다. 그 후로 고구려는 700여 년 동안 계속되었습니다.

아 Track 018

고구려의 **시조** 주몽이 나라를 세우기까지는 많은 어려움이 있었습니다. 주몽을 **시기하는** 사람들에게 **괴롭힘**을 당하고 **죽을 뻔한** 일도 있었습니다. 하지만 그때마다 어머니와 친구들이 그를 도와주었습니다. 활을 쏘면 백발백중 맞추는 주몽이라도 그를 도와주는 사람이 없었다면 고구려를 세우지 못했을 겁니다.

내용 이해하기

1 금와왕은 유화가 낳은 알을 어떻게 했습니까?

_____

2 주몽이라는 이름의 의미는 무엇입니까?

_____

3 다음 중 주몽과 관계가 <u>없는</u> 것을 고르십시오.

① 유화는 주몽의 어머니입니다.
② 주몽은 금와왕의 아들입니다.
③ 고구려는 주몽이 세운 나라입니다.
④ 주몽은 친구들과 함께 부여를 떠났습니다.

4 이 글의 내용과 같으면 ○, 다르면 × 하십시오.

(1) 금와왕의 아들들은 주몽을 시기하여 죽이려고 했다. (   )
(2) 활을 백 번 쏘아 백 번 다 맞추면 백발백중이라고 한다. (   )
(3) 주몽이 왕자들에게 쫓길 때 물고기와 자라들이 도와주었다. (   )

5 이 글의 내용에 맞게 빈칸에 알맞은 말을 쓰십시오.

> 유화는 그들의 계획을 (1) (   ) 주몽에게 부여를 떠나라고 했습니다. 주몽은 부여에서 (2) (   ) 후 재사, 무골, 묵거를 만났습니다. 주몽은 그들이 (3) (   )인 것을 알고 그들과 함께 고구려를 세웠습니다. 그리고 주변의 국가를 (4) (   ) 나라를 키웠습니다.

내용 정리하기

● 녹음을 듣고 다음의 어휘를 사용하여 문단별로 요약해 보십시오.　　　Track 011-018

가　　예상하다　계획하다　틀림없이　백발백중　백 개　화살을 쏘다　과녁
_____

나　　유화　물의 신　결혼　임신　쫓겨나다　금와왕　불쌍하다　궁
_____

다　　유화　큰 알　낳다　금와왕　개와 돼지　피해 다니다　돌려주다
_____

라　　유화　정성껏　돌봐 주다　깨다　남자아이　활을 잘 쏘다　주몽
_____

마　　금와왕의 아들　두려워하다　계획을 세우다　유화　눈치채다　떠나다
_____

바　　왕자들　군사　뒤쫓다　물고기와 자라들　다리　주몽　건너다
_____

사　　주몽　탈출하다　현인　졸본　고구려　주변　통합하다　키우다
_____

아　　주몽　시기하다　괴롭힘을 당하다　죽을 뻔하다　도와주는 사람　고구려를 세우다
_____

문형과 표현 익히기

1 -고 해서
여러 이유가 있으나 이유를 하나만 말할 때 사용하는 표현

(1) 비도 **오고 해서** 집에만 있었어요.
(2) 아이들도 **있고 해서** 담배를 끊었어요.
(3) 시장이 값도 **싸고 해서** 자주 이용해요.
(4) 여자 친구가 한국 사람**이고 해서** 한국말을 배워요.
(5) 아이의 아빠가 하늘나라 왕자라는 말도 **듣고 해서** 유화를 궁으로 데려갔습니다.

2 -(으)ㄴ/는가?
지위가 높거나 나이가 많은 사람이 아랫사람을 높여 물을 때 사용하는 표현

(1) 외국 생활에 불편한 것은 **없는가?**
(2) 자네, 신혼여행은 잘 갔다 **왔는가?**
(3) 사돈께서는 요즘 어떻게 **지내시는가?**
(4) 자네, 안색이 안 좋은데 어디 **아픈가?**
(5) 농사일을 처음 해 보니까 힘들지 **않은가?**

3 -(으)ㄹ 뻔하다
어떤 상황이나 상태에 거의 가깝게 갔지만 실제 그렇게 되지 않았을 때 사용하는 표현

(1) 배에서 내릴 때 물에 **빠질 뻔했어요.**
(2) 날씨 때문에 비행기를 못 **탈 뻔했어요.**
(3) 그릇이 미끄러워서 **떨어뜨릴 뻔했어요.**
(4) 계단에서 넘어져서 크게 **다칠 뻔했어요.**
(5) 놀이공원에서 아이를 **잃어버릴 뻔했어요.**

더 생각해 보기

(1) 사람이 알에서 나왔다는 것은 무엇을 나타낼까요?

(2) 여러분 나라의 이름에 담긴 의미는 무엇입니까?

(3) 여러분이 나라를 세운다면 그 나라의 이름을 무엇으로 하겠습니까? 이유는 무엇입니까?

실력 다지기

● **[1~5] 다음 괄호에 알맞은 것을 고르십시오.**

1 전쟁에서 부모를 잃은 (　　) 아이를 위해 매달 기부하고 있다.
   ① 불쌍한　　　② 부러운　　　③ 귀찮은　　　④ 자랑스러운

2 어머니는 내가 어떤 잘못을 해도 항상 나를 (　　).
   ① 들어 주신다　　② 업어 주신다　　③ 감싸 주신다　　④ 만져 주신다

3 어버이날 부모님께 (　　) 쓴 편지를 드렸다.
   ① 힘껏　　　② 실컷　　　③ 정성껏　　　④ 마음껏

4 간단한 수술이니까 너무 (　　) 마세요.
   ① 슬퍼하지　　② 두려워하지　　③ 아쉬워하지　　④ 부끄러워하지

5 사자가 가까이 온 것을 (　　) 토끼가 뛰기 시작했다.
   ① 눈치챈　　② 눈치 준　　③ 눈치 본　　④ 눈치 없는

● **[6~8] 다음 밑줄 친 부분과 의미가 비슷한 것을 고르십시오.**

6 왕비는 백설공주의 아름다움을 <u>시기해서</u> 백설공주를 죽이려고 했다.
   ① 존경해서　　② 불평해서　　③ 싫증내서　　④ 질투해서

7 우리 회사와 친구의 회사를 <u>통합하여</u> 하나의 회사로 만들 생각이다.
   ① 합쳐서　　② 붙여서　　③ 이어서　　④ 연결해서

8 동물원을 <u>탈출한</u> 코끼리 때문에 교통사고가 났다.
   ① 입원한　　② 퇴원한　　③ 달려 나온　　④ 도망 나온

● **[9~10] 다음 밑줄 친 부분과 의미가 반대인 것을 고르십시오.**

9 주몽이 화살을 <u>쏘면</u> 백발백중입니다.

① 맞으면   ② 잡으면   ③ 뽑으면   ④ 받으면

10 응급 의료 상담 전화 1399는 119로 <u>통합하여</u> 이용되고 있다.

① 분리하여   ② 결합하여   ③ 이전하여   ④ 연결하여

● **[11~13] 아래에서 알맞은 것을 골라 문장을 완성하십시오.**

| -고 해서 | -(으)ㄴ/는가 | -(으)ㄹ 뻔하다 |

11 가 자네, 논문은 잘 쓰고 _____?

　　나 네, 교수님. 거의 다 썼습니다.

12 가 주말에 뭐 하실 거예요?

　　나 시험도 _____ 도서관에 가려고 해요.

13 가 그 영화 봤어요? 어땠어요?

　　나 너무 감동적이었어요. 주인공이 죽는 장면에서는 _____.

체크하기 ✓

1 다음은 이 과에서 배운 어휘들입니다. 알고 있는 어휘에 ✓ 해 봅시다.

☐ 화살을 쏘다	☐ 감싸다	☐ 군사
☐ 과녁	☐ 정성껏	☐ 자라
☐ 임신	☐ 돌보다	☐ 탈출하다
☐ 쫓겨나다	☐ 활	☐ 현인
☐ 불쌍하다	☐ 두려워하다	☐ 통합하다
☐ 비추다	☐ 안심시키다	☐ 시조
☐ 낳다	☐ 눈치채다	☐ 시기하다
☐ 날개	☐ 재능	☐ 괴롭힘

2 다음 ( ) 안에 들어갈 표현을 알고 있는지 ✓ 하고 써 봅시다.

☐ 배에서 내릴 때 물에 (   ).
☐ 비도 (   ) 집에만 있었어요.
☐ 계단에서 넘어져서 크게 (   ).
☐ 사돈께서는 요즘 어떻게 (   )?
☐ 날씨 때문에 비행기를 못 (   ).
☐ 자네, 신혼여행은 잘 갔다 (   )?
☐ 시장이 값도 (   ) 자주 이용해요.
☐ 자네, 안색이 안 좋은데 어디 (   )?
☐ 여자 친구가 (   ) 한국말을 배워요.

3 다음 표 안의 문장을 읽고 할 수 있는 정도에 따라 상·중·하에 ✓ 해 봅시다.

'백발백중'의 내용에 대해 말할 수 있다.	상	중	하
'백발백중'에서 배운 어휘와 문법을 사용하여 말할 수 있다.	상	중	하
'백발백중'을 통해 한국 역사를 이해하는 데 도움이 되었다.	상	중	하

더 알아보기

알에서 나온 아이

　사람이 알에서 나온다는 것은 물론 불가능한 일이지만 알에서 나온 사람의 이야기는 세계 여러 나라의 신화에서 볼 수 있습니다. 그럼 이것은 무엇을 뜻할까요? 둥근 알의 모양은 태양을 닮았습니다. 그래서 알에서 나온 사람은 하늘에서 내려 준 사람을 의미합니다. 그들은 하늘로부터 그 권위와 능력을 받았기 때문에 일반인과 달리 신비감을 갖게 됩니다. 알에서 나온 사람은 평범한 사람이 아니기 때문에 일반인들을 지배하는 왕이 되는 것이 그 시대의 사람들에게 정당화될 수 있었겠지요?

　주몽의 출생부터 고구려 건국까지의 이야기는 광개토대왕비를 비롯하여 여러 역사 자료에 나옵니다. 그 자료로는 『삼국유사』, 『삼국사기』, 『동국통감』, 『동사강목』 등이 있습니다.

▲ 광개토대왕비

▲ 광개토대왕릉비 복제비

▲ 광개토대왕비 탁본

　한반도에는 고구려와 비슷한 시기에 백제, 신라, 가야라는 나라도 있었습니다. 백제는 고구려 주몽의 아들이 세운 나라이고, 신라, 가야는 한반도 동남쪽에서 각각 자생한 나라입니다. 신라의 시조 박혁거세, 석탈해, 김알지도 알에서 나왔다고 하며, 가야의 김수로왕도 알에서 나왔다고 전해집니다.

쉬어 가기

퀴즈? 퀴즈!

☐ 와/과 ☐ 이/가 서로 맞는다.

하려는 일에 딱 맞는 기회가 왔을 때 사용하는 말입니다.

우리는 몇 점?

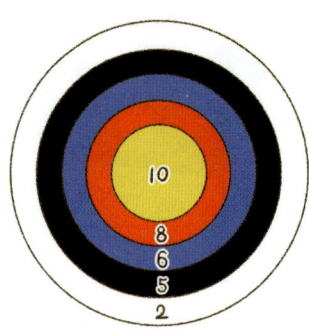

게임 방법

① 한 사람은 펜을 잡은 손을 책과 15cm의 거리가 되도록 들고 눈을 감습니다.

② 다른 사람은 눈을 감은 친구에게 과녁의 위치를 말해 줍니다. (예: 왼쪽, 오른쪽, 위로…)

③ 눈을 감은 사람은 친구의 말을 듣고 손을 움직여 과녁의 중앙을 찾습니다.

④ 눈을 감은 친구의 손이 과녁의 중앙에 왔을 때 다른 친구가 "쏘세요."라고 하면 눈을 감은 친구는 펜을 놓아 과녁을 맞춥니다.

⑤ 두 사람이 한 번씩 바꿔 한 후 점수를 더합니다. 두 사람은 얼마나 잘 맞는 친구입니까? 점수로 확인하세요.

★ 20-18점 : 두 사람은 best friend! ★ 16-14점 : 서로 잘 맞는군요.
★ 12-10점 : 나쁘지 않아요. ★ 8-6점 : 서로 관심을 가져 주세요.
★ 4-0점 : 두 사람 싸웠어요?

쉬어 가기 답 : 활과 과녁

제3과 부러진 칼
– 유리왕 이야기

1. 여러분은 문제 푸는 것을 좋아하는 편입니까?
2. 여러분은 풀기 힘든 문제가 있으면 어떻게 합니까?

이야기 상상하기

- 다음 그림의 내용을 상상한 후 이야기 순서대로 문장을 만드십시오.

상상하며 듣기

1 그림을 보고 이야기의 순서를 상상해 봅시다.

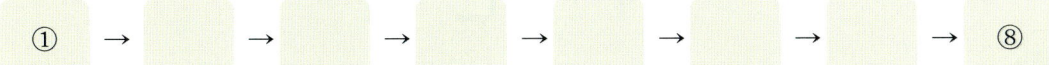

2 그림을 보면서 녹음을 듣고 이야기 순서대로 그림의 번호를 써 보세요.　　　　Track 019

3 위의 순서에 맞게 이야기를 다시 구성해서 말해 보세요.

어휘

무조건 unconditionally ｜ 无条件, 总是 ｜ 無條件
피하다 to avoid ｜ 逃避 ｜ 避ける
급히 in a hurry, in haste ｜ 紧急, 急迫 ｜ 急いで
증표 token, keepsake ｜ 信物, 标记 ｜ 印
숨기다 to hide ｜ 藏匿 ｜ 隠す
새총 slingshot ｜ 弹弓 ｜ ぱちんこ
항아리 pot ｜ 缸子 ｜ 甕
꾸짖다 to scold ｜ 责备 ｜ 叱る
충격 shock ｜ 冲击 ｜ 衝擊
망설이다 to hesitate ｜ 犹豫 ｜ ためらう
모 angle ｜ 角 ｜ 角
바위 stone ｜ 岩石 ｜ 岩
계곡 valley ｜ 溪谷 ｜ 渓谷

지치다 to be tired, to be exhausted ｜ 疲倦 ｜ 疲れる
마루 floor ｜ 廊檐, (韩式房屋的)地板 ｜ 縁側
도대체 where in the world, what in the world ｜ 到底 ｜ いったい
주춧돌 cornerstone ｜ 柱石 ｜ 礎石
기둥 pillar ｜ 柱子 ｜ 柱
틈 gap, crack ｜ 隙缝 ｜ 隙間
부러지다 to be broken ｜ 断掉 ｜ 折れる
반쪽 half ｜ 半边 ｜ 半分
훗날 future ｜ 后来 ｜ 後日
잇다 to follow, to continue ｜ 接续 ｜ 継ぐ
증명하다 to prove ｜ 证明 ｜ 証明する

생각하며 읽기

부러진 칼

가 Track 020

우리는 살면서 많은 문제를 만납니다. 어떤 사람은 어려운 문제가 있으면 **무조건 피하려고** 하고, 또 어떤 사람은 문제를 풀다가 답을 찾지 못하면 쉽게 포기합니다. 고구려에는 문제를 포기하지 않고 끝까지 풀어서 왕이 된 사람이 있습니다. 그 문제는 어떤 문제였을까요?

나 Track 021

주몽이 부여에 있을 때였습니다. 금와왕의 아들들은 주몽이 왕이 될 것을 두려워하여 주몽을 죽이려는 계획을 세웠고 주몽은 **급히** 부여를 떠나야 했습니다. 주몽은 부인 예씨에게 이 사실을 알리고 떠나기 전 마지막 인사를 했습니다. 그때 예씨 부인은 눈물을 흘리며 자신이 임신했다는 것을 주몽에게 말했습니다. 주몽은 아이에게 줄 **증표**를 **숨겨** 놓고 부여를 떠났습니다.

다 Track 022

주몽이 부여를 떠난 후 예씨 부인은 아들을 낳았습니다. 예씨 부인은 아들의 이름을 유리라고 짓고 유화 부인과 함께 정성껏 키웠습니다. 유리는 주몽을 닮아 활을 잘 쏘았습니다.

라 Track 023

어느 날 유리가 **새총**을 만들어서 놀다가 실수로 지나가는 어느 부인의 물 **항아리**를 깼습니다. 화가 난 그 부인은 큰 소리로 유리를 **꾸짖었습니다**. "아버지 없는 아이라 이렇게 노는구나." 유리에게 '아버지 없는 아이'라는 말은 큰 **충격**이었습니다. 이 말이 유리의 머리에서 떠나지 않았습니다.

▲ 긴 항아리

마 Track 024

유리는 집에 돌아와서 예씨 부인에게 말했습니다. "어머니, 제 아버지는 누구예요? 지금 어디에 계십니까?" 예씨 부인은 **망설이다가** 말했습니다. "네 아버지는 보통 사람이 아니시다. 네 아버지는 이 나라를 떠나 남쪽으로 내려가서 나라를 세우고 왕이 되셨다. 일곱 **모**가 난 **바위** 위의 소나무 밑에 아버지가 증표를 숨겨 두었으니 증표를 찾아서 아버지에게 가라."

바 Track 025

유리는 일곱 모가 난 바위를 찾아 날마다 산과 **계곡**을 찾아 다녔습니다. 증표를 찾다가 **지친** 유리는 집에 돌아와 **마루**에 앉았습니다. '**도대체** 일곱 모가 난 바위 위의 소나무는 어디에 있을까?' 그때 **주춧돌**에서 무슨 소리가 났습니다. 소리가 나는 주춧돌을 보니 일곱 모가 나 있었고 그 위에 **기둥**은 소나무였습니다. 소나무 기둥 아래에 작은 **틈**이 보여서 유리는 그 틈으로 손을 넣었습니다. 유리는 주몽이 남겨 준 증표인 **부러진** 칼의 **반쪽**을 찾았습니다.

▲ 주춧돌과 나무 기둥

사 Track 026

유리는 아버지가 남긴 증표를 가지고 남쪽으로 내려갔습니다. 고구려의 졸본성에 도착한 유리는 부러진 칼을 주몽에게 보여 주었습니다. 주몽은 자신이 가지고 있던 나머지 반쪽의 칼을 꺼내어 맞추어 보았습니다. 완성된 칼을 본 주몽은 기뻐하며 말했습니다. "유리는 나의 아들이다." **훗날** 유리는 주몽의 뒤를 **이어** 고구려의 두 번째 왕이 되었습니다.

아 Track 027

부러진 칼은 유리가 주몽의 아들이라는 것을 **증명하는** 열쇠입니다. 이 열쇠를 찾고자 유리는 산과 계곡을 돌아다녔습니다. 그러나 그 열쇠는 결국 집 안에 있었습니다. 살면서 어떤 문제가 생겼을 때 우리도 유리처럼 그 문제의 열쇠를 멀리에서만 찾으려고 하지는 않았는지 생각해 보면 어떨까요?

내용 이해하기

1 주몽이 숨겨 놓은 증표는 무엇입니까?

_____

2 일곱 모가 난 바위 위의 소나무는 무엇을 말합니까?

_____

3 다음 중 유리에 대한 설명으로 맞는 것을 고르십시오.

① 유화는 유리의 어머니입니다.

② 유리는 화살을 쏘아 물 항아리를 깼습니다.

③ 유리는 산과 계곡에서 증표를 찾을 수 없었습니다.

④ 유리는 어머니가 준 증표를 가지고 고구려로 갔습니다.

4 이 글의 내용과 같으면 O, 다르면 X 하십시오.

(1) 예씨 부인은 물 항아리를 깬 유리를 꾸짖었습니다.   (   )

(2) 유리는 아버지가 준 문제의 답을 집에서 찾았습니다.   (   )

(3) 부러진 칼은 유리가 주몽의 아들임을 증명하는 열쇠입니다.   (   )

5 이 글의 내용에 맞게 빈칸에 알맞은 말을 쓰십시오.

> 유리는 주몽이 남겨 준 증표인 (1) (   ) 칼의 (2) (   )을/를 가지고 남쪽으로 내려갔습니다. 유리가 가지고 온 증표를 본 주몽은 "유리는 나의 아들이다."라고 말했습니다. (3) (   ) 유리는 주몽의 뒤를 (4) (   ) 고구려의 두 번째 왕이 되었습니다.

내용 정리하기

● 녹음을 듣고 다음의 어휘를 사용하여 문단별로 요약해 보십시오.　　　Track 020-027

가 　어떤 사람　피하다　쉽게　포기하다　고구려　끝까지　왕이 되다
_____

나 　주몽　급히　떠나다　예씨 부인　임신하다　증표　숨기다
_____

다 　예씨 부인　아들　유리　짓다　닮다　활　쏘다
_____

라 　유리　새총　어느 부인　물 항아리　아버지 없는 자식　꾸짖다　충격
_____

마 　유리　아버지　궁금하다　예씨 부인　숨기다　증표　찾다
_____

바 　일곱 모　주춧돌　기둥　소나무　유리　틈　부러진 칼
_____

사 　유리　주몽　부러진 칼　맞추어 보다　훗날　뒤를 잇다　고구려 왕
_____

아 　부러진 칼　주몽의 아들　증명하다　열쇠　유리　산과 계곡　집 안
_____

문형과 표현 익히기

1 -다가

어떤 행위가 끝나지 않은 상태에서 다른 행위로 바뀔 때 사용하는 표현

(1) 아이가 밥을 **먹다가** 잠이 들었어요.
(2) 길을 **걷다가** 우연히 동창을 만났다.
(3) 네가 생각나서 **오다가** 떡볶이를 사 왔어.
(4) **청소하다가** 전화가 와서 전화를 받았어요.
(5) 회사에 **다니다가** 건강 때문에 회사를 그만두었어요.

2 -아/어 있다

어떤 행위가 끝나고 그 상태가 지속될 때 사용하는 표현

(1) 식당 앞에 **서 있는** 사람들이 많다.
(2) 그분은 영원히 내 마음 속에 **살아 있다**.
(3) 내 방에는 여러 나라의 지도가 **붙어 있다**.
(4) 파란 하늘을 보고 **누워 있으면** 마음이 편안해진다.
(5) 이 상자에는 사탕, 과자와 같은 먹을 것이 **들어 있다**.

3 -던

명사 앞에서 명사를 설명해 주는 말로 명사에 대한 행위가 끝나지 않았을 때 사용하는 표현

(1) 읽고 **있던** 책을 덮고 눈을 감았다.
(2) **울던** 아이는 사탕을 보고 울음을 그쳤다.
(3) 깜짝 놀라서 들고 **있던** 열쇠를 떨어뜨렸다.
(4) 여기에 커피가 있네요. 이건 누가 **마시던** 거예요?
(5) 메고 **있던** 가방이 너무 무거워서 의자에 내려놓았다.

더 생각해 보기

(1) 여러분이 나눠 갖고 싶은 증표가 있다면 무엇입니까?

(2) 주몽은 왜 증표를 바로 주지 않고 수수께끼로 남겼을까요?

(3) 여러분이 주몽이라면 증표를 어디에 숨기겠습니까? 그 위치를 말해 주는 수수께끼를 만든다면 어떻게 만들겠습니까?

실력 다지기

● **[1~5] 다음 괄호에 알맞은 것을 고르십시오.**

1. 우리 어머니는 내 부탁이라면 (　　) 들어주신다.
   ① 무척　　　　② 무조건　　　　③ 절대로　　　　④ 오히려

2. 앞에서 날아오는 공을 (　　) 넘어졌다.
   ① 들다가　　　② 피하다가　　　③ 던지다가　　　④ 도망치다가

3. 이 물건은 쉽게 깨질 수 있으니까 (　　)을/를 주지 마세요.
   ① 충격　　　　② 피해　　　　　③ 방해　　　　　④ 자극

4. 사용 설명서가 어려워서 아무리 읽어도 (　　) 알 수가 없다.
   ① 마침내　　　② 드디어　　　　③ 도대체　　　　④ 반드시

5. 아이가 눈길에 넘어져서 다리가 (　　).
   ① 멈췄다　　　② 고장 났다　　　③ 망가졌다　　　④ 부러졌다

● **[6~8] 다음 밑줄 친 부분과 의미가 비슷한 것을 고르십시오.**

6. 한강의 북쪽과 남쪽을 <u>잇는</u> 다리는 모두 31개이다.
   ① 붙이는　　　② 건너는　　　　③ 연락하는　　　④ 연결하는

7. 둘 다 예쁘니까 <u>망설이지</u> 말고 아무거나 골라.
   ① 생각하지　　② 의심하지　　　③ 걱정하지　　　④ 머뭇거리지

8. 계속된 야근으로 몸과 마음이 <u>지쳤다</u>.
   ① 다쳤다　　　② 쓰러졌다　　　③ 피곤했다　　　④ 과로했다

● [9~10] 다음 밑줄 친 부분과 의미가 반대인 것을 고르십시오.

9   거짓말하는 아이를 엄마가 크게 <u>꾸짖었다</u>.

   ① 혼냈다   ② 불렀다   ③ 칭찬했다   ④ 야단쳤다

10 나는 어렸을 때 만화책을 방 안에 <u>숨겨</u> 놓고 어머니 모르게 봤다.

   ① 찾아   ② 빌려   ③ 꽂아   ④ 가져다

● [11~13] 다음 보기에서 알맞은 것을 골라 문장을 완성하십시오.

-다가   -아/어 있다   -던

11 가 어떻게 수영 강사가 되셨어요?
    나 취미로 수영을 _____ 수영 강사를 하게 되었어요.

12 가 이 그림은 아직 완성이 안 된 것 같아요.
    나 아, 그건 제가 _____ 그림인데 바빠서 완성을 못 했어요.

13 가 수업이 아까 끝났는데 아직 교실에 _____ 학생이 있어요. 누구예요?
    나 아, 우리 반 반장이에요.

체크하기 ✓

1 다음은 이 과에서 배운 어휘들입니다. 알고 있는 어휘에 ✓ 해 봅시다.

☐ 무조건　　☐ 충격　　　☐ 주춧돌
☐ 피하다　　☐ 망설이다　☐ 기둥
☐ 급히　　　☐ 모　　　　☐ 틈
☐ 증표　　　☐ 바위　　　☐ 부러지다
☐ 숨기다　　☐ 계곡　　　☐ 반쪽
☐ 새총　　　☐ 지치다　　☐ 훗날
☐ 항아리　　☐ 마루　　　☐ 잇다
☐ 꾸짖다　　☐ 도대체　　☐ 증명하다

2 다음 ( ) 안에 들어갈 표현을 알고 있는지 ✓ 하고 써 봅시다.

☐ 아이가 밥을 (　　　) 잠이 들었어요.
☐ 길을 (　　　) 우연히 동창을 만났다.
☐ 그분은 영원히 내 마음 속에 (　　　).
☐ 내 방에는 여러 나라의 지도가 (　　　).
☐ (　　　) 아이는 사탕을 보고 울음을 그쳤다.
☐ 깜짝 놀라서 들고 (　　　) 열쇠를 떨어뜨렸다.
☐ 회사에 (　　　) 건강 때문에 회사를 그만두었어요.
☐ 이 상자에는 사탕, 과자와 같은 먹을 것이 (　　　).
☐ 여기에 커피가 있네요. 이건 누가 (　　　) 거예요?

3 다음 표 안의 문장을 읽고 할 수 있는 정도에 따라 상·중·하에 ✓ 해 봅시다.

	상	중	하
'부러진 칼'의 내용에 대해 말할 수 있다.			
'부러진 칼'에서 배운 어휘와 문법을 사용하여 말할 수 있다.			
'부러진 칼'을 통해 한국 역사를 이해하는 데 도움이 되었다.			

더 알아보기

고구려와 백제는 형제

▲ 백제금동대향로

　주몽이 부여에서 남쪽으로 내려와 졸본에 왔을 때 많은 사람들이 주몽에게 도움을 주었습니다. 그중 소서노는 졸본 세력가의 딸로 주몽과 재혼하면서 주몽의 고구려 건국을 도왔습니다. 주몽은 소서노의 도움으로 고구려의 왕이 될 수 있었습니다.

　주몽이 고구려를 세운 후, 유리가 주몽이 남긴 증표를 들고 고구려에 내려왔을 때 주몽과 소서노의 사이에는 비류와 온조라는 두 아들이 있었습니다. 주몽은 이 두 아들을 뒤로하고 부여에서 온 유리를 고구려의 왕이 될 태자로 삼았습니다. 이에 두 아들은 소서노와 함께 남쪽으로 내려가 각각 나라를 세우게 됩니다.

　형 비류는 미추홀에 나라를 세우고 동생 온조는 한강 지역에 나라를 세웠습니다. 그런데 형 비류가 갑자기 죽게 되자 비류를 따르던 백성들이 동생 온조의 나라로 오게 됩니다. 온조는 열 명의 신하와 함께 국가를 세웠기 때문에 처음에 나라의 이름을 '십제'라고 지었는데, 비류의 백성들이 십제에 와서 나라가 커지자 온조는 나라의 이름을 '백제'라고 바꿨습니다.

　백제를 세운 온조와 그 형제 비류를 주몽과 소서노의 아들이라고 하는 사람도 있고, 소서노와 사별한 전남편의 아들이라는 사람도 있습니다. 소서노가 주몽과 재혼을 하였고 역사적 사료가 부족하기 때문에 어느 것이 맞는 것인지는 알 수 없습니다.

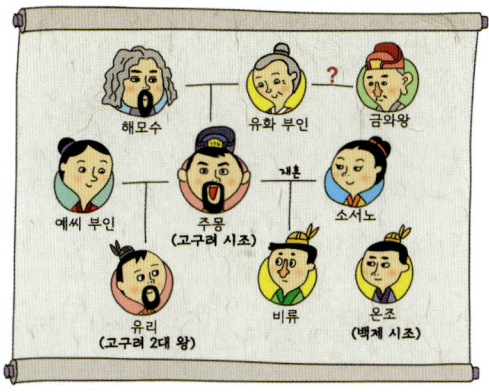
▲ 주몽 가계도

제3과 · 부러진 칼 - 유리왕 이야기　55

쉬어 가기

퀴즈? 퀴즈!

등장 _____ 이/가 어둡다.

가장 가까운 곳에 있어도 찾지 못한다는 뜻입니다.

세모는 몇 개?

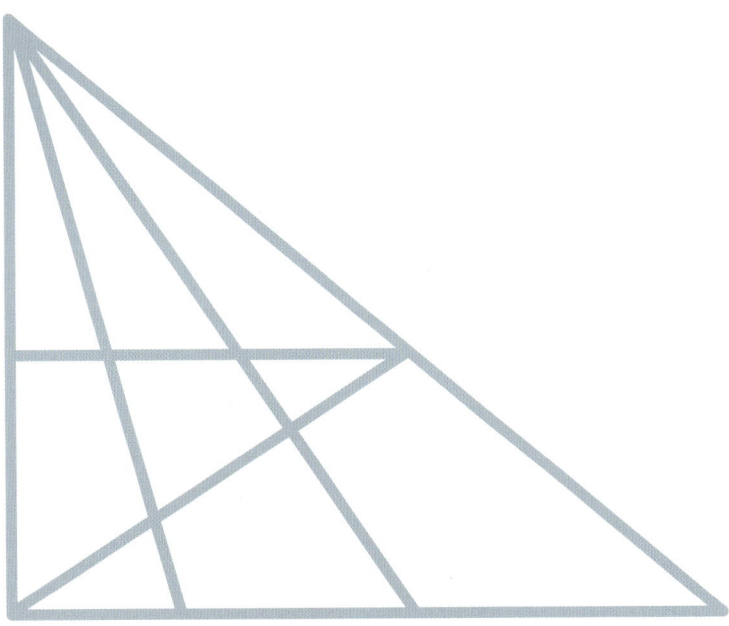

세모는 모두 몇 개일까요?

쉬어 가기 답: 밑, 24개

눈먼 사랑
– 낙랑 공주 이야기

1. '눈먼 사랑'은 무슨 뜻일까요?
2. 사랑에 눈먼 사람의 이야기를 들어 본 적이 있습니까?

이야기 상상하기

- 다음 그림의 내용을 상상한 후 이야기 순서대로 문장을 만드십시오.

상상하며 듣기

1 그림을 보고 이야기의 순서를 상상해 봅시다.

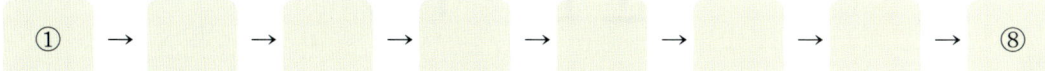

2 그림을 보면서 녹음을 듣고 이야기 순서대로 그림의 번호를 써 보세요.   Track 028

3 위의 순서에 맞게 이야기를 다시 구성해서 말해 보세요.

어휘

자식 child/children | 儿女 | 子ども
존재하다 to exist | 存在 | 存在する
존중하다 to respect | 尊重 | 尊重する
사위 son-in-law | 女婿 | 婿
늠름하다 to be imposing, to be manly | 外貌堂堂 | 凛々しい
첫눈에 반하다 to fall in love at first sight | 一见钟情 | 一目ぼれする
보물 treasure | 宝物 | 宝
스스로 by oneself | 自己 | 自ら
뿔피리 reed | 号角 | 角笛
과연 indeed, sure enough | 果然 | さすが
서자 child of a concubine | 庶子 | 庶子
인정받다 to get recognized | 获得肯定 | 認められる

없애다 to get rid of | 破坏, 弄不见 | なくす
왕자비 princess | 王子妃 | 姫
부수다 to break, to smash | 打坏, 打碎 | 壊す
공격하다 to attack | 攻击 | 攻撃する
당하다 to suffer | 遭受 | やられる
배신하다 to betray | 背叛 | 裏切る
항복하다 to surrender | 投降 | 降伏する
모함하다 to slander, to entrap | 陷害 | 陥れる
거듭되다 to repeat | 一连串, 连续 | たび重なる
벌을 주다 to punish | 给予处罚 | 罰を与える
목숨 life | 性命 | 命
눈이 멀다 to become blind | 失去理智 | 目がくらむ

제4과 · 눈먼 사랑 – 낙랑 공주 이야기

생각하며 읽기

눈먼 사랑

가 Track 029

여러분은 사랑이라는 단어를 들으면 무엇이 떠오릅니까? 사랑에는 남녀 간의 사랑, <u>자식</u>을 위해 모든 것을 주는 부모님의 사랑, 나와는 관계없지만 세상에 <u>존재하는</u> 모든 것을 아끼고 <u>존중하는</u> 사랑도 있습니다. 사람들은 모두 아름다운 사랑을 하고 싶어 합니다. 그러나 사랑 때문에 모든 것을 잃어버린 여자가 있습니다.

나 Track 030

지금으로부터 약 2000년 전 고구려의 남쪽에 낙랑국이라는 작은 나라가 있었습니다. 어느 날 낙랑국의 왕은 옥저 지역에 <u>갔다가</u> 고구려의 왕자 호동을 만났습니다. 왕은 호동이 마음에 들어서 호동을 자신의 궁으로 초대했습니다.

다 Track 031

두 사람은 궁에서 이런저런 이야기를 나누었습니다. 왕은 호동을 <u>사위</u>로 삼고 싶어서 공주를 불러 호동에게 소개했습니다. 공주는 <u>늠름하고</u> 멋있는 호동을 보고 <u>첫눈에 반했습니다</u>. 호동은 낙랑 공주와 결혼해서 낙랑국에서 살았습니다.

▲ 고구려 말띠꾸미개

라 Track 032

얼마 후 호동은 고구려에 돌아가서 아버지를 만났습니다. 호동은 아버지에게 낙랑국의 <u>보물</u> 이야기를 했습니다. "낙랑국에는 적이 나타나면 <u>스스로</u> 소리를 내는 북과 <u>뿔피리</u>가 있습니다. 이 북과 뿔피리는 주변의 나라로부터 낙랑국을 지켜 주는 보물이라고 합니다."

마 Track 033

고구려의 대무신왕은 호동의 말을 듣고 더 크고 강한 나라를 만들 수 있는 기회가 왔다고 생각했습니다. "과연 내 아들이구나." 서자인 호동은 아버지에게 인정받고 싶었습니다. 호동은 아무도 모르게 낙랑 공주에게 사람을 보냈습니다. "낙랑의 보물을 없애면 고구려의 왕자비가 될 수 있습니다. 그렇지 않으면 왕자비로 인정받을 수 없습니다."

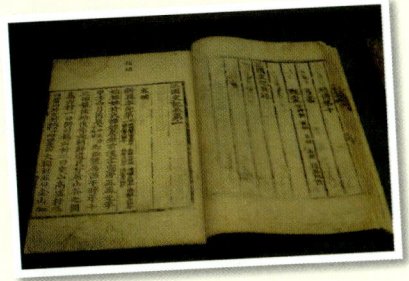
▲ 삼국사기

바 Track 034

낙랑 공주는 보물이 있는 곳으로 아무도 모르게 들어가 북과 뿔피리를 부수었습니다. 그리고 호동에게 이 사실을 알렸습니다. 고구려 대무신왕은 북과 뿔피리가 없어진 것을 알고 군사를 보내어 낙랑을 공격했습니다. 고구려의 공격을 미리 알지 못한 낙랑국은 당할 수밖에 없었습니다. 낙랑국의 왕은 나라를 배신한 공주를 죽이고 고구려에 항복했습니다.

사 Track 035

이 일로 호동은 대무신왕에게 크게 인정받았습니다. 그러나 대무신왕의 왕비는 서자인 호동이 왕이 될 것을 걱정하여 호동을 모함했습니다. 거듭된 모함에 대무신왕은 호동에게 벌을 주려고 하였습니다. 호동은 사랑도 잃고 아버지의 인정도 받지 못하게 되어 결국 스스로 목숨을 끊었습니다.

아 Track 036

낙랑 공주는 사랑하는 호동을 위해 나라의 보물을 부수었습니다. 그러나 사랑하는 사람과 함께하지 못하고 아버지 손에 죽었습니다. 호동 왕자 역시 모든 것을 잃고 자신의 목숨마저도 잃었습니다. 낙랑 공주는 사랑에 눈이 멀었고, 호동 왕자는 자신의 욕심에 눈이 멀었기 때문이 아닐까요?

내용 이해하기

1 낙랑국의 보물은 무엇입니까?

_____

2 호동은 왜 공주에게 낙랑국의 보물을 없애라고 했습니까?

_____

3 다음 중 낙랑 공주에 대한 설명으로 <u>틀린</u> 것을 고르십시오.

① 공주는 호동과 결혼을 했습니다.
② 공주는 낙랑국의 보물을 부수었습니다.
③ 공주는 고구려의 왕자비가 되었습니다.
④ 공주는 호동을 보고 첫눈에 반했습니다.

4 이 글의 내용과 같으면 ○, 다르면 × 하십시오.

(1) 낙랑국의 왕은 호동을 사위로 삼고 싶었습니다.   (   )
(2) 고구려의 대무신왕은 낙랑국의 보물을 갖고 싶었습니다.   (   )
(3) 호동은 낙랑 공주 덕분에 대무신왕의 인정을 받았습니다.   (   )

5 이 글의 내용에 맞게 빈칸에 알맞은 말을 쓰십시오.

> 낙랑 공주는 (1) (   ) 끝에 보물이 있는 곳으로 몰래 들어가 북을 (2) (   ) 뿔피리를 (3) (   ). 그리고 호동에게 이 사실을 알렸습니다. 고구려 대무신왕은 북과 뿔피리가 없어진 것을 알고 군사를 보내어 낙랑을 (4) (   ).

내용 정리하기

● 녹음을 듣고 다음의 어휘를 사용하여 문단별로 요약해 보십시오.　　　Track 029-036

가　사랑　아름답다　사랑받다　사랑하다　모든 것　잃어버리다
_____

나　고구려 남쪽　낙랑국　왕　호동　마음에 들다　궁　초대하다
_____

다　낙랑국의 왕　호동　사위로 삼다　소개하다　첫눈에 반하다　결혼
_____

라　호동　아버지　낙랑국의 보물　이 보물　적　스스로　북과 뿔피리
_____

마　호동　인정받다　사람을 보내다　낙랑의 보물　없애다　왕자비
_____

바　낙랑 공주　찢다　부수다　대무신왕　공격하다　낙랑국의 왕　죽이다　항복하다
_____

사　대무신왕의 왕비　모함하다　대무신왕　벌을 주다　사랑도 잃다　인정도 못 받다　목숨
_____

아　낙랑 공주　호동 왕자　사랑과 욕심　눈이 멀다　모든 것　잃다　목숨마저
_____

제4과 • 눈먼 사랑 - 낙랑 공주 이야기

문형과 표현 익히기

1   –았/었다가

어떤 행위를 완료한 후 다른 행위를 할 때 사용하는 표현(이때 뒤 문장에는 앞 문장에서 예상하지 못한 일이나 그와 반대되는 일이 나옴.)

(1) 김 선생님은 **왔다가** 방금 가셨어요.
(2) 버스를 **탔다가** 잘못 타서 내렸어요.
(3) 창문을 **열었다가** 추워서 다시 닫았어요.
(4) 물고기가 너무 작아서 **잡았다가** 다시 놓아주었어요.
(5) 백화점에 신발을 사러 **갔다가** 세일을 해서 옷을 많이 샀어요.

2   (으)로 삼다

어떤 대상을 다른 대상으로 생각하거나, 다른 대상이 되게 할 때 사용하는 표현

(1) 친구의 딸을 **며느리로 삼았다**.
(2) 힘들어도 이 위기를 **기회로 삼아야** 한다.
(3) 한국을 **고향으로 삼아서** 한국에서 살고 있다.
(4) 신문 배달을 **운동으로 삼고** 열심히 하고 있다.
(5) 이번 일을 **발판으로 삼아서** 더욱 노력하겠습니다.

3   마저

주로 부정적인 상황에서 마지막 남은 것이나 최악의 상황을 나타낼 때 사용하는 표현

(1) 마지막 남은 **친구마저** 그를 버리고 떠나갔다.
(2) 길이 막히는데 **비마저** 내려서 퇴근길이 더 혼잡해졌다.
(3) 버스가 끊겼는데 **지갑마저** 잃어버려서 집까지 걸어왔다.
(4) 아버지가 돌아가시고 나서 1년 후 **어머니마저** 돌아가셨다.
(5) 왼손을 다쳤는데 어제 **오른손마저** 다쳐서 아무것도 못해요.

더 생각해 보기

(1) 여러분이 알고 있는 눈먼 사랑의 이야기에는 어떤 것이 있습니까?

(2) 낙랑 공주는 죽어 가면서 무슨 생각을 했을까요?

(3) 여러분이 낙랑 공주라면 어떤 선택을 했을까요?

실력 다지기

● **[1~5] 다음 괄호에 알맞은 것을 고르십시오.**

1 여러분 모두의 의견을 (　　) 다수결로 결정하겠습니다.
   ① 존경합니다만　② 무시합니다만　③ 거절합니다만　④ 존중합니다만

2 우리 아이들은 일을 시키지 않아도 (　　) 잘합니다.
   ① 일부러　② 스스로　③ 저절로　④ 억지로

3 거실에 있는 텔레비전을 (　　) 그 자리에 책장을 가져다 두었다.
   ① 없애고　② 비키고　③ 이사하고　④ 설치하고

4 도둑이 창문을 (　　) 들어왔었나 봐요.
   ① 찢고　② 잠그고　③ 부수고　④ 두드리고

5 다른 사람을 구하고 자신의 (　　)을/를 잃은 소방관의 이야기가 많은 사람들을 울리고 있다.
   ① 목숨　② 재산　③ 수명　④ 호흡

● **[6~8] 다음 밑줄 친 부분과 의미가 비슷한 것을 고르십시오.**

6 신이 <u>존재하는지</u>에 대해 의견이 다양하다.
   ① 사는지　② 있는지　③ 생활하는지　④ 위치하는지

7 직접 와 보니 성산의 일출은 <u>과연</u> 장관이었다.
   ① 역시　② 별로　③ 왠지　④ 온통

8 <u>거듭된</u> 실수에도 그 과학자는 발명을 포기하지 않았다.
   ① 다양한　② 대단한　③ 중복된　④ 반복된

● **[9~10] 다음 밑줄 친 부분과 의미가 반대인 것을 고르십시오.**

9 자기가 낳은 <u>자식</u>이라도 자기 마음대로 할 수는 없다.

　① 자녀　　　② 형제　　　③ 부모　　　④ 가족

10 잘못을 한 아이에게 <u>벌</u>을 주는 것은 아이에게 좋은 교육 방법은 아니다.

　① 돈　　　　② 상　　　　③ 매　　　　④ 기

● **[11~13] 아래에서 알맞은 것을 골라 문장을 완성하십시오.**

| -았/었다가 | (으)로 삼다 | 마저 |

11 가 왜 아직도 그림을 안 그리고 있어요?

　　나 그림을 _____ 마음에 안 들어서 다 지웠어요.

12 가 저는 정말 바보인가 봐요. 또 실수를 했어요.

　　나 그래도 이번 실수를 _____ 다음에는 같은 실수를 하지 않을 거예요.

13 가 두 분이 결혼하실 때 주위의 반대가 심하셨다면서요?

　　나 네, 친구와 형제들뿐만 아니라 _____ 반대하셨어요.

체크하기 ✓

1 다음은 이 과에서 배운 어휘들입니다. 알고 있는 어휘에 ✓ 해 봅시다.

☐ 자식　　　　☐ 뿔피리　　　☐ 당하다
☐ 존재하다　　☐ 과연　　　　☐ 배신하다
☐ 존중하다　　☐ 서자　　　　☐ 항복하다
☐ 사위　　　　☐ 인정받다　　☐ 모함하다
☐ 늠름하다　　☐ 없애다　　　☐ 거듭되다
☐ 첫눈에 반하다　☐ 왕자비　　☐ 벌을 주다
☐ 보물　　　　☐ 부수다　　　☐ 목숨
☐ 스스로　　　☐ 공격하다　　☐ 눈이 멀다

2 다음 (　) 안에 들어갈 표현을 알고 있는지 ✓ 하고 써 봅시다.

☐ 버스를 (　　　) 잘못 타서 내렸어요.
☐ 창문을 (　　　) 추워서 다시 닫았어요.
☐ 힘들어도 이 위기를 (　　　)아/어야 한다.
☐ 한국을 (　　　)아/어서 한국에서 살고 있다.
☐ 이번 일을 (　　　)아/어서 더욱 노력하겠습니다.
☐ 아버지가 돌아가시고 나서 1년 후 (　　　) 돌아가셨다.
☐ 길이 막히는데 (　　　) 내려서 퇴근길이 더 혼잡해졌다.
☐ 왼손을 다쳤는데 어제 (　　　) 다쳐서 아무것도 못 해요.
☐ 백화점에 신발을 사러 (　　　) 세일을 해서 옷을 많이 샀어요.

3 다음 표 안의 문장을 읽고 할 수 있는 정도에 따라 상·중·하에 ✓ 해 봅시다.

	상	중	하
'눈먼 사랑'의 내용에 대해 말할 수 있다.	상	중	하
'눈먼 사랑'에서 배운 어휘와 문법을 사용하여 말할 수 있다.	상	중	하
'눈먼 사랑'을 통해 한국 역사를 이해하는 데 도움이 되었다.	상	중	하

더 알아보기

대무신왕의 계획?

낙랑 공주와 호동 왕자의 사랑 이야기는 오늘날에도 드라마, 영화, 연극, 뮤지컬, 오페라 등 다양한 공연의 소재가 될 정도로 한국인에게 사랑받는 이야기입니다.

▲ 동화책 '호동 왕자와 낙랑 공주'

▲ 발레 '왕자 호동'

▲ 오페라 '자명고'

삼국사기의 다른 이야기에 따르면 고구려의 대무신왕이 낙랑을 손에 넣기 위해 낙랑국의 왕에게 아들의 혼인을 청하였고, 낙랑 공주를 며느리로 삼은 뒤 낙랑 공주에게 낙랑의 보물을 부수게 하였다고 합니다.

어느 이야기가 맞는지는 알 수 없으나 낙랑 공주와 호동 왕자는 사랑을 이루지 못하고 비극적으로 죽음을 맞게 됩니다.

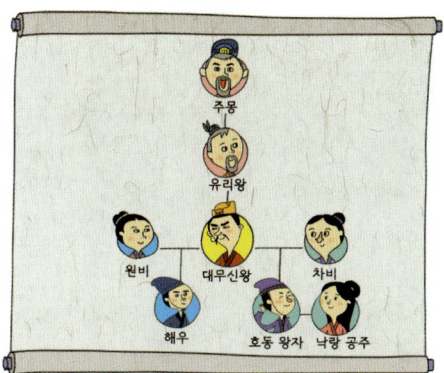
▲ 호동 가계도

호동은 대무신왕의 서자였지만 대무신왕은 호동을 매우 사랑하였습니다. 그래서 이름에 좋아할 호(好)를 넣어 호동이라 지었습니다. 또한 대무신왕은 적자인 아들이 있었지만 그에게 태자 자리를 주지 않았고 호동이 죽은 후에야 그를 태자로 삼았습니다. 이것으로 보아 대무신왕은 호동을 사랑하고 아꼈을 뿐만 아니라 호동을 자신의 후계자로 생각했었다는 것을 알 수 있습니다.

쉬어 가기

퀴즈? 퀴즈!

믿는 _____에 발등 찍힌다.

믿었던 사람에게 배신을 당했을 때 사용합니다.

매직 아이

초점을 멀리해 보세요. 뭐가 보입니까?

쉬어 가기 답: 도끼, 자물쇠

제5과 생각하기 나름
- 원효 대사 이야기

① '보고 싶은 대로 보이고, 듣고 싶은 대로 들린다'는 말은 무슨 뜻일까요?
② 여러분은 같은 일인데 생각에 따라 다르게 느낀 적이 있습니까?

이야기 상상하기

- 다음 그림의 내용을 상상한 후 이야기 순서대로 문장을 만드십시오.

상상하며 듣기

1 그림을 보고 이야기의 순서를 상상해 봅시다.

2 그림을 보면서 녹음을 듣고 이야기 순서대로 그림의 번호를 써 보세요.   Track 037

3 위의 순서에 맞게 이야기를 다시 구성해서 말해 보세요.

어휘

상황 situation ｜ 情况 ｜ 状況	발길을 돌리다 to turn back ｜ 转身回去 ｜ きびすを返す
스님 monk (Buddhist) ｜ 和尚 ｜ 僧侶	백성 the people ｜ 百姓 ｜ 民
불심 the Buddha-mind ｜ 佛心 ｜ 仏心	자루 handle ｜ 把柄 ｜ 柄
스승 mentor ｜ 老师 ｜ 師	도끼 ax ｜ 斧头 ｜ 斧
불교 Buddhism ｜ 佛教 ｜ 仏教	받치다 to support ｜ 支撑 ｜ 支える
깨닫다 to be enlightened ｜ 觉悟 ｜ 悟る	눈높이 perspective ｜ 眼光 ｜ 目線
더듬거리다 to feel ｜ 抚摸 ｜ 手探りする	온 all of ｜ 全 ｜ 全, ～じゅう
벌컥벌컥 gulp ｜ 咕噜咕噜 ｜ ゴクゴク	퍼지다 to spread ｜ 传遍 ｜ 広まる
해골 skull ｜ 骷骨 ｜ 骸骨	불쾌하다 to become unpleasant ｜ 不愉快 ｜ 不快だ
고이다 to gather ｜ 积聚 ｜ たまる	시선 one's perspective ｜ 视线 ｜ 視線
썩다 to be contaminated ｜ 腐败 ｜ 腐る	성장 growth ｜ 成长 ｜ 成長
구역질 nausea ｜ 呕吐 ｜ 吐き気	밑거름 foundation ｜ 基础 ｜ 肥やし

생각하며 읽기

생각하기 나름

가 Track 038

하루 종일 일을 하다가 집에 돌아오는 길은 매우 멀고 힘들게 느껴집니다. 하지만 같은 길이라도 사랑하는 사람과 함께하는 길은 짧게만 느껴집니다. 그 사람과 함께하면 행복하기 때문이지요. 이렇게 **상황**은 바뀌지 않았지만 전혀 다르게 느껴질 때가 있습니다.

나 Track 039

지금으로부터 약 1400년 전 신라에 원효라는 **스님**이 있었습니다. 원효 스님은 어려서부터 **불심**이 깊어서 15살에 집을 절로 만들며 스님이 되었습니다. 원효 스님은 여러 **스승**을 통해 **불교**에 대해 공부하며 스스로 **깨닫는** 것에 기쁨을 느꼈습니다. 그러던 어느 날 유명한 스님이 인도에서 당나라에 돌아왔다는 말을 듣고 배움을 얻기 위해서 당나라로 떠났습니다.

다 Track 040

원효 스님은 당나라로 가는 길에 산 속에서 큰비를 만났습니다. 비도 피할 겸 잠도 자고 갈 겸 해서 근처에 보이는 동굴로 들어갔습니다. 원효 스님은 너무 피곤해서 동굴에 들어간 후 바로 잠이 들었습니다.

▲ 원효 대사

라 Track 041

목이 말라서 잠이 깬 원효 스님은 주변을 **더듬거리다가** 물그릇을 찾았습니다. 그리고 그 물을 **벌컥벌컥** 마셨습니다. 다음날 아침 원효 스님은 깜짝 놀랐습니다. 어젯밤에 마신 물은 **해골**에 **고인 썩은** 물이었습니다. '내가 저렇게 더러운 물을 **마셨다니**.' 갑자기 **구역질**이 나왔습니다.

마 Track 042

'모르고 마실 때는 시원하고 달기만 했는데, 더러운 물이라는 것을 알게 되니까 구역질이 나오는구나.' 원효 스님은 큰 깨달음을 얻었습니다. '모든 것은 생각하기 나름인데 나는 지금 어디에 무엇을 배우러 가는가?' 원효 스님은 발길을 돌려 신라로 돌아왔습니다. 그리고 모든 것은 생각하기 나름이라는 깨달음을 사람들에게 알렸습니다.

바 Track 043

원효 스님은 백성들에게 불교에 대해 이야기하면서 자루 없는 도끼를 빌려주면 하늘을 받칠 기둥을 만들겠다는 내용의 노래도 부르고 다녔습니다. 사람들은 이 노래의 의미를 몰랐습니다. 그러나 신라의 왕은 원효 스님의 뜻을 알고 남편 없이 혼자 사는 자신의 딸을 스님에게 소개하였습니다. 원효 스님은 공주와 함께 궁에서 생활하게 되었습니다. 얼마 후 공주가 임신을 하게 되었고, 원효 스님은 이제 하늘을 받칠 기둥이 만들어졌다고 생각하며 궁을 나왔습니다.

▲ 도끼

사 Track 044

궁을 나온 원효 스님은 불교를 백성들에게 알리고자 스님의 옷을 벗고 백성들과 함께 노래하며 춤을 췄습니다. 그리고 백성들의 눈높이에 맞춰 불교에 대해 쉽게 이야기해 주었습니다. 그 후 어린아이부터 노인들까지 모든 백성이 '나무아미타불'을 알게 되었고, 온 나라에 불교가 퍼지게 되었습니다.

아 Track 045

썩은 물을 마신 것은 매우 불쾌한 일이었지만 원효 스님은 이 일로 큰 깨달음을 얻었습니다. 우리도 살면서 썩은 물을 마시는 것과 같은 불쾌한 경험을 할 때가 있습니다. 그때마다 불쾌하다는 감정에 빠져 있기보다는 원효 스님처럼 그 일을 다른 시선으로 바라보고자 노력한다면 불쾌한 일도 우리를 성장시키는 밑거름이 될 수 있을 것입니다.

내용 이해하기

1 원효 스님은 왜 동굴로 들어갔습니까?

_____

2 원효 스님이 구역질을 한 이유는 무엇입니까?

_____

3 다음 중 원효 스님에 대한 설명으로 <u>틀린</u> 것을 고르십시오.

① 원효 스님은 15살에 스님이 되었습니다.

② 원효 스님은 당나라에 갔다가 왔습니다.

③ 원효 스님은 어려서부터 불심이 깊었습니다.

④ 원효 스님은 백성들에게 불교를 알렸습니다.

4 이 글의 내용과 같으면 ○, 다르면 × 하십시오.

(1) 신라의 왕은 원효 스님에게 자신의 딸을 소개했습니다. (   )

(2) 원효 스님은 해골에 고인 물을 마시고 큰 깨달음을 얻었습니다. (   )

(3) 원효 스님은 유명한 스님에게 배움을 얻고자 당나라로 떠났습니다. (   )

5 이 글의 내용에 맞게 빈칸에 알맞은 말을 쓰십시오.

> 목이 말라서 잠이 깬 원효 스님은 주변을 (1) (   ) 물그릇을 찾았습니다. 그리고 그 물을 (2) (   ) 마셨습니다. 다음날 아침 원효 스님은 깜짝 놀랐습니다. 어젯밤에 마신 물은 (3) (   )에 고인 (4) (   ) 물이었습니다.

내용 정리하기

● 녹음을 듣고 다음의 어휘를 사용하여 문단별로 요약해 보십시오.   Track 038-045

가   같은 길   사랑하는 사람   함께하다   짧게   상황   다르게   느껴질 때
_____

나   원효 스님   여러 스승   불교   깨닫다   기쁨   배움을 얻다   당나라
_____

다   산 속   큰비   비를 피하다   자고 가다   동굴   피곤하다   잠들다
_____

라   목이 마르다   잠이 깨다   더듬거리다   물그릇   벌컥벌컥   깜짝 놀라다
_____

마   깨달음을 얻다   발길을 돌리다   돌아오다   생각하기에 달려 있다   알리다
_____

바   신라의 왕   소개하다   공주   임신   하늘을 받칠 기둥   생각하다   궁을 나오다
_____

사   원효 스님   백성들   노래하며 춤추다   그 후   외우다   온 나라   퍼지다
_____

아   불쾌한 일   경험하다   다른 시선   바라보다   불쾌한 일   성장시키다   밑거름
_____

문형과 표현 익히기

1 -(으)ㄹ 겸

어떤 행위의 목적이 둘 이상일 때 사용하는 표현

(1) 스트레스를 **풀 겸** 여행을 다녀왔어요.
(2) 머리도 **식힐 겸** 커피 한잔하고 와야 겠어요.
(3) 운동도 **할 겸** 기분도 **전환할 겸** 산책을 했어요.
(4) 식사도 **할 겸** 오해도 **풀 겸** 해서 이 자리를 만들었어요.
(5) 다리도 **쉴 겸** 이야기도 **할 겸** 저쪽에 있는 의자에 앉자.

2 -다니/(이)라니

뜻밖의 일에 놀라거나 믿을 수 없는 일이라고 생각될 때 사용하는 표현

(1) 12살에 대학에 **입학하다니**!
(2) 여름에 눈이 **오다니** 믿을 수 없다.
(3) 한국어를 그렇게 잘하는데 **외국 사람이라니**!
(4) 그동안 열심히 공부했는데 시험을 안 **보겠다니**!
(5) 아이가 벌써 대학생이 **되었다니** 시간이 참 빠르네요.

3 -기 나름

어떤 일이나 행위가 달라질 수 있음을 나타내는 표현

(1) 모든 일은 자기가 **하기 나름**이다.
(2) 모든 물건의 수명은 **사용하기 나름**이다.
(3) 행복한 결혼 생활은 부부가 **하기 나름**이에요.
(4) 이 일의 결과는 우리가 **노력하기 나름**이니까 열심히 합시다.
(5) 아이가 좋은 습관을 갖게 하는 것은 부모가 **가르치기 나름**이지요.

더 생각해 보기

(1) 모르고 마신 물이 해골에 고인 썩은 물이었다면 여러분은 어떻게 했을까요?

(2) 하늘을 받칠 기둥을 만든다는 것은 무엇을 의미할까요?

(3) 여러분도 원효 스님처럼 불쾌한 일을 통해 깨달음을 얻은 적이 있나요?

실력 다지기

[1~5] 다음 괄호에 알맞은 것을 고르십시오.

1. 고집이 센 사람은 스스로 (　　) 전까지는 자신의 잘못을 알지 못한다.
   ① 깨닫기　　② 말하기　　③ 설명하기　　④ 공부하기

2. 지진으로 갑자기 정전이 되어서 벽을 (　　) 밖으로 나왔다.
   ① 훌쩍거리며　　② 더듬거리며　　③ 깜빡거리며　　④ 흔들거리며

3. 안 하던 운동을 갑자기 하니까 (　　) 몸이 다 아프다.
   ① 온　　② 한　　③ 전신　　④ 전체

4. 목이 너무 말라서 물병의 물을 한 번에 (　　) 마셨다.
   ① 두근두근　　② 비틀비틀　　③ 쿵쾅쿵쾅　　④ 벌컥벌컥

5. 한 달 전에 산 사과가 냉장고 안에서 (　　) 있었다.
   ① 모여　　② 썩어　　③ 바꿔　　④ 담아

[6~8] 다음 밑줄 친 부분과 의미가 비슷한 것을 고르십시오.

6. 나는 배를 타면 어지럽고 <u>구역질</u>이 난다.
   ① 화　　② 짜증　　③ 구토　　④ 멀미

7. 소문은 참 빠르다. 금방 사람들에게 <u>퍼진다</u>.
   ① 도착한다　　② 다가간다　　③ 연결된다　　④ 알려진다

8. 갑자기 유명인이 되니까 사람들의 <u>시선</u>이 부담스럽다.
   ① 눈길　　② 시력　　③ 연락　　④ 의심

● **[9~10] 다음 밑줄 친 부분과 의미가 반대인 것을 고르십시오.**

9 <u>고인</u> 물은 시간이 지나면 썩는다.

① 맑은　　　　② 쌓인　　　　③ 탁한　　　　④ 흐르는

10 그 영화는 너무 폭력적이고 잔인해서 보기가 <u>불쾌하다</u>.

① 쾌활하다　　② 상쾌하다　　③ 유쾌하다　　④ 통쾌하다

● **[11~13] 아래에서 알맞은 것을 골라 문장을 완성하십시오.**

> -(으)ㄹ 겸　　　　-다니/(이)라니　　　　-기 나름

11 가　너무 많이 먹었나 봐.

　　나　그럼, 우리 먹은 걸 _____ 산책하러 나가자.

12 가　민수 씨가 출근길에 교통사고가 나서 좀 늦게 온대요.

　　나　교통사고가 _____! 다치지 않았대요?

13 가　어젯밤 꿈이 너무 이상해서 하루 종일 기분이 안 좋아요.

　　나　좋게 해석하세요. 꿈은 _____.

체크하기 ✓

1 다음은 이 과에서 배운 어휘들입니다. 알고 있는 어휘에 ✓ 해 봅시다.

☐ 상황	☐ 해골	☐ 받치다
☐ 스님	☐ 고이다	☐ 눈높이
☐ 불심	☐ 썩다	☐ 온
☐ 스승	☐ 구역질	☐ 퍼지다
☐ 불교	☐ 발길을 돌리다	☐ 불쾌하다
☐ 깨닫다	☐ 백성	☐ 시선
☐ 더듬거리다	☐ 자루	☐ 성장
☐ 벌컥벌컥	☐ 도끼	☐ 밑거름

2 다음 ( ) 안에 들어갈 표현을 알고 있는지 ✓ 하고 써 봅시다.

- ☐ 모든 일은 자기가 (　　　　)이다.
- ☐ 여름에 눈이 (　　　　) 믿을 수 없다.
- ☐ 한국어를 그렇게 잘하는데 (　　　　)!
- ☐ 스트레스를 (　　　　) 여행을 다녀왔어요.
- ☐ 머리도 (　　　　) 커피 한잔하고 와야겠어요.
- ☐ 아이가 벌써 대학생이 (　　　　) 시간이 참 빠르네요.
- ☐ 이 일의 결과는 우리가 (　　　　)이니까 열심히 합시다.
- ☐ 아이가 좋은 습관을 갖게 하는 것은 부모가 (　　　　)이지요.
- ☐ 다리도 (　　　　) 이야기도 (　　　　) 저쪽에 있는 의자에 앉자.

3 다음 표 안의 문장을 읽고 할 수 있는 정도에 따라 상·중·하에 ✓ 해 봅시다.

'생각하기 나름'의 내용에 대해 말할 수 있다.	상	중	하
'생각하기 나름'에서 배운 어휘와 문법을 사용하여 말할 수 있다.	상	중	하
'생각하기 나름'을 통해 한국 역사를 이해하는 데 도움이 되었다.	상	중	하

더 알아보기

해골 물 이야기는 사실?

원효 스님의 이야기는 중국과 일본에도 전해집니다. 중국의 『임간록』에는 원효 스님과 해골 물 이야기가 전해지지만, 『종경록』에는 해골 물이 아니고 시체 썩은 물이라고 전해지고, 『송고승전』에는 원효 스님의 이야기를 소개했지만 해골 물이나 시체 썩은 물 이야기는 없습니다.

일본의 『화엄연기』에는 원효 스님의 이야기가 그림으로 소개되어 있습니다. 그 그림은 원효 스님과 의상 스님이 무덤에서 자고 있고 그 모습을 도깨비가 보고 있는 그림입니다. 한국, 중국, 일본에서 전해지는 이야기는 다 다르지만 원효 스님이 깨달음을 얻었다는 것은 모두 같습니다.

하늘을 받칠 기둥과 설총

원효 스님은 자루 없는 도끼를 빌려주면 하늘을 받칠 기둥을 만들겠다는 노래를 불렀고 그 말의 의미를 안 신라의 무열왕은 자신의 딸인 요석 공주를 소개했습니다. 그 후 요석 공주는 아들을 낳았는데요. 그가 바로 설총입니다.

설총은 신라의 10대 현인 중 하나이고 3대 문장가 중 하나이며 신라 교육에 크게 공헌한 대학자입니다. 설총의 가장 큰 업적은 '이두'를 정리한 것입니다. '이두'는 한자의 뜻과 소리를 빌려 와서 우리말에 맞게 쓰는 표기법입니다. 신라는 고유의 문자가 없어서 중국의 한자를 빌려 사용했는데 사용하기가 매우 불편했습니다. 설총이 이두를 정리한 후 신라의 백성들은 자신의 생각을 더 쉽게 글로 남길 수 있었고 다른 사람이 쓴 글도 쉽게 이해할 수 있었습니다.

쉬어 가기

퀴즈? 퀴즈!

☐ 보다 해몽이 좋다.

안 좋은 일을 돌려 생각하여 좋게 풀이할 때 사용합니다.

생각하기 나름

다음은 어떤 그림일까요? 그림에서 무엇이 보이는지 말해 봅시다.

쉬어 가기 답: 꿈, 아가씨/노인, 웃는 사람/화난 사람

연표로 보는 삼국 시대

신라 건국
B.C. 57

고구려 건국
B.C. 37

백제 건국
B.C. 18

호동 왕자 사망
32

당나라 건국
618

원효 대사의 깨달음
661

신라의 삼국 통일
676

발해 건국
698

3장
고려 시대

· · · · · · · · · ·

제6과 억울한 누명 – 왕건 이야기

제7과 나를 믿어 주는 사람
　　　　– 공민왕과 노국 공주 이야기

제8과 대를 이은 열정 – 최무선 이야기

제9과 지워지지 않는 핏자국
　　　　– 정몽주 이야기

제6과 억울한 누명
– 왕건 이야기

1. 억울한 일을 직접 당하거나 본 적이 있습니까?
2. 여러분은 억울한 일을 당한다면 어떻게 하는 편입니까?

이야기 상상하기

- 다음 그림의 내용을 상상한 후 이야기 순서대로 문장을 만드십시오.

상상하며 듣기

1 그림을 보고 이야기의 순서를 상상해 봅시다.

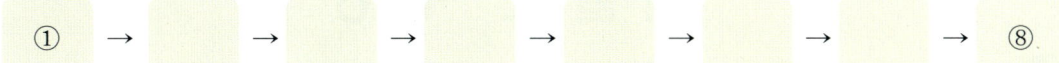

2 그림을 보면서 녹음을 듣고 이야기 순서대로 그림의 번호를 써 보세요. **Track 046**

3 위의 순서에 맞게 이야기를 다시 구성해서 말해 보세요.

어휘

억울하다 to be wrongfully accused ｜ 委屈, 冤枉 ｜ 不本意だ	세력 power ｜ 势力 ｜ 勢力
도둑 thief ｜ 窃贼, 小偷 ｜ 泥棒	관직 public posts ｜ 官职 ｜ 官職
폭행 assault ｜ 暴行 ｜ 暴行	승리하다 to win ｜ 胜利 ｜ 勝利する
살인 murder ｜ 杀人 ｜ 殺人	잔인하다 to be cruel ｜ 残忍 ｜ 残忍だ
누명 false accusation ｜ 冤屈 ｜ 濡れ衣	세금을 걷다 to collect tax ｜ 收取税金 ｜ 税金を集める
위기 crisis ｜ 危机 ｜ 危機	포악해지다 to become violent ｜ 变得残暴 ｜ 暴虐になる
지혜롭다 to be wise ｜ 有智慧 ｜ 賢明だ	심지어 even ｜ 甚至于 ｜ 果てには
신하 liege, vassal ｜ 臣下 ｜ 臣下	줍다 to pick up ｜ 捡拾 ｜ 拾う
사치스럽다 to be extravagant ｜ 奢侈 ｜ ぜいたくだ	굽히다 to yield ｜ 弯下, 屈从, 不坚持 ｜ 曲げる
난을 일으키다 to revolt ｜ 引起战乱 ｜ 乱を起こす	쳐들어오다 to raid, to invade ｜ 攻入, 进犯 ｜ 攻め込んでくる
장군 general ｜ 将军 ｜ 将軍	바치다 to offer ｜ 呈献, 进贡 ｜ 捧げる
왕족 royal family ｜ 王族 ｜ 王族	통일되다 to become unified ｜ 统一 ｜ 統一される

제6과 · 억울한 누명 – 왕건 이야기

억울한 누명

가 Track 047

나쁜 일이 생겼을 때, 내가 하지 않았는데 누군가 그 일을 내가 했다고 말한다면 정말 **억울할** 겁니다. 만약 **도둑**, **폭행**, **살인** 등의 억울한 **누명**을 썼다면 그냥 참을 수 있을까요? 누명을 벗기 위해 어떤 노력을 해야 할까요? 역사에는 이러한 **위기**를 **지혜롭게** 넘기고 왕이 된 사람이 있습니다.

나 Track 048

800년대 후반, 신라의 왕과 **신하**들은 나라를 돌보지 않고 **사치스러운** 생활을 하며 백성들을 괴롭혔습니다. 백성들은 점점 살기 힘들어져서 산에 들어가거나 곳곳에서 **난을 일으켰습니다**. 신라의 힘이 약해지면서 신라의 **장군** 견훤은 전주 지역에 나라를 세웠고, 신라의 **왕족** 궁예도 **세력**을 모아 철원 지역에 나라를 세웠습니다.

다 Track 049

나라가 강해지려면 많은 힘이 필요합니다. 그때 송악 지역의 세력가 왕륭이 그의 아들 왕건과 함께 궁예를 찾아왔습니다. 궁예는 왕륭과 왕건에게 **관직**을 주었습니다. 왕건은 궁예의 장군이 되어 신라와 전쟁을 하며 신라의 여러 지역을 궁예의 나라로 만들어 갔습니다.

▲ 궁예의 고려성

라 Track 050

궁예는 전쟁할 때마다 크게 **승리하는** 왕건을 더욱 믿게 되었고 나라에서 가장 높은 관직을 주었습니다. 왕건은 전투에서 승리한 지역의 백성들을 자신의 백성처럼 다스렸지만 궁예는 그 지역의 백성을 모두 **잔인하게** 죽였습니다. 그래서 모든 백성들은 궁예를 두려워하고 왕건을 믿고 따랐습니다.

마 Track 051

궁예는 궁을 크게 짓는다는 이유로 백성들에게 많은 <u>세금을 걷고</u> 힘든 일을 시켰습니다. 백성들은 점점 살기 힘들어졌고 궁예의 성격도 점점 <u>포악해졌습니다</u>. 궁예는 자신이 살아 있는 부처님이기 때문에 다른 사람의 마음을 읽을 수 있는 '관심법'을 할 수 있다고 하며, 마음에 들지 않는 사람들은 모두 죽였습니다. <u>심지어</u> 자신의 부인과 아들까지도 직접 죽였습니다.

바 Track 052

왕건도 궁예의 관심법을 피할 수는 없었습니다. 궁예는 왕건에게 "너는 나를 배신하고 왕이 되려고 하는구나."라고 말했습니다. 왕건은 억울했습니다. 이때 최응이라는 사람이 떨어뜨린 물건을 <u>줍는 척</u> 하며 왕건에게 "<u>굽히지</u> 않으면 위험합니다."라고 말했습니다. 왕건은 억울함을 말할지 자신을 굽힐지 고민하다가 "죄송합니다. 제가 왕이 되려고 욕심을 냈습니다."라고 말했습니다. 궁예는 "너는 사실을 말했으니까 목숨을 살려 주겠다."라고 말하며 크게 웃었습니다.

▲ 왕건

사 Track 053

궁예의 포악함이 점점 <u>심해지자</u> 신하들과 백성들은 왕건을 왕으로 모시고 궁예가 있는 궁으로 <u>쳐들어왔습니다</u>. 궁예는 아무도 모르게 궁을 나와 산에 숨었는데, 결국 백성들에게 잡혀서 죽임을 당했습니다. 왕건이 왕이 된 후 신라 백성들의 마음은 신라의 왕이 아닌 왕건에게로 옮겨 갔습니다. 신라의 왕은 왕건에게 나라를 <u>바쳤고</u>, 왕건은 견훤이 세운 후백제도 정복하면서 <u>통일된</u> 나라인 고려를 세웠습니다.

아 Track 054

궁예로부터 왕이 되려고 한다는 누명을 썼을 때 왕건은 자신의 억울함을 말하고 싶었을 겁니다. 그러나 왕건이 자신의 억울함을 말하려고 했다면 목숨을 잃었겠지요. 억울하지만 잠시 자신의 뜻을 굽혔기 때문에 왕건은 죽음을 피하고 훗날 왕이 될 수 있었습니다. 만약 우리에게 위기가 온다면 왕건처럼 가장 중요한 것이 무엇인지 생각할 수 있어야겠지요?

내용 이해하기

1 궁예는 무엇으로 다른 사람의 마음을 읽을 수 있다고 했습니까?

_____

2 한 신하가 물건을 줍는 척하며 왕건에게 무슨 말을 했습니까?

_____

3 다음 중 왕건에 대한 설명으로 **틀린** 것을 고르십시오.

① 왕건은 자신을 굽힘으로써 목숨을 구할 수 있었습니다.
② 왕건은 아버지와 함께 궁예를 찾아가 관직을 받았습니다.
③ 왕건은 전투에서 승리한 지역의 백성을 잘 다스렸습니다.
④ 왕건은 백성들이 믿고 따르자 왕이 되려고 욕심을 냈습니다.

4 이 글의 내용과 같으면 ○, 다르면 × 하십시오.

(1) 궁예는 점점 포악해져서 가족까지도 죽였습니다. ( )
(2) 신라의 힘이 약해지면서 주변에 새로운 나라들이 생겼습니다. ( )
(3) 왕건은 신라와 후백제와 끝까지 싸워서 나라를 통일시켰습니다. ( )

5 이 글의 내용에 맞게 빈칸에 알맞은 말을 쓰십시오.

> 궁예의 (1) ( )이/가 점점 심해지자 신하들과 백성들은 왕건을 왕으로 모시고 궁예가 있는 궁으로 (2) ( ). 궁예는 결국 백성들에게 잡혀서 죽임을 당했습니다. 왕건이 왕이 된 후 신라의 왕은 왕건에게 나라를 (3) ( ), 왕건은 견훤이 세운 후백제도 정복하면서 (4) ( ) 나라인 고려를 세웠습니다.

내용 정리하기

● 녹음을 듣고 다음의 어휘를 사용하여 문단별로 요약해 보십시오.   Track 047-054

가 억울한 누명 쓰다 참다 역사 위기 지혜롭게 왕이 되다
_____

나 800년대 후반 신라의 힘 약해지다 신라의 왕족 궁예 세력 나라
_____

다 궁예 왕륭과 왕건 관직 왕건 궁예의 장군 신라 전쟁
_____

라 왕건 승리한 지역 백성 다스리다 궁예 잔인하게 죽이다
_____

마 궁예의 성격 포악해지다 관심법 사람들 죽이다 심지어 부인과 아들
_____

바 궁예 왕건 배신하다 왕이 되다 억울하다 굽히다 목숨을 구하다
_____

사 백성들 왕건 왕 궁예 죽이다 왕건 통일된 나라 고려
_____

아 왕건 억울하다 굽히다 죽음 피하다 훗날 왕이 되다
_____

제6과 • 억울한 누명 - 왕건 이야기   93

문형과 표현 익히기

1 -아/어 가다/오다

동작의 상태를 유지하며 시간이 진행됨을 나타내는 표현. '-아/어 오다'는 과거에서 지금까지, '-아/어 가다'는 지금부터 미래로 시간이 진행됨을 나타냄.

(1) 밥 다 **되어 가니까** 조금만 기다리세요.
(2) 우리 사장님은 평생을 앞만 보고 **달려오셨습니다**.
(3) 박사님은 그동안 **연구해 온** 내용을 논문으로 발표했다.
(4) 저는 지금까지 한국에서 3년을 **살아왔고** 앞으로도 계속 **살아갈** 겁니다.
(5) 그는 과거의 일을 사람들에게 알리기 위해 자신의 이야기를 **써 내려갔다**.

2 -(으)ㄴ/는 척하다

사실과 상반되는 내용을 거짓 태도로 꾸밀 때 사용하는 표현

(1) 수업 중에 몰래 과자를 먹고 **안 먹은 척했다**.
(2) 위험하다고 느낄 때 **죽은 척하는** 동물들이 있다.
(3) 넘어져서 아팠지만 창피해서 **아프지 않은 척했다**.
(4) 아이는 놀다가 엄마의 목소리를 듣고 **공부하는 척했다**.
(5) 나와 싸운 이후로 그 친구는 계속 나를 보고도 **못 본 척한다**.

3 -자

앞의 동작이 전제 조건이 되어 뒤의 동작이 바로 일어날 때 사용하는 표현

(1) 밤이 **되자** 날씨가 갑자기 추워졌다.
(2) 사람들이 모두 자리에 **앉자** 회의가 시작되었다.
(3) 사람들이 **도착하자** 조용하던 항구가 시끄러워졌다.
(4) 아들의 합격 소식을 **듣자** 어머니는 기쁨의 눈물을 흘렸다.
(5) 비가 **그치자** 비를 피해 있던 사람들이 다시 거리로 나왔다.

더 생각해 보기

(1) 최응이 왕건을 도와주지 않았다면 왕건은 어떻게 되었을까요?

(2) 여러분도 왕건처럼 자신을 굽혀서 위기를 넘긴 적이 있습니까?

(3) 관심법을 할 수 있다면 누구의 마음을 보고 싶습니까? 이유는 무엇입니까?

제6과 • 억울한 누명 – 왕건 이야기 95

실력 다지기

[1~5] 다음 괄호에 알맞은 것을 고르십시오.

1 아무 잘못 없이 선생님께 혼나는 것은 너무 (　　).
　① 당연합니다　　② 무섭습니다　　③ 시원합니다　　④ 억울합니다

2 회사는 거래처의 도움으로 경제적 (　　)를 해결할 수 있었다.
　① 여유　　② 위기　　③ 기회　　④ 시기

3 학생들은 학교 운동장을 한 바퀴 돌며 떨어져 있는 쓰레기를 (　　).
　① 던졌다　　② 버렸다　　③ 얻었다　　④ 주웠다

4 히틀러가 유대인들에게 한 일은 정말 (　　) 일이다.
　① 답답한　　② 예상한　　③ 잔인한　　④ 고생한

5 우리 아이는 얼굴, 목소리, (　　) 자는 모습까지도 아빠를 닮았다.
　① 심지어　　② 오히려　　③ 마침내　　④ 반드시

[6~8] 다음 밑줄 친 부분과 의미가 비슷한 것을 고르십시오.

6 이번 경기에서 <u>승리하면</u> 결승전에 올라갈 수 있다.
　① 열리면　　② 이기면　　③ 치르면　　④ 펼치면

7 그 나라는 <u>세력</u>을 키워 더 큰 나라를 만들려고 한다.
　① 힘　　② 말　　③ 무기　　④ 군인

8 옛날에는 바다에 나가기 전에 바다의 신에게 음식을 해서 <u>바쳤다</u>.
　① 나눴다　　② 남겼다　　③ 드렸다　　④ 돌렸다

● [9~10] 다음 밑줄 친 부분과 의미가 반대인 것을 고르십시오.

9 그 집은 대문이 낮아서 항상 허리를 <u>굽히고</u> 들어가야 한다.

① 펴고   ② 열고   ③ 올리고   ④ 높이고

10 서점에는 인생의 어려움을 <u>지혜롭게</u> 극복하는 방법에 대한 책들이 많다.

① 여유롭게   ② 영리하게   ③ 이상하게   ④ 어리석게

● [11~13] 아래에서 알맞은 것을 골라 문장을 완성하십시오.

| -아/어 오다 | -(으)ㄴ/는 척하다 | -자 |

11 가 저분을 아세요?

   나 아니요, 모르는 사람인데 먼저 인사하셔서 그냥 _____.

12 가 힘든 일이 있어요? 표정이 안 좋아 보여요.

   나 오랫동안 함께 _____ 동료가 갑자기 회사를 그만둬서요.

13 가 김수미 기자, 요즘 에어컨 판매량은 어떻습니까?

   나 네, 날씨가 _____ 에어컨 판매량이 증가하고 있습니다.

체크하기 ✓

1 다음은 이 과에서 배운 어휘들입니다. 알고 있는 어휘에 ✓ 해 봅시다.

☐ 억울하다	☐ 사치스럽다	☐ 세금을 걷다
☐ 도둑	☐ 난을 일으키다	☐ 포악해지다
☐ 폭행	☐ 장군	☐ 심지어
☐ 살인	☐ 왕족	☐ 줍다
☐ 누명	☐ 세력	☐ 굽히다
☐ 위기	☐ 관직	☐ 쳐들어오다
☐ 지혜롭다	☐ 승리하다	☐ 바치다
☐ 신하	☐ 잔인하다	☐ 통일되다

2 다음 ( ) 안에 들어갈 표현을 알고 있는지 ✓ 하고 써 봅시다.

☐ 밥 다 (　　　　　) 조금만 기다리세요.
☐ 수업 중에 몰래 과자를 먹고 (　　　　　).
☐ 밤이 (　　　　　) 날씨가 갑자기 추워졌다.
☐ 우리 사장님은 평생을 앞만 보고 (　　　　　).
☐ 위험하다고 느낄 때 (　　　　　) 동물들이 있다.
☐ 아이는 놀다가 엄마의 목소리를 듣고 (　　　　　).
☐ 사람들이 모두 자리에 (　　　　　) 회의가 시작되었다.
☐ 박사님은 그동안 (　　　　　) 내용을 논문으로 발표했다.
☐ 아들의 합격 소식을 (　　　　　) 어머니는 기쁨의 눈물을 흘렸다.

3 다음 표 안의 문장을 읽고 할 수 있는 정도에 따라 상·중·하에 ✓ 해 봅시다.

'억울한 누명'의 내용에 대해 말할 수 있다.	상	중	하
'억울한 누명'에서 배운 어휘와 문법을 사용하여 말할 수 있다.	상	중	하
'억울한 누명'을 통해 한국 역사를 이해하는 데 도움이 되었다.	상	중	하

고려? 고구려?

중국의 역사책 『송사』와 『명사』에는 고려의 왕건이 고씨의 고구려를 계승하였다고 기록하고 있습니다. 『고려사』에는 요나라가 차지하고 있던 고구려의 땅을 고려에 돌려준 이야기가 있는데 이는 고려가 고구려를 계승했기 때문이라고 합니다. 따라서 왕건의 고려는 고주몽의 고구려를 계승한 나라임을 알 수 있습니다.

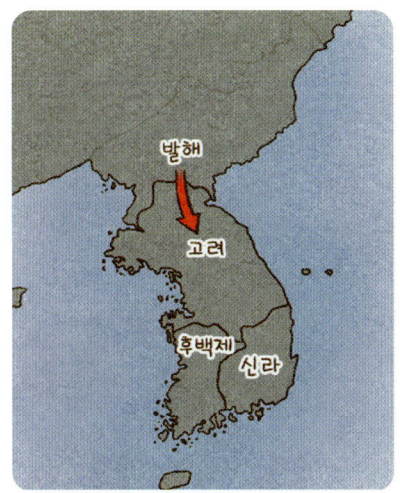 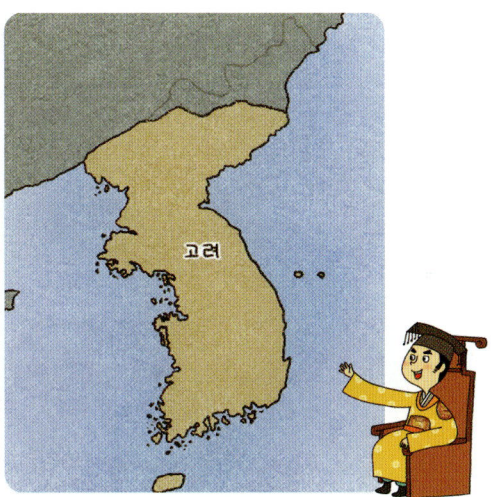

▲ 고려 통일 전후 지도

고려를 세운 왕건은 신라와 백제를 하나의 나라인 고려로 통합하면서 다양한 정책을 실시했습니다. 고구려, 백제, 신라 사람을 구분하지 않고 하나의 고려 사람으로 살 수 있게 하였습니다. 게다가 고구려 유민이 세운 발해가 거란에 멸망하자 발해의 유민들도 고려 사람으로 받아들였습니다.

왕건은 백성들의 마음을 하나로 모으기 위해 불교를 적극 장려하였습니다. 절과 탑을 짓고 불교 행사를 열어 불교문화를 발전시켰습니다. 또한 지방 세력가들의 힘을 하나로 모으기 위해 그들의 딸들과 결혼을 하고, 지방 세력가들에게 왕씨 성을 내려 주어 고려 사람이라는 소속감을 갖게 하였습니다. 왕건은 이렇게 하여 나라를 안정시켰습니다.

쉬어 가기

퀴즈? 퀴즈!

뛰어 봤자 ☐ 손바닥

도망쳐 봤자 피할 수 없다는 뜻입니다.

우리도 관심법을?

거짓말하는 사람들의 특징을 알면
우리도 궁예처럼 관심법을 할 수 있겠지요?
다음의 특징을 꼭 기억하세요.

거짓말하는 사람들의 특징

1. 거짓말할 때 눈동자가 흔들린다.
2. 눈을 마주치지 않으려고 한다.
3. 생각하면서 오른쪽으로 시선을 보낸다.
4. 말할 때 입술에 침을 바른다.
5. 질문을 받으면 글쎄, 음, 아 등 말하면서 생각한다.
6. 간단한 질문에도 말을 더듬는다.
7. 말할 때 얼굴에 자꾸 손이 간다.
8. 무의식적으로 다리나 손을 떤다.

쉬어 가기 답: 부처님

제7과 나를 믿어 주는 사람
– 공민왕과 노국 공주 이야기

1. 여러분은 어떠한 상황에서도 나를 믿고 지지해 주는 사람이 있습니까?
2. 그런 사람이 있다면 내 삶은 얼마나 달라질 수 있을까요?

이야기 상상하기

- 다음 그림의 내용을 상상한 후 이야기 순서대로 문장을 만드십시오.

상상하며 듣기

1 그림을 보고 이야기의 순서를 상상해 봅시다.

2 그림을 보면서 녹음을 듣고 이야기 순서대로 그림의 번호를 써 보세요.　　　　**Track 055**

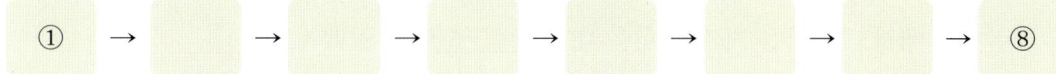

3 위의 순서에 맞게 이야기를 다시 구성해서 말해 보세요.

어휘

물론 of course ｜勿论, 当然 ｜もちろん	홍건적 Red Turban Army ｜紅巾賊 ｜紅巾賊
지지하다 to support ｜支持 ｜支持する	왜구 Japanese pirates ｜倭寇 ｜倭寇
희망 hope ｜希望 ｜希望	동반자 partner ｜同志 ｜同伴者
뜻을 펼치다 to achieve one's will ｜发挥意志 ｜意志を展開する	벗 friend ｜朋友, 同侪 ｜友
간섭 intervention ｜干涉 ｜干涉	죄수 prisoner ｜囚犯 ｜囚人
다툼 struggle ｜争斗 ｜争い	무덤 tomb ｜坟墓 ｜墓
충성하다 to be loyal to ｜忠诚 ｜忠誠する	통로 passage ｜通路 ｜通路
끌려오다 to be hauled, to be brought ｜抓走, 带走 ｜連れられてくる	사방 everywhere, all four directions ｜四方, 周围 ｜四方
비참하다 to be miserable, to be wretched ｜悲惨 ｜悲惨だ	적 enemy ｜敌人 ｜敵
인재 talent ｜人才 ｜人材	둘러싸이다 to be surrounded ｜围绕 ｜囲まれる
빼앗기다 to be deprived of ｜抢走 ｜奪われる	든든하다 to be reliable ｜坚固 ｜強い
싣다 to support ｜装载 ｜添える	멸망하다 to fall, to collapse ｜灭亡 ｜滅亡する

생각하며 읽기

나를 믿어 주는 사람

가 Track 056

왕이 되기 위해 서로 죽고 죽이고, 부모 형제는 물론이고 믿을 수 있는 사람이 아무도 없는 상황이라면 삶에 무슨 희망이 있을까요? 만약, 나를 믿고 지지해 주는 사람이 단 한 명이라도 있다면, 그런 상황에서도 희망을 가지고 힘을 내서 뜻을 펼칠 수 있겠지요?

나 Track 057

고려 말은 원나라의 간섭으로 왕이 자주 바뀌고, 신하들도 세력 다툼을 계속하여 왕권이 매우 약했습니다. 고려의 왕은 원에 충성한다는 의미로 이름 앞에 '충'자를 넣어 충렬왕, 충선왕, 충숙왕으로 불렸고, 고려의 왕자는 어릴 때부터 원나라에서 생활하며 원의 풍습을 익히다가 원의 공주와 결혼을 해야 했습니다. 충숙왕의 아들 '기'도 다른 왕자들처럼 12살에 원나라에 가야 했습니다.

다 Track 058

기는 원나라에 끌려온 고려인들의 비참한 생활을 보며 힘이 없는 고려를 강한 나라로 만들겠다는 결심을 했습니다. 그러나 기는 어머니가 원나라 공주가 아니었기 때문에 왕이 될 수 없었습니다. 기는 고려의 왕이 되기 위해서 원나라의 노국 공주와 결혼을 하였고, 고려의 왕이 되어 고려로 돌아왔습니다.

▲ 원나라와 고려의 복식 비교

라 Track 059

공민왕은 고려로 돌아오자마자 백성들을 괴롭히는 원의 세력들을 쫓아내고 새로운 인재를 뽑아 나라의 일을 맡겼습니다. 또한 몽골식 옷, 머리 모양, 풍습 등을 금지하였고, 고려의 전통을 살리려고 노력했으며, 원에 빼앗긴 고려의 땅을 다시 찾았습니다. 노국 공주는 원나라의 공주임에도 불구하고 원에 반대하는 공민왕을 적극적으로 도와 공민왕이 왕권을 강화하는 데에 힘을 실어 주었습니다.

마 Track 060

공민왕은 강한 고려를 만들기 위해 노력했지만 나라 안과 밖으로 어려움이 많았습니다. 밖으로는 홍건적과 왜구가 쳐들어와 국력이 약해졌고, 안으로는 친원 세력들이 공민왕을 죽이려고 했습니다. 그때마다 노국 공주는 공민왕을 도왔고, 친원 세력들은 원의 공주인 노국 공주를 어떻게 할 수 없었습니다. 노국 공주는 공민왕에게 부인이자 정치적 동반자이자 마음의 벗이었습니다.

바 Track 061

두 사람의 사랑에도 불구하고 공민왕과 노국 공주 사이에는 아이가 없었습니다. 그러던 두 사람에게 15년 만에 아이가 생겼습니다. 공민왕은 노국 공주가 아이를 건강하게 잘 낳기를 빌며 나라의 모든 죄수를 풀어 주었지만, 노국 공주는 아이를 낳다가 아이와 함께 죽고 말았습니다.

▲ 공민왕릉

사 Track 062

노국 공주의 죽음으로 큰 충격을 받은 공민왕은 공주의 그림을 직접 그린 후 공주가 살아 있는 것처럼 밤낮으로 그림과 대화하고, 함께 식사도 하며, 그림 앞을 떠나지 않았습니다. 그리고 9년간 정성껏 공주의 무덤과 자신의 무덤을 만들고 두 무덤을 연결하는 통로를 만들어 죽은 후에도 서로 만날 수 있게 했습니다. 공주를 잃은 슬픔에 나라를 돌보지 않던 공민왕은 결국 1374년에 신하들에게 죽임을 당했습니다.

아 Track 063

공민왕은 사방이 적으로 둘러싸여 있었지만 진심으로 자신을 믿고 든든하게 지지해 주던 공주가 있었기 때문에 자신의 뜻을 펼칠 수 있었습니다. 하지만 노국 공주가 죽은 후 공민왕은 아무것도 하지 못하고 결국 죽음을 맞게 되었습니다. 그리고 얼마 후 고려도 멸망하게 되었습니다. 만약 공주가 죽지 않았다면 또 다른 역사가 펼쳐지지 않았을까요?

내용 이해하기

1 고려 말에 왕권이 약했던 이유는 무엇입니까?

_____

2 노국 공주가 아이를 건강하게 잘 낳기를 바라며 공민왕이 한 일은 무엇입니까?

_____

3 다음 중 노국 공주에 대한 설명으로 <u>틀린</u> 것을 고르십시오.

① 노국 공주는 원나라의 공주입니다.
② 노국 공주는 공민왕을 도와주었습니다.
③ 노국 공주는 공민왕의 아이를 낳고 죽었습니다.
④ 노국 공주의 무덤은 공민왕의 무덤과 연결되어 있습니다.

4 이 글의 내용과 같으면 O, 다르면 × 하십시오.

(1) 고려 말 고려의 왕자는 원에서 원의 풍습을 익혀야 했습니다.   (   )
(2) 왕자 기는 왕이 된 후 강한 고려를 만들기 위해 노력했습니다.   (   )
(3) 노국 공주의 죽음으로 충격을 받은 공민왕은 공주를 따라서 죽었습니다.   (   )

5 이 글의 내용에 맞게 빈칸에 알맞은 말을 쓰십시오.

> 공민왕은 (1) (　　　　)이/가 적으로 (2) (　　　　) 있었지만 진심으로 자신을 믿고 든든하게 (3) (　　　　) 노국 공주가 있었기 때문에 힘이 없는 고려를 강한 나라로 만들겠다는 자신의 뜻을 (4) (　　　　) 수 있었습니다.

내용 정리하기

● 녹음을 듣고 다음의 어휘를 사용하여 문단별로 요약해 보십시오.　　　　　　Track 056-63

가 　만약　믿다　지지하다　단 한 명　희망을 가지다　뜻을 펼치다
_____

나 　고려 말　왕권　고려의 왕자　어릴 때부터　원의 풍습　원의 공주
_____

다 　왕자 기　끌려오다　비참하다　강한 나라　결심하다　노국 공주　고려의 왕
_____

라 　공민왕　원의 세력　인재　노국 공주　왕권을 강화하다　힘을 싣다
_____

마 　공민왕의 노력　홍건적과 왜구　국력　친원 세력　죽이다　그때마다　노국 공주
_____

바 　두 사람　15년 만　공민왕　잘 낳다　빌다　죄수　노국 공주　함께 죽다
_____

사 　충격　공민왕　살아 있는 것처럼　그림　떠나다　슬픔　돌보다　죽임
_____

아 　공민왕　사방　둘러싸여　든든하게　뜻을 펼치다　죽은 후　결국　죽음
_____

제7과 • 나를 믿어 주는 사람 - 공민왕과 노국 공주 이야기　107

문형과 표현 익히기

1 에도(-(으)ㄴ/는데도) 불구하고

어떤 조건이나 상황에 구애받지 않음을 강조하는 표현. 주로 반대의 결과가 후행절에 나타남.

(1) **폭설에도 불구하고** 축구 경기는 계속되었다.
(2) 그 사람은 키가 **작은데도 불구하고** 농구를 잘한다.
(3) 주위 사람들의 **반대에도 불구하고** 두 사람은 결혼을 했다.
(4) 며칠 밤을 새우면서 **만들었는데도 불구하고** 작품을 완성하지 못했다.
(5) 두 팔이 없는 **장애에도 불구하고** 열심히 노력하여 유명한 화가가 되었다.

2 이자

두 가지의 특징을 동시에 가지고 있을 때 사용하는 표현으로 명사와 결합함.

(1) 가족은 내 **전부이자** 내 삶의 큰 기쁨이다.
(2) 어린이는 미래의 **희망이자** 나라의 보물이다.
(3) 우리 집 강아지 해피는 내 **동생이자** 내 친구이다.
(4) 자연은 그 자체로 완벽한 미술 **작품이자** 문학 작품이다.
(5) 마이클 씨에게 한국은 제2의 **고향이자** 자신의 꿈을 실현한 곳이다.

3 -고 말다

부정적인 결과를 나타낼 때 사용하는 표현

(1) 너무 긴장해서 발표할 내용을 **잊어버리고 말았다**.
(2) 할아버지가 아끼는 도자기인데 실수로 **깨고 말았다**.
(3) 최선을 다해 수술을 했지만 환자는 결국 **죽고 말았다**.
(4) 열심히 공부했는데도 불구하고 시험에 **떨어지고 말았다**.
(5) 약한 모습을 보이고 싶지 않았는데 사람들 앞에서 **울고 말았다**.

더 생각해 보기

(1) 여러분은 어떤 상황에서도 여러분을 지지해 주는 든든한 사람이 있습니까?

(2) 노국 공주가 죽은 후 공민왕은 세상의 모든 것을 잃은 슬픔에 빠졌습니다. 여러분도 그런 슬픔을 느껴 본 적이 있습니까?

(3) 노국 공주가 죽지 않았다면 고려의 역사가 달라졌을까요?

실력 다지기

● **[1~5] 다음 괄호에 알맞은 것을 고르십시오.**

1. 전쟁으로 (   ) 생활을 하고 있는 아이들을 도와야 합니다.
   ① 유복한   ② 부유한   ③ 비상한   ④ 비참한

2. 캠핑카에 짐을 모두 (   ) 이제 출발하면 됩니다.
   ① 부었으니까   ② 놓았으니까   ③ 실었으니까   ④ 쏟았으니까

3. 감옥에 있는 (   )의 인권도 중요하다.
   ① 죄수   ② 선수   ③ 목수   ④ 형수

4. 도로 아래에 동물이 다닐 수 있는 (   )을/를 만들면 동물들의 교통사고를 막을 수 있을 것이다.
   ① 복도   ② 통로   ③ 신호등   ④ 횡단보도

5. 그 배우는 지금 팬들에게 (   ) 사인을 해 주고 있다.
   ① 잡혀   ② 말려   ③ 둘러싸여   ④ 체포되어

● **[6~8] 다음 밑줄 친 부분과 의미가 비슷한 것을 고르십시오.**

6. 도와주려는 마음은 알겠지만 다른 사람 일에 너무 <u>간섭하면</u> 안 된다.
   ① 참견하면   ② 참석하면   ③ 참가하면   ④ 참여하면

7. 마음이 맞는 <u>벗</u>과 함께라면 어디든지 갈 수 있다.
   ① 동료   ② 동창   ③ 가족   ④ 친구

8. 돌아가신 할아버지의 <u>무덤</u>에 꽃 한 송이를 두고 왔다.
   ① 집   ② 산   ③ 고향   ④ 산소

● **[9~10]** 다음 밑줄 친 부분과 의미가 반대인 것을 고르십시오.

9 자라나는 아이에게 많은 투자를 한다면 미래는 <u>희망</u>이 가득할 것이다.

① 절망 ② 멸망 ③ 소망 ④ 소원

10 네가 함께 있어서 어디를 가든지 나는 <u>든든하다</u>.

① 튼튼하다 ② 단단하다 ③ 불편하다 ④ 불안하다

● **[11~13]** 아래에서 알맞은 것을 골라 문장을 완성하십시오.

-(으)ㄴ/는데도 불구하고　　　이자　　　-고 말다

11 가 바닥에 왜 유리 조각들이 있지요?

　　나 컵이 미끄러워서 잡다가 바닥에 _____.

12 가 시험 잘 봤어요? 결과는 어떻게 되었어요?

　　나 그렇게 열심히 _____ 떨어졌어요.

13 가 미나 씨 옆에 있는 남자는 누구예요? 남자 친구예요?

　　나 그 남자는 미나 씨의 _____ 사촌 오빠예요.

체크하기 ✓

1 다음은 이 과에서 배운 어휘들입니다. 알고 있는 어휘에 ✓ 해 봅시다.

☐ 물론 ☐ 비참하다 ☐ 죄수
☐ 지지하다 ☐ 인재 ☐ 무덤
☐ 희망 ☐ 빼앗기다 ☐ 통로
☐ 뜻을 펼치다 ☐ 싣다 ☐ 사방
☐ 간섭 ☐ 홍건적 ☐ 적
☐ 다툼 ☐ 왜구 ☐ 둘러싸이다
☐ 충성하다 ☐ 동반자 ☐ 든든하다
☐ 끌려오다 ☐ 벗 ☐ 멸망하다

2 다음 ( ) 안에 들어갈 표현을 알고 있는지 ✓ 하고 써 봅시다.

☐ 너무 긴장해서 발표할 내용을 (　　　　　).
☐ 그 사람은 키가 (　　　　　) 농구를 잘한다.
☐ 가족은 내 (　　　　　) 내 삶에 큰 기쁨이다.
☐ 어린이는 미래의 (　　　　　) 나라의 보물이다.
☐ 두 팔이 없는 (　　　　　) 유명한 화가가 되었다.
☐ 우리 집 강아지 해피는 내 (　　　　　) 내 친구이다.
☐ 할아버지가 아끼는 도자기인데 실수로 (　　　　　).
☐ 최선을 다해 수술을 했지만 환자는 결국 (　　　　　).
☐ 며칠 밤을 새우면서 (　　　　　) 작품을 완성하지 못했다.

3 다음 표 안의 문장을 읽고 할 수 있는 정도에 따라 상·중·하에 ✓ 해 봅시다.

'나를 믿어 주는 사람'의 내용에 대해 말할 수 있다.	상	중	하
'나를 믿어 주는 사람'에서 배운 어휘와 문법을 사용하여 말할 수 있다.	상	중	하
'나를 믿어 주는 사람'을 통해 한국 역사를 이해하는 데 도움이 되었다.	상	중	하

몽골풍과 고려양

고려는 80여 년 동안 몽골의 간섭을 받았습니다. 그사이에 두 나라의 문화는 서로 영향을 주고받았습니다. 고려에서는 몽골의 문화가 유행이었고 몽골에서는 고려의 문화가 유행이 되었습니다. 고려에서 유행한 몽골의 문화는 몽골풍이라고 하고 몽골에서 유행한 고려의 문화는 고려양이라고 불렀습니다.

한국 전통 혼례에서 신부가 머리에 쓰는 족두리와 얼굴에 찍는 연지곤지는 몽골에서 유래했다고 합니다. 그리고 소주와 만두도 몽골에서 영향을 받은 음식입니다.

▲ 고려의 몽골풍

고려인들의 옷 모양은 몽골에서 유행을 한 후 명나라까지 이어졌고 고려의 한과와 쌈 채소는 몽골의 음식 문화에 영향을 주었습니다. 몽골 음식 중에는 고려에서 전해졌지만 현지화하여 지금까지 남아 있는 것도 있다고 합니다.

▲ 몽골의 고려양

쉬어 가기

퀴즈? 퀴즈!

바늘 가는 데 ____ 간다.

서로 떨어질 수 없는 가까운 사이를 비유하여 말합니다.

나는 혹시 애정 결핍?

다음을 읽고 나에게 해당되는 내용이 모두 몇 개인지 세어 봅시다.

1. 자존감이 매우 낮다.
2. 이유 없이 불안하다.
3. 혼잣말을 자주 한다.
4. 가벼운 농담에도 상처를 받는다.
5. 자기 탓을 많이 하고 부정적이다.
6. 입술이나 손톱을 물어뜯는 습관이 있다.
7. 주변 사람들의 관심을 받으면 기분이 좋다.
8. 물건에 대해 관심이 늘거나 의지하게 된다.
9. 작은 일 때문에 기분이 좋았다 나빴다 한다.
10. 다른 사람의 눈치를 잘 보고 그 사람에게 맞춰 주려고 한다.

★ 1~3개 : 당신은 사랑을 충분히 받고 있군요. 이대로 쭉!
★ 4~7개 : 최근에 가까운 사람과 멀어졌나요? 애정 결핍이 진행되고 있군요.
★ 8~10개 : 많이 외로웠나요? 내가 나를 먼저 사랑해 보면 어떨까요?

제8과 대를 이은 열정
– 최무선 이야기

1. '대를 잇다'라는 말은 무슨 뜻일까요?
2. 대를 이어서 하는 일이나 가게를 본 적이 있습니까?

이야기 상상하기

● 다음 그림의 내용을 상상한 후 이야기 순서대로 문장을 만드십시오.

상상하며 듣기

1 그림을 보고 이야기의 순서를 상상해 봅시다.

2 그림을 보면서 녹음을 듣고 이야기 순서대로 그림의 번호를 써 보세요.　　　　Track 064

3 위의 순서에 맞게 이야기를 다시 구성해서 말해 보세요.

어휘

일생 life ｜ 一生 ｜ 一生
열정 passion ｜ 热情 ｜ 情熱
침략 invasion ｜ 侵略 ｜ 侵略
대응하다 to cope with, to take action ｜ 对应 ｜ 対応する
국제 무역항 international trade port ｜ 国际贸易港 ｜ 国際貿易港
골칫거리 nuisance ｜ 伤脑筋的事 ｜ 頭痛の種
덜다 to relieve ｜ 减轻, 缓和 ｜ 軽減する
늘 always, constantly ｜ 经常 ｜ いつも
불꽃놀이 firework ｜ 烟火 ｜ 花火
화약 gunpowder ｜ 火药 ｜ 火薬
물리치다 to defeat ｜ 击退, 克服 ｜ 撃退する
무기 weapon ｜ 武器 ｜ 武器

개발하다 to develop ｜ 开发 ｜ 開発する
실험하다 to experiment ｜ 实验 ｜ 実験する
연구하다 to research ｜ 研究 ｜ 研究する
드디어 finally ｜ 终于 ｜ ついに
설치하다 to establish ｜ 设置 ｜ 設置する
척 ship (unit noun) ｜ 假装 ｜ 隻
이끌다 to lead ｜ 率领 ｜ 引き連れる
묶다 to tie ｜ 捆绑 ｜ 結びつける
고정하다 to fix ｜ 固定 ｜ 固定する
훔치다 to steal ｜ 偷窃 ｜ 盗む
불태우다 to burn ｜ 烧掉 ｜ 燃やす
당해 내다 to withstand ｜ 招架 ｜ かなう

생각하며 읽기

대를 이은 열정

가 Track 065

모든 사람이 '아니요'라고 할 때 여러분은 '네'라고 말할 수 있습니까? 이것은 쉽지 않은 일입니다. 그런데 고려 시대에 모든 사람이 할 수 없다고 하는 일에 자신의 **일생**을 다 바친 사람이 있었습니다. 그의 **열정**은 아들과 손자에게까지 이어졌고, 그의 꿈은 완성될 수 있었습니다. 그럼 그들은 누구이고 그들의 꿈은 무엇인지 알아볼까요?

나 Track 066

고려 말에는 왜구들이 자주 고려에 들어와 백성들을 괴롭혔습니다. 원의 간섭으로 왕권과 군사력이 약해진 고려는 왜구의 **침략**에 잘 **대응하지** 못했습니다. **국제 무역항**인 벽란도는 왜구가 자주 침략하는 곳이었습니다. 이곳에서 일하는 최동순에게 왜구는 **골칫거리**였습니다. 최동순의 아들 최무선은 아버지의 걱정을 **덜어** 드릴 방법에 대해 **늘** 생각했습니다.

다 Track 067

어느 날 최무선은 **불꽃놀이**를 보다가 말했습니다. "그래, **화약**이라면 왜구를 **물리칠** 수 있을 거야." 그러나 고려에는 화약을 만드는 기술이 없었을 뿐만 아니라, 고려 사람들은 화약을 **무기**로 사용할 수 있다는 생각도 하지 못했습니다. 하지만 최무선은 사람들에게 화약의 중요성을 알리며, 화약을 직접 만들고 화약을 이용한 무기도 **개발하여** 왜구를 물리쳐야 한다고 이야기했습니다.

▲ 화약을 만드는 모습

라 Track 068

최무선은 화약에 대해 알고 있는 중국 상인을 찾아다닌 끝에 한 상인을 만나 화약 만드는 방법을 알아냈습니다. 그리고 밤낮으로 **실험하고 연구하여 드디어** 화약을 만들었습니다. 최무선은 이렇게 만든 화약으로 무기를 만드는 기구를 **설치해야** 한다고 말했지만, 관리들은 그를 **도와**

주기는커녕 그의 말도 믿지 않았습니다. 그러나 최무선은 포기하지 않았고, 결국 1377년 화통도감을 설치하였습니다.

마 Track 069

1380년 가을, 왜구들이 500**척**의 배를 **이끌고** 진포 입구에 왔습니다. 왜구는 배를 서로 **묶어 고정한** 뒤 마을에 들어가 사람들을 죽이고 곡식을 **훔친** 후 마을을 모두 **불태웠습니다**. 최무선은 지금이야말로 자신이 만든 무기를 사용할 때라고 생각했습니다. 최무선은 100척의 배를 이끌고 진포로 가서 왜구의 배를 모두 불태웠습니다.

바 Track 070

3년 후 왜구는 다시 고려에 왔지만 최무선의 무기를 **당해 낼** 수 없었습니다. 그러자 왜구는 점점 고려를 침략하지 않게 되었고, 백성들은 평화를 찾게 되었습니다. 왜구가 점점 사라지게 되자 관리들이 화통도감을 없앴고, 최무선은 더 이상 무기를 개발할 수 없었습니다. 최무선은 어린 아들에게 화약과 무기에 관한 책을 써서 남기고 70세의 나이로 세상을 떠났습니다.

사 Track 071

최무선의 아들 최해산은 아버지가 남긴 책으로 화약과 무기를 만드는 방법을 배웠습니다. 최해산은 관직에 올라 아버지가 만든 무기를 더욱 발전시키고, 다양한 무기를 개발해 나라를 강하게 만들었습니다. 그의 아들 최공손도 할아버지와 아버지의 뜻을 이어 화약과 무기 연구에 일생을 바쳤습니다.

▲ 가정을묘천자총통

아 Track 072

모두가 불가능하다고 생각한 일이었지만, 최무선은 자신을 믿고 일생을 바쳐 꿈을 이루고자 노력하였습니다. 그 열정은 아들과 손자에게 이어졌고, 결국 최무선의 꿈대로 백성들은 평화로운 생활을 할 수 있게 되었습니다. 3대로 이어진 이들의 열정은 이 시대를 살아가는 우리에게 큰 의미를 줍니다.

내용 이해하기

1 최무선의 아버지인 최동순의 골칫거리는 무엇이었습니까?

_____

2 최무선은 백성들의 평화를 위해서 무슨 기술이 필요하다고 생각했습니까?

_____

3 다음 중 최무선에 대한 설명으로 <u>틀린</u> 것을 고르십시오.

① 최무선은 중국 상인과 함께 화약을 만들었습니다.
② 최무선은 화약으로 무기를 만드는 화통도감을 설치하였습니다.
③ 최무선은 어린 아들에게 화약과 무기에 관한 책을 써서 남겼습니다.
④ 최무선은 불꽃놀이를 보다가 왜구를 물리칠 방법에 대해 생각했습니다.

4 이 글의 내용과 같으면 O, 다르면 × 하십시오.

(1) 최해산은 아버지에게 직접 화약 만드는 방법을 배웠습니다. (　　　)
(2) 최무선은 100척의 배로 500척의 왜선을 모두 불태웠습니다. (　　　)
(3) 최무선의 손자 최공손도 화약과 무기 연구에 일생을 바쳤습니다. (　　　)

5 이 글의 내용에 맞게 빈칸에 알맞은 말을 쓰십시오.

> 어느 날 최무선은 (1) (　　　)을/를 보다가 말했습니다. "그래, (2) (　　　)(이)라면 왜구를 (3) (　　　) 수 있을 거야." 그러나 고려에는 화약을 만드는 기술이 없었을 뿐만 아니라 고려 사람들은 화약을 (4) (　　　)(으)로 사용할 수 있다는 생각도 하지 못했습니다.

내용 정리하기

● 녹음을 듣고 다음의 어휘를 사용하여 문단별로 요약해 보십시오.   Track 065-72

가 모든 사람   할 수 없다   일생을 바치다   열정   아들과 손자   이어지다
_____

나 최무선의 아버지   왜구   골칫거리   최무선   걱정   덜어 드리다   방법
_____

다 최무선   화약   만들다   무기   개발하다   왜구   물리치다
_____

라 최무선   밤낮으로   실험하다   연구하다   화약   화통도감   설치하다
_____

마 왜구   500척   이끌다   최무선   100척   왜구의 배   불태우다
_____

바 최무선   어린 아들   화약과 무기   책   70세   나이   세상을 떠나다
_____

사 최무선   아들과 손자   그의 뜻   잇다   화약과 무기   연구   일생을 바치다
_____

아 최무선   열정   아들과 손자   이어지다   최무선의 꿈대로   평화롭게
_____

문형과 표현 익히기

1 -(으)ㄹ 뿐만 아니라(뿐만 아니라)

어떤 사실만이 아니고 그에 더하여 다른 상황도 있음을 나타내는 표현

(1) 오늘은 날씨가 **좋을 뿐만 아니라** 공기도 깨끗합니다.
(2) 그는 책을 많이 **읽을 뿐만 아니라** 여러 가지 경험도 많다.
(3) 어제는 비가 많이 **왔을 뿐만 아니라** 바람도 심하게 불었다.
(4) 담배를 피우는 것은 **나뿐만 아니라** 다른 사람에게도 피해를 준다.
(5) 제 여자 친구는 동물을 좋아해서 **개뿐만 아니라** 고양이도 키워요.

2 은/는커녕

앞의 내용과 뒤의 내용을 비교하여 앞의 내용은 말할 필요도 없음을 강조하는 표현

(1) **택시는커녕** 버스 탈 돈도 없어요.
(2) 어머니께 **칭찬은커녕** 야단만 맞았어요.
(3) 엄마가 없는데도 아이는 **울기는커녕** 친구들과 신나게 놀았다.
(4) 내 친구는 내일이 시험인데 **공부하기는커녕** 게임만 하고 있다.
(5) 제 월급으로는 돈을 **모으기는커녕** 생활비로 쓰기에도 부족해요.

3 (이)야말로

강조하여 확인할 때 사용하는 표현

(1) **치킨이야말로** 맥주에 어울리는 음식이지.
(2) **제주도야말로** 한국을 대표하는 관광지입니다.
(3) **할아버지야말로** 제가 가장 존경하는 분이에요.
(4) **사랑이야말로** 결혼 생활에서 가장 중요한 것이다.
(5) 그 **사람이야말로** 누구보다 인생을 성실하게 살아왔다.

더 생각해 보기

(1) 최무선이 화약을 이용한 무기를 만들자고 했을 때 관리들은 왜 도와주지 않았을까요?

(2) 왜구의 침략이 줄어들자 관리들은 화통도감을 없앴고 최무선은 더 이상 무기를 개발하지 못하게 되었습니다. 그때 최무선의 마음은 어땠을까요?

(3) 최무선의 아들과 손자는 어떤 마음으로 화약과 무기 연구에 일생을 바쳤을까요?

실력 다지기

● **[1~5] 다음 괄호에 알맞은 것을 고르십시오.**

1 경치가 좋은 곳을 관광지로 (　　) 관광객들이 찾아오게 했다.
　① 개발해서　　② 발명해서　　③ 제작해서　　④ 실험해서

2 이 영화는 외계인의 (　　) 지구가 파괴되는 과정을 보여 준다.
　① 단결로　　② 침략으로　　③ 협력으로　　④ 설득으로

3 야간에도 운동 경기가 가능하도록 운동장에 조명을 (　　).
　① 설립했다　　② 조직했다　　③ 건축했다　　④ 설치했다

4 나는 심심해하는 동생들을 (　　) 놀이공원에 갔다.
　① 모시고　　② 따르고　　③ 이끌고　　④ 쫓아가고

5 그는 수년 동안의 노력 끝에 (　　) 공무원 시험에 합격하였다.
　① 심지어　　② 오히려　　③ 도대체　　④ 드디어

● **[6~8] 다음 밑줄 친 부분과 의미가 비슷한 것을 고르십시오.**

6 그분은 사회 사업에 <u>일생</u>을 바친 훌륭한 분이시다.
　① 태생　　② 평생　　③ 일상　　④ 일부

7 우리 어머니는 <u>늘</u> 자식 걱정만 하다가 돌아가셨다.
　① 가끔　　② 종종　　③ 항상　　④ 자꾸

8 음주 운전은 세계 여러 나라의 공통된 <u>골칫거리</u>이다.
　① 문젯거리　　② 화젯거리　　③ 구경거리　　④ 이야깃거리

● **[9~10]** 다음 밑줄 친 부분과 의미가 반대인 것을 고르십시오.

9 아이는 황소를 나무에 묶어 두고 낮잠을 자기 시작했다.

　① 걸어　　　② 놓아　　　③ 풀어　　　④ 잠가

10 규칙적인 운동은 불안감을 덜어 주기 때문에 우울증에 효과적이다.

　① 빼　　　② 퍼　　　③ 떼어　　　④ 더해

● **[11~13]** 아래에서 알맞은 것을 골라 문장을 완성하십시오.

| (이)야말로 | 은/는커녕 | -(으)ㄹ 뿐만 아니라 |

11　가　그 식당에 자주 가시는 것 같아요.

　　　나　네, 식당 아주머니가 _____ 가격도 싸거든요.

12　가　주말에 웬일이야? 남자 친구랑 데이트해야 하는 거 아니야?

　　　나　요즘 남자 친구가 바빠서 _____ 얼굴 보기도 힘들어.

13　가　불고기는 한국을 대표하는 음식이라고 할 수 있어.

　　　나　무슨 소리야? _____ 한국을 대표하는 음식이지.

체크하기 ✓

1 다음은 이 과에서 배운 어휘들입니다. 알고 있는 어휘에 ✓ 해 봅시다.

☐ 일생	☐ 불꽃놀이	☐ 설치하다
☐ 열정	☐ 화약	☐ 척
☐ 침략	☐ 물리치다	☐ 이끌다
☐ 대응하다	☐ 무기	☐ 묶다
☐ 국제 무역항	☐ 개발하다	☐ 고정하다
☐ 골칫거리	☐ 실험하다	☐ 훔치다
☐ 덜다	☐ 연구하다	☐ 불태우다
☐ 늘	☐ 드디어	☐ 당해 내다

2 다음 ( ) 안에 들어갈 표현을 알고 있는지 ✓ 하고 써 봅시다.

- ☐ 어머니께 (　　　　　) 야단만 맞았어요.
- ☐ (　　　　　) 맥주에 어울리는 음식이지.
- ☐ (　　　　　) 한국을 대표하는 관광지입니다.
- ☐ (　　　　　) 결혼 생활에서 가장 중요한 것이다.
- ☐ 그는 책을 많이 (　　　　　) 여러 가지 경험도 많다.
- ☐ 어제는 비가 많이 (　　　　　) 바람도 심하게 불었다.
- ☐ 내 동생은 내일이 시험인데 (　　　　　) 게임만 하고 있다.
- ☐ 제 월급으로는 돈을 (　　　　　) 생활비로 쓰기에도 부족해요.
- ☐ 담배를 피우는 것은 (　　　　　) 다른 사람에게도 피해를 준다.

3 다음 표 안의 문장을 읽고 할 수 있는 정도에 따라 상·중·하에 ✓ 해 봅시다.

'대를 이은 열정'의 내용에 대해 말할 수 있다.	상	중	하
'대를 이은 열정'에서 배운 어휘와 문법을 사용하여 말할 수 있다.	상	중	하
'대를 이은 열정'을 통해 한국 역사를 이해하는 데 도움이 되었다.	상	중	하

더 알아보기

고려와 Korea

한국을 영어로 표기하면 'Korea(코리아)'입니다. '코리아'라는 명칭은 언제부터 사용했을까요?

고려는 무역이 발달한 나라입니다. 벽란도는 고려의 대표적인 국제 무역항이었습니다. 벽란도에는 중국과 일본 상인을 비롯하여 멀리 아라비아 상인들까지도 무역을 하러 왔다고 합니다. 이때 아라비아 상인들은 고려를 발음할 때 'Coree(꼬레)'라고 했고 이 발음이 다른 나라에도 전해지면서 'Korea(코리아)'가 되었습니다.

수출품: 고려청자, 나전칠기, 인삼

수입품: 비단, 약재, 책

이 시기에 벽란도에서 수출했던 물건으로는 고려청자, 나전칠기, 인삼, 종이가 대표적이고 수입했던 물건으로는 비단, 약재, 책, 향료 등이 있습니다.

쉬어 가기

퀴즈? 퀴즈!

☐ 을/를 지고 불로 들어간다.

자기 스스로 위험한 곳으로 찾아
들어간다는 것을 나타낼 때 사용합니다.

열정 테스트

다음을 읽고 나에게 알맞은 답을 고르고, 각 답에 해당하는 점수를 더하십시오.

내가 하는 일에 대한 나의 열정은?	아니다 0점	보통이다 1점	그렇다 2점
1. 일할 때 힘이 넘친다.			
2. 내가 하는 일에서 에너지를 얻는다.			
3. 내 일에 자부심을 느낀다.			
4. 열심히 일할 때 행복하다.			
5. 쉬지 않고 오래 일할 수 있다.			
6. 아침에 일어나면 일하러 가고 싶다.			
7. 일하다 보면 시간 가는 것을 모른다.			
8. 일하는 중에는 다른 생각이 나지 않는다.			
9. 일이 뜻대로 되지 않아도 일단 끝까지 한다.			
10. 일을 하고 있지 않아도 일과 관계된 생각을 한다.			

0-5 점   맞지 않는 일을 하고 있군요. 다른 일을 찾아 보면 어떨까요?
6-11 점 자신이 좋아하는 일을 찾으셨군요.
12-17 점 열정적인 당신, 이대로 쭉 가면 성공하겠군요!
18-20 점 당신은 일 중독입니다. 때로는 휴식도 필요합니다.

쉬어 가기 답: 짊어

 ## 제9과 지워지지 않는 핏자국
– 정몽주 이야기

1. 한국의 개성에는 600년 전에 흘린 핏자국이 아직도 남아 있다고 하는 곳이 있습니다. 여러분 나라에도 그런 신비한 장소가 있습니까?
2. 그 사람이 흘린 핏자국이 지워지지 않고 있는 이유는 무엇일까요?

▲ 이스터섬

▲ 나스카 라인

▲ 스톤헨지

이야기 상상하기

● 다음 그림의 내용을 상상한 후 이야기 순서대로 문장을 만드십시오.

상상하며 듣기

1 그림을 보고 이야기의 순서를 상상해 봅시다.

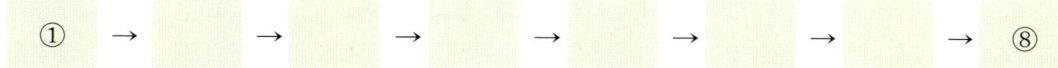

2 그림을 보면서 녹음을 듣고 이야기 순서대로 그림의 번호를 써 보세요.   Track 073

3 위의 순서에 맞게 이야기를 다시 구성해서 말해 보세요.

어휘

자국 stain | 痕迹 | 痕
옳다 to be right | 正确 | 正しい
달콤하다 to be sweet | 甜蜜 | 甘い
제안 proposal | 提议, 提案 | 提案
신념 will, belief | 信念 | 信念
뽑다 to pick, to select | 选拔 | 選び出す
사신 envoy | 使臣 | 使臣
유배 exile | 流放 | 島流し
감금 confinement | 监禁, 囚禁 | 監禁
겨우 barely | 才, 好不容易 | やっと
뻔하다 to be evident | 明显, 显然 | 明らかだ
인품 character | 人品 | 人柄

학식 erudition | 学识 | 学識
대접하다 to treat | 接待, 款待 | もてなす
요구하다 to demand | 要求 | 要求する
외교력 diplomacy | 外交能力 | 外交力
개선시키다 to improve | 改善 | 改善させる
되찾다 to regain | 找回 | 取り戻す
군대 army | 军队 | 軍隊
쫓아내다 to drive out | 赶走 | 追い出す
사돈 in-laws | 亲家 | 姻戚
공 contribution | 功绩 | 功
타협하다 to compromise | 妥协 | 妥協する
사상 thought, philosophy | 思想 | 思想

생각하며 읽기

지워지지 않는 핏자국

가 Track 074

옳다고 생각하는 것을 지키기 위해 자기가 가진 모든 것을 포기할 수 있을까요? 달콤한 제안이 와도 자신이 옳다고 생각한 일을 끝까지 지킬 수 있을까요? 고려 말 정몽주는 자신이 옳다고 생각하는 신념을 지키기 위해 목숨까지 버렸습니다. 정몽주는 누구이고, 그가 지키고자 한 그의 신념은 무엇이었을까요?

나 Track 075

고려 말 공민왕은 강한 고려를 만들기 위해 원의 세력을 쫓아내고 시험을 통해 새로운 인재를 뽑았습니다. 이때 정몽주도 인재로 뽑혀 나라의 일을 맡게 되었습니다. 그러나 공민왕이 갑자기 죽게 되자 고려는 다시 친원 세력에 넘어갔습니다. 그들은 명나라에서 온 사신을 죽이고, 정몽주를 먼 곳으로 유배를 보냈습니다.

다 Track 076

계속된 왜구의 침략으로 백성들이 고통을 당하자 나라에서는 일본으로 사신을 보냈습니다. 그 사신은 감금이 되었다가 죽다시피 되어 겨우 살아 돌아왔습니다. 친원 세력들은 사신으로 가면 죽을 것이 뻔한 상황에서 유배 중인 정몽주를 일본에 보냈습니다. 그러나 정몽주의 인품과 학식에 감동한 일본인들은 정몽주를 잘 대접하고 왜구에게 잡혀 있던 고려인들도 풀어 주었습니다.

▲ 정몽주

라 Track 077

그 후 정몽주는 고려를 침략한 왜구와 싸우는 장군들을 도왔습니다. 그 장군 중에는 훗날 조선을 세운 이성계도 있었습니다. 두 사람은 여러 차례 같이 왜구를 물리치며 서로에 대한 믿음을 쌓았습니다.

마 Track 078

원나라의 힘이 약해지고 명나라의 힘이 강해지자 명나라는 고려에 많은 것을 **요구하기** 시작했습니다. 고려에서는 명나라에 사신을 보내야 했는데, 예전에 명나라 사신을 죽인 일이 있었기 때문에 아무도 명나라에 사신으로 가려고 하지 않았습니다. 친원 세력들은 사신으로 가면 죽을 것이 뻔한 명나라에 정몽주를 보냈습니다. 그러나 정몽주는 뛰어난 **외교력**으로 두 나라의 관계를 **개선시켰습니다**.

바 Track 079

명나라는 세력이 커지면서 고려가 공민왕 때 원나라로부터 **되찾은** 요동 지역을 명나라의 땅으로 만들었습니다. 공민왕의 아들 우왕은 이성계를 보내 요동 지역을 되찾아 오라고 했습니다. 하지만 이성계는 요동 근처까지 갔다가 **군대**를 돌린 후 궁으로 돌아와 우왕을 **쫓아냈습니다**. 이성계는 우왕의 어린 아들 창을 왕으로 세워 나랏일에 간섭하다가, 창왕도 왕족이 아니라며 쫓아냈습니다. 그 후 왕족이면서 자신과 **사돈** 관계인 왕요를 왕으로 세웠습니다.

사 Track 080

정몽주는 강한 고려를 만들기 위해 새 왕을 도와 많은 일을 했지만, 이성계는 자신이 직접 왕이 되기 위해 자신을 반대하는 사람은 모두 죽였습니다. 정몽주에게 이성계가 한 일들은 옳은 일이 아니었습니다. 이성계의 아들 이방원은 술자리에 정몽주를 초대하여

▲ 선죽교

달콤한 제안을 했습니다. 그러나 정몽주는 자신의 생각은 죽어도 바뀌지 않을 것이라고 말했습니다. 결국 이방원은 사람을 보냈고, 정몽주는 선죽교라는 다리에서 피를 흘리며 죽었습니다.

아 Track 081

얼마 후 이성계는 조선이라는 나라를 세웠습니다. 만약 정몽주가 자신이 옳다고 믿는 것에 대한 생각을 바꿨다면 조선을 세운 **공**을 인정받아 편안하게 살 수 있었을 것입니다. 그러나 정몽주에게 있어서 옳지 않은 것과 **타협**하는 것은 죽는 것만 못한 것이었습니다. 정몽주는 조선 건국 세력 때문에 죽었지만, 그는 조선 시대 사람들의 **사상**에 많은 영향을 준 인물로 남게 됩니다.

내용 이해하기

1 친원 세력들은 정몽주를 왜 일본에 사신으로 보냈습니까?

_____

2 정몽주가 피를 흘리며 죽은 다리 이름은 무엇입니까?

_____

3 다음 중 정몽주에 대한 설명으로 <u>틀린</u> 것을 고르십시오.

① 정몽주는 공민왕이 뽑은 인재입니다.

② 정몽주는 명나라의 사신을 죽였습니다.

③ 정몽주는 고려의 왕을 도와 일했습니다.

④ 정몽주는 이방원의 제안을 거절했습니다.

4 이 글의 내용과 같으면 ○, 다르면 × 하십시오.

(1) 이성계는 군대를 돌려 궁에 있는 우왕을 쫓아냈습니다. (　　)

(2) 정몽주와 이성계는 고려를 침략한 적들을 함께 물리쳤습니다. (　　)

(3) 이방원은 정몽주가 생각을 바꾸지 않아서 정몽주를 죽였습니다. (　　)

5 이 글의 내용에 맞게 빈칸에 알맞은 말을 쓰십시오.

친원 세력들은 정몽주를 일본에 (1) (　　　　)(으)로 보냈습니다. 정몽주의 (2) (　　　　)와/과 (3) (　　　　)에 감동한 일본인들은 정몽주를 잘 (4) (　　　　) 왜구에게 잡혀 있던 고려인들도 풀어 주었습니다.

내용 정리하기

● 녹음을 듣고 다음의 어휘를 사용하여 문단별로 요약해 보십시오.   Track 074-081

가 정몽주 자신 옳다 신념 지키다 목숨 버리다
_____

나 정몽주 인재 뽑히다 나라의 일 공민왕이 죽다 친원 세력 유배
_____

다 친원 세력 정몽주 사신 일본인들 인품과 학식 대접하다 고려인
_____

라 정몽주 침략하다 장군 돕다 이성계 왜구 물리치다 믿음
_____

마 친원 세력들 정몽주 명나라 사신 뛰어나다 외교력 개선시키다
_____

바 이성계 군대 돌아오다 우왕 창왕 이성계 사돈 왕요 세우다
_____

사 이방원 술자리 정몽주 달콤한 제안 정몽주의 생각 바뀌지 않다 사람을 보내다
_____

아 정몽주 옳지 않은 것 타협하다 죽는 것 조선 시대 사상 영향
_____

제9과 · 지워지지 않는 핏자국 - 정몽주 이야기 135

문형과 표현 익히기

1. 을/를 통해

어떠한 것을 수단이나 매개로 하여 다른 것을 이룰 때 사용하는 표현

(1) **봉사 활동을 통해** 나눔의 기쁨을 알게 되었습니다.
(2) 스트레스가 있으면 **운동을 통해** 스트레스를 푼다.
(3) 직접 경험하지 않아도 **책을 통해** 많은 것을 배울 수 있다.
(4) 사람들 사이에서 생기는 많은 문제들은 **대화를 통해** 해결할 수 있다.
(5) 광고하는 것보다 사람들의 **입소문을 통해** 알리는 것이 더 효과적이다.

2. -다시피

실제로 그렇게 된 것은 아니지만 그 정도에 가까울 때 사용하는 표현

(1) 김치를 좋아해서 매일 **먹다시피** 한다.
(2) **도망치다시피** 고향을 떠나 서울로 왔다.
(3) 시험 기간이라 도서관에 **살다시피** 하고 있다.
(4) 일이 너무 많아서 항상 **뛰다시피** 걸어 다닌다.
(5) 다이어트 때문에 매일 **굶다시피** 해서 힘이 하나도 없다.

3. 만 못하다

앞 문장의 내용이나 정도가 뒤 문장의 내용이나 정도에 미치지 못하거나 부족할 때 사용하는 표현

(1) 먼 친척이 가까운 **이웃만 못하다**.
(2) 백 번 듣는 것이 한 번 **보는 것만 못하다**.
(3) 대충대충 하는 것은 안 **하는 것만 못하다**.
(4) 무리하게 운동하는 것은 운동을 안 **하는 것만 못하다**.
(5) 진심이 없이 하는 사과는 사과를 안 **하는 것만 못하다**.

더 생각해 보기

(1) 여러분이 받아 본 가장 달콤한 제안은 무엇이었습니까?

(2) 정몽주는 자신이 옳다고 생각하는 신념을 지키기 위해 목숨까지도 버렸습니다. 정몽주의 신념은 무엇이었을까요?

(3) 여러분이 정몽주라면 달콤한 제안을 받고 어떻게 했을까요?

실력 다지기

● **[1~5] 다음 괄호에 알맞은 것을 고르십시오.**

1 부모님 생신에 여행을 보내 드리자고 (   )을/를 했다.
   ① 항의   ② 제안   ③ 의견   ④ 추천

2 한국에서는 자기 집에 찾아온 손님을 잘 (   ) 전통이 있다.
   ① 만나는   ② 지내는   ③ 대접하는   ④ 방문하는

3 남에게 (   )만 하지 말고 자기가 할 수 있는 것은 자기가 해야 해요.
   ① 요구   ② 도움   ③ 신호   ④ 불만

4 물을 많이 마시면 피부가 (   ) 한다.
   ① 치료된다고   ② 고쳐진다고   ③ 수리된다고   ④ 개선된다고

5 한국 남자는 꼭 (   )에 가서 나라를 지켜야 하는 의무가 있다.
   ① 군대   ② 군사   ③ 감옥   ④ 회사

● **[6~8] 다음 밑줄 친 부분과 의미가 비슷한 것을 고르십시오.**

6 숲에서 길을 잃었다가 <u>겨우</u> 빠져나왔다.
   ① 힘들게   ② 가볍게   ③ 빠르게   ④ 급하게

7 집에서 벌레를 <u>쫓아내려면</u> 집을 깨끗하게 해야 한다.
   ① 찾아내려면   ② 불러내려면   ③ 쫓아가려면   ④ 내쫓으려면

8 그 문제에 대해 <u>타협하려고</u> 몇 번을 찾아갔지만 만나지 못했다.
   ① 도와주려고   ② 교섭하려고   ③ 상담하려고   ④ 생각하려고

● **[9~10]** 다음 밑줄 친 부분과 의미가 반대인 것을 고르십시오.

9 그때는 몰랐는데 그의 생각이 <u>옳은</u> 생각이었다.

① 어두운　　　② 다른　　　③ 그른　　　④ 기운

10 벽에 못이 너무 많아서 못들을 모두 <u>뽑았다</u>.

① 밀었다　　　② 박았다　　　③ 넣었다　　　④ 놓았다

● **[11~13]** 아래에서 알맞은 것을 골라 문장을 완성하십시오.

을/를 통해　　　-다시피　　　만 못하다

11 가　사진으로 볼 때는 좋아 보였는데 배송 온 물건을 보니 마음에 안 들어요.

　　나　인터넷으로 사는 것은 _____.

12 가　35년 동안 김밥 팔아서 모은 돈을 기부한 할머니 이야기 들었어요?

　　나　네, 저도 그 소식을 _____ 들었어요.

13 가　주말인데 아이들이 집에 안 보이네요. 어디 갔어요?

　　나　시험 기간이라서 요즘 도서관에서 _____ 해요.

체크하기 ✓

1 다음은 이 과에서 배운 어휘들입니다. 알고 있는 어휘에 ✓ 해 봅시다.

☐ 자국	☐ 감금	☐ 개선시키다
☐ 옳다	☐ 겨우	☐ 되찾다
☐ 달콤하다	☐ 뻔하다	☐ 군대
☐ 제안	☐ 인품	☐ 쫓아내다
☐ 신념	☐ 학식	☐ 사돈
☐ 뽑다	☐ 대접하다	☐ 공
☐ 사신	☐ 요구하다	☐ 타협하다
☐ 유배	☐ 외교력	☐ 사상

2 다음 ( ) 안에 들어갈 표현을 알고 있는지 ✓ 하고 써 봅시다.

- ☐ 먼 친척이 가까운 이웃( ).
- ☐ 김치를 좋아해서 매일 ( ) 한다.
- ☐ 백 번 듣는 것이 한 번 보는 것( ).
- ☐ 일이 너무 많아서 항상 ( ) 걸어 다닌다.
- ☐ 시험 기간이라서 도서관에 ( ) 하고 있다.
- ☐ 봉사 활동( ) 나눔의 기쁨을 알게 되었다.
- ☐ 무리하게 운동하는 것은 운동을 안 하는 것( ).
- ☐ 직접 경험하지 않아도 책( ) 많은 것을 배울 수 있다.
- ☐ 광고하는 것보다 사람들의 입소문( ) 알리는 것이 효과적이다.

3 다음 표 안의 문장을 읽고 할 수 있는 정도에 따라 상·중·하에 ✓ 해 봅시다.

'지워지지 않는 핏자국'의 내용에 대해 말할 수 있다.	상	중	하
'지워지지 않는 핏자국'에서 배운 어휘와 문법을 사용하여 말할 수 있다.	상	중	하
'지워지지 않는 핏자국'을 통해 한국 역사를 이해하는 데 도움이 되었다.	상	중	하

더 알아보기

하여가와 단심가

이방원은 고려의 충신 정몽주를 설득하기 위해 '하여가'라는 시를 지었고 정몽주는 하여가에 대한 대답으로 '단심가'를 지어 읊었다고 합니다.

하여가
이방원

이런들 어떠하리
저런들 어떠하리

만수산 드렁칡이
얽혀진들 어떠하리

우리도 이같이 얽혀져
백년까지 살리라

단심가
정몽주

이 몸이 죽고 죽어
일백 번 고쳐 죽어

백골이 진토되어
넋이라도 있고 없고

님 향한 일편단심이야
가실 줄이 있으랴

이방원은 고려의 신하로만 남으려고 하는 정몽주에게 고려만 고집하지 말고 조선에서 칡덩굴이 얽히고설킨 것처럼 서로 어울려 함께 나라를 이끌어 가자고 말한 것입니다.

정몽주는 백번 죽어도 그리고 그 뼈가 흙이 되어 없어져도 고려 왕을 향한 마음은 절대로 바꿀 수 없음을 시로 나타냈습니다. 일편단심인 자신의 확고한 마음을 표현하며 이방원의 제안을 거절한 것입니다.

쉬어 가기

퀴즈? 퀴즈!

☐ 이/가 얇다.

다른 사람의 말을 쉽게 받아들이는 사람을 말합니다.

나도 시인

친구와 짝을 지어서 한 사람은 '하여가' 스타일로 친구에게 제안하고 다른 한 사람은 '단심가' 스타일로 제안을 거절해 봅시다.

〈예시〉 **하여가**

한 잔인들 어떠하리
두 잔인들 어떠하리

치킨과 피자가
우리를 부르는데

이 밤이 새도록
신나게 마셔 보세

제목 :

이름 :

쉬어 가기 답 : 귀

연표로 보는 고려 시대

견훤
후백제 건국
900

궁예
후고구려 건국
901

왕건
고려 건국
918

공민왕 즉위
1351

발해 멸망
926

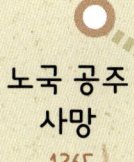
노국 공주
사망
1365

명나라 건국
1368

정몽주 사망
1392

제9과 · 지워지지 않는 핏자국 - 정몽주 이야기   143

4장
조선 시대

· · · · · · · · · ·

제10과 백성을 사랑한 왕 – 세종 대왕 이야기

제11과 홀연히 사라진 천재 과학자 – 장영실 이야기

제12과 나라를 구한 영웅 – 이순신 이야기

제13과 뒤틀린 나무 – 사도 세자 이야기

제14과 나눔을 실천한 삶 – 김만덕 이야기

제15과 시대를 뛰어넘은 사상가 – 정약용 이야기

제10과 백성을 사랑한 왕
– 세종 대왕 이야기

1. 여러분 나라 사람들이 존경하거나 사랑하는 왕이 있습니까?
2. 그 사람이 지금까지 존경과 사랑을 받는 이유는 무엇입니까?

이야기 상상하기

● 다음 그림의 내용을 상상한 후 이야기 순서대로 문장을 만드십시오.

상상하며 듣기

1 그림을 보고 이야기의 순서를 상상해 봅시다.

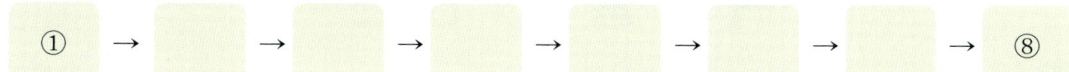

2 그림을 보면서 녹음을 듣고 이야기 순서대로 그림의 번호를 써 보세요.　　　　　Track 082

3 위의 순서에 맞게 이야기를 다시 구성해서 말해 보세요.

어휘

걸치다 to span | 悬挂 | かける
유일하다 to be unique | 唯一 | 唯一だ
치우다 to remove | 搬走, 拿开 | 片づける
병풍 folding screen | 屏风 | 屏風
몰래 secretly | 偷偷地 | 隠れて
천백번 thousand times | 无数次 | 千百回
어질다 to be virtuous | 仁慈, 善良 | 賢い
총명하다 to be smart | 聪明 | 聡明だ
지원하다 to support | 支援 | 支援する
제도 system | 制度 | 制度
이웃 neighbor | 邻居 | 隣
귀화하다 to naturalize | 归化 | 帰化する

정책 policy | 政策 | 政策
노비 slave, servant | 奴婢 | 奴婢
감옥 jail | 监狱 | 監獄
신분 class | 身份 | 身分
안타깝다 to be pitied | 惋惜, 怜惜 | 不憫だ, 残念だ
여기다 to regard | 认为 | 思う
유교 Confucianism | 儒教 | 儒教
표현하다 to express | 表现 | 表現する
바르다 to be righteous | 正, 端正 | 正しい
달다 to attach | 附加 | 付ける
고아 orphan | 孤儿 | 孤児
가리다 to distinguish | 区分, 分别 | 分け隔てする

생각하며 읽기

백성을 사랑한 왕

가 Track 083

세상에는 6천여 종류의 언어가 있고, 200여 개의 문자가 있다고 합니다. 이 문자들은 긴 시간에 **걸쳐** 사람들의 필요에 **의해** 만들어졌기 때문에 누가, 언제, 어디에서, 어떻게 만들었는지 알 수 없는 것이 대부분입니다. 그런데 한글은 이 모든 것을 알 수 있고 대중적으로 사용되고 있는 **유일한** 문자입니다. 그럼, 한글이 만들어지게 된 과정과 한글을 만든 세종 대왕에 대해 알아봅시다.

나 Track 084

세종은 태종 이방원의 셋째 아들로 어릴 때부터 책 읽기를 무척 좋아했습니다. 세종은 같은 책을 백번씩 **읽곤 했고** 몸이 아플 때도 책을 손에서 놓지 않았습니다. 세종의 건강을 걱정한 태종은 신하를 시켜서 책을 모두 **치우게** 한 적이 있었는데 이때도 세종은 **병풍** 뒤에 남겨진 책 한 권을 찾아내어 아버지 **몰래 천백번**이나 읽었다고 합니다.

다 Track 085

세종은 첫째 아들이 아니기 때문에 왕이 될 수 없었지만, **어질고 총명해서** 왕과 신하들은 모두 세종이 왕이 되기를 바랐습니다. 세종은 왕이 된 후 인재들을 모아 그들이 연구하는 것을 **지원했습니다**. 또한 여러 **제도**를 새롭게 고쳐 백성들이 살기 좋게 하자 **이웃** 나라의 많은 사람들이 이를 부러워하여 조선으로 **귀화하기도** 하였습니다.

▲ 세종 대왕

라 Track 086

세종이 백성을 위해 만든 **정책**에는 여러 가지가 있습니다. 임신한 **노비**와 그 남편에게 휴가를 주었고, 부모가 없는 아이들을 나라에서 돌보았으며, **감옥**의 죄수들도 춥거나 더워서 병들지 않게 하였습니다. 70세 이상의 노인은 **신분**에 관계없이 잔치를 열어 축하하고 쌀과 옷을 주었으며, 자식이 없는 노인은 나라에서 돌보았습니다.

마 Track 087

　세종은 진주에 사는 백성이 자신의 아버지를 죽였다는 말을 듣고 백성들에게 '효'를 가르치기 위해 책을 만들었습니다. 그러나 글을 모르는 백성들이 그 내용을 알지 못하자 이를 **안타깝게 여겨 유교**에 대한 내용을 그림으로 그려 백성들이 알게 하였습니다.

바 Track 088

　세종은 우리말과 중국말이 달라 백성들이 중국 글자로 우리말을 **표현하는** 데 어려움이 있는 것을 불쌍히 여겼습니다. 그래서 글을 알지 못하는 백성들을 위해 쉽게 배우고 쉽게 쓸 수 있는 28개의 글자를 만들었습니다. 이 글자가 바로 백성을 가르치는 **바른** 소리라는 뜻의 '훈민정음'입니다. 이 28개의 글자는 우리말의 모든 소리를 글로 적을 수 있었습니다.

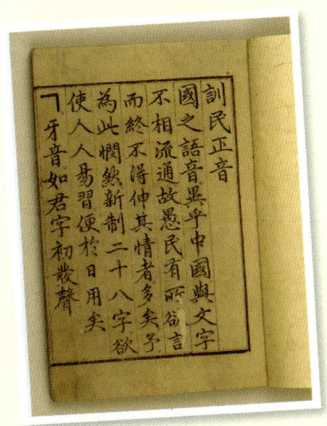
▲ 훈민정음

사 Track 089

　세종은 백성들에게 훈민정음을 알리고자 했지만, 신하들은 세종이 만든 훈민정음이 국가에 도움이 되지 않는다고 하며 반대하였습니다. 세종은 백성을 생각하지 않는 신하들을 크게 꾸짖었습니다. 그리고 훈민정음을 모두가 이해할 수 있도록 설명을 **달아** 백성들에게 알렸습니다. 그 후 글자를 알고자 하는 사람은 나이와 성별, 신분에 관계없이 누구든 훈민정음을 배워서 글을 쓸 수 있게 되었습니다.

아 Track 090

　세종은 32년 동안 왕으로 있으면서 백성만을 생각했습니다. 그는 신분이 낮은 사람에게도 능력이 있다면 기회를 주었고, **고아**, 노인, 죄인 등 모든 사람을 **가리지** 않고 돌봐 주었습니다. 한글 또한 백성에 대한 세종의 사랑이 있었기 때문에 만들어질 수 있었습니다. 오늘날 한국인들의 생활이 편리해진 것은 세종 덕분이라고 볼 수 있습니다. 그래서 사람들은 세종을 최고의 왕이라는 뜻으로 세종 대왕이라 부릅니다.

내용 이해하기

1 셋째 아들인 세종이 왕이 될 수 있었던 이유는 무엇입니까?

_____

2 '훈민정음'의 뜻은 무엇입니까?

_____

3 다음 중 세종 대왕에 대한 설명으로 <u>틀린</u> 것을 고르십시오.

① 세종 대왕은 백성들에게 직접 효를 가르쳤습니다.
② 세종 대왕은 백성을 위해 훈민정음을 만들었습니다.
③ 세종 대왕은 어릴 때부터 책 읽기를 무척 좋아했습니다.
④ 세종 대왕은 백성을 위해 여러 가지 정책을 만들었습니다.

4 이 글의 내용과 같으면 ○, 다르면 × 하십시오.

(1) 신하들은 훈민정음이 국가에 큰 도움을 줄 거라고 생각했습니다. (　　)
(2) 세종 대왕은 고아, 노인, 죄수 등 모든 사람을 가리지 않고 돌봤습니다. (　　)
(3) 우리말과 중국말이 달라 백성들은 자신의 생각을 글로 표현하기 어려웠습니다. (　　)

5 이 글의 내용에 맞게 빈칸에 알맞은 말을 쓰십시오.

> 세종은 왕이 된 후 인재들을 모아 그들이 연구하는 것을 (1) (　　　　). 또한 여러 (2) (　　　　)을/를 새롭게 고쳐 백성들이 살기 좋게 하자 (3) (　　　　) 나라의 많은 사람들이 이를 부러워하여 조선으로 (4) (　　　　) 하였습니다.

150　역사 이야기로 배우는 한국어

내용 정리하기

● 녹음을 듣고 다음의 어휘를 사용하여 문단별로 요약해 보십시오. Track 083-090

가 한글 누가 언제 어디에서 어떻게 대중적 유일하다 문자
_____

나 세종 태종 이방원 셋째 아들 어릴 때 책 읽기 무척 좋아하다
_____

다 세종 어질다 총명하다 왕과 신하들 왕이 되기 바라다
_____

라 세종 노비 고아 죄수 노인 백성 정책
_____

마 세종 글을 모르다 백성들 안타깝게 여기다 유교 그림 알다
_____

바 세종 백성들 쉽게 배우다 쉽게 쓰다 28개 글자 만들다
_____

사 세종 반대하다 신하들 꾸짖다 훈민정음 설명을 달다 알리다
_____

아 사람들 세종 최고의 왕 뜻 세종 대왕 부르다
_____

문형과 표현 익히기

1 에 의해(서)

뒤의 상황이 진행되게 만드는 근거로 수단, 방법, 상황, 기준 등을 나타내는 표현

(1) 집값은 주위 **환경에 의해** 달라진다.
(2) 학생 회장은 학생들의 **투표에 의해** 선출된다.
(3) 성공과 실패는 그 사람의 **노력에 의해서** 결정된다.
(4) 술 취한 사람들의 싸움은 출동한 **경찰에 의해** 끝이 났다.
(5) 그 마을의 전통은 마을 **사람들에 의해** 계승되고 발전되어 왔다.

2 -곤 하다

동일한 상황이 여러 번 반복됨을 나타내는 표현

(1) 비 오는 날이면 그 사람이 **생각나곤 한다**.
(2) 휴일이나 주말에는 남편이 요리를 **하곤 합니다**.
(3) 작년 겨울에는 유난히 눈이 많이 **내리곤 했습니다**.
(4) 회사 일이 끝나면 동료들과 함께 식사를 하거나 술을 **마시곤 한다**.
(5) 저는 어렸을 때 여름마다 가족과 함께 바닷가로 놀러 **가곤 했어요**.

3 -는 데(에)

뒤에 오는 내용과 상관되는 일이나 상황을 미리 말할 때 사용하는 표현

(1) 그 책을 다 **읽는 데** 일주일이 걸렸다.
(2) 잡채를 **만드는 데에** 필요한 것은 무엇입니까?
(3) 그 사람은 돈을 **버는 데** 삶의 목적이 있는 것 같다.
(4) 아침 운동은 건강하게 **생활하는 데에** 도움이 됩니다.
(5) 아이가 **공부하는 데** 방해되지 않게 텔레비전 소리를 줄였다.

더 생각해 보기

(1) 세종 대왕은 글자를 모르는 백성들을 보고 불쌍히 여겼다고 합니다. 어떤 점에서 불쌍하다고 생각했을까요?

(2) 세종 대왕이 백성들에게 훈민정음을 알리고자 했을 때 신하들은 반대하였습니다. 신하들이 반대한 이유는 무엇일까요?

(3) 여러분 나라의 말이나 글은 언제 어떻게 형성되었는지 알고 있습니까?

제10과 • 백성을 사랑한 왕 - 세종 대왕 이야기

실력 다지기

- **[1~5]** 다음 괄호에 알맞은 것을 고르십시오.

  1. 전쟁 중에는 많은 아이들이 부모를 잃고 (   )가 되기도 한다.
     ① 고아   ② 아기   ③ 어린이   ④ 어버이

  2. 오랫동안 준비했는데 이번 경기에서 우승을 놓친 것은 정말 (   ).
     ① 소중하다   ② 안타깝다   ③ 중요하다   ④ 우울하다

  3. 요즘은 (   ) 외국인 선수들을 국가 대표로 뽑는 경우가 많아졌다.
     ① 귀가한   ② 귀향한   ③ 귀국한   ④ 귀화한

  4. 예의가 (   ) 사람들은 사람들이 없는 곳에서도 예의를 지킨다.
     ① 곧은   ② 없는   ③ 바른   ④ 굽은

  5. 위험한 물건은 아이 손이 닿지 않는 곳으로 (   ) 놓으세요.
     ① 쓸어   ② 비워   ③ 없애   ④ 치워

- **[6~8]** 다음 밑줄 친 부분과 의미가 비슷한 것을 고르십시오.

  6. 저를 배신한 그 사람을 이제는 친구라고 <u>여기지</u> 않을 거예요.
     ① 알리지   ② 말하지   ③ 생각하지   ④ 소개하지

  7. 언니는 교제를 반대하시는 부모님 <u>몰래</u> 남자 친구를 만나러 나갔다.
     ① 모르게   ② 마음껏   ③ 멀리   ④ 마음대로

  8. 한 대기업이 연구비가 없는 그 연구 단체를 10년간 <u>지원하기로</u> 약속했다.
     ① 막기로   ② 돕기로   ③ 구하기로   ④ 방해하기로

● [9~10] 다음 밑줄 친 부분과 의미가 반대인 것을 고르십시오.

9 그 학생은 하나를 가르치면 열을 알 정도로 <u>총명하다</u>.

   ① 똑똑하다   ② 영리하다   ③ 지혜롭다   ④ 어리석다

10 국경일에는 집 앞 대문에 태극기를 <u>달아</u> 놓는다.

   ① 뜯어   ② 넣어   ③ 떼어   ④ 붙여

● [11~13] 아래에서 알맞은 것을 골라 문장을 완성하십시오.

| -는 데(에)   -곤 하다   에 의해(서) |

11 가 영화를 좋아하시나 봐요.
    나 네, 시간 날 때마다 영화관에 _____.

12 가 갈비를 만들려고 하는데 또 뭐가 필요할까요?
    나 키위도 사세요. 고기를 부드럽게 _____ 꼭 필요해요.

13 가 한국은 지도자를 어떻게 뽑아요?
    나 한국 대통령은 국민의 _____ 선출돼요.

체크하기 ✓

1 다음은 이 과에서 배운 어휘들입니다. 알고 있는 어휘에 ✓ 해 봅시다.

☐ 걸치다	☐ 지원하다	☐ 안타깝다
☐ 유일하다	☐ 제도	☐ 여기다
☐ 치우다	☐ 이웃	☐ 유교
☐ 병풍	☐ 귀화하다	☐ 표현하다
☐ 몰래	☐ 정책	☐ 바르다
☐ 천백번	☐ 노비	☐ 달다
☐ 어질다	☐ 감옥	☐ 고아
☐ 총명하다	☐ 신분	☐ 가리다

2 다음 (   ) 안에 들어갈 표현을 알고 있는지 ✓ 하고 써 봅시다.

- ☐ 집값은 (   ) 달라진다.
- ☐ 그 책을 다 (   ) 일주일이 걸렸다.
- ☐ 학생 회장은 학생들의 (   ) 선출된다.
- ☐ 작년 겨울에는 유난히 눈이 많이 (   ).
- ☐ 성공과 실패는 그 사람의 (   ) 결정된다.
- ☐ 아침 운동은 건강하게 (   ) 도움이 됩니다.
- ☐ 그 사람은 돈을 (   ) 삶의 목적이 있는 것 같다.
- ☐ 회사 일이 끝나면 동료들과 함께 식사를 하거나 술을 (   ).
- ☐ 저는 어렸을 때 여름마다 가족과 함께 바닷가로 놀러 (   ).

3 다음 표 안의 문장을 읽고 할 수 있는 정도에 따라 상·중·하에 ✓ 해 봅시다.

'백성을 사랑한 왕'의 내용에 대해 말할 수 있다.	상	중	하
'백성을 사랑한 왕'에서 배운 어휘와 문법을 사용하여 말할 수 있다.	상	중	하
'백성을 사랑한 왕'을 통해 한국 역사를 이해하는 데 도움이 되었다.	상	중	하

더 알아보기

훈민정음의 특징

1. 창제 동기
　문자를 안다는 것은 지식을 가지고 있다는 것이고, 지식이 있다는 것은 지배받는 사람이 아닌 지배하는 사람이 될 수 있다는 것을 의미했습니다. 즉 문자는 권력과도 같았지요. 그런데 세종 대왕은 어리석은 백성들에게 문자를 알게 했습니다. 백성을 단순히 지배받는 사람으로만 보지 않았기 때문입니다. 이를 통해 세종 대왕의 애민 정신을 알 수 있습니다.

2. 창제된 문자
　많은 문자들은 그림이나 기호에서 시작했습니다. 그리고 그 문자를 빌려서 사용하거나 고쳐서 사용했습니다. 그러나 한글은 한국어를 표기하기 위해 새롭게 창제된 문자입니다.

3. 제자 원리
　① 상형 : 발음 기관과 천지인의 모습을 기본 글자로 나타냈습니다.
　② 가획 : 기본 글자에 획을 추가하여 만들었습니다.
　③ 조합 : 초성을 종성으로 다시 사용하고 초성, 중성, 종성을 조합할 수 있게 했습니다.

28자 중 사라진 4글자는?

ㆆ	여린히읗	한국 고유어에 쓰이지 않고 중국 한자의 발음을 나타내기 위한 글자입니다.
ㅿ	반치음	ㅅ과 ㅇ의 중간 발음으로 지금은 ㅅ이나 ㅇ으로 바뀌었습니다. 지역 방언에서 '여우 → 여수, (병이) 나아 → 나사'로 발음됩니다.
ㆁ	옛이응	초성의 ㅇ(이응)과 받침 ㅇ(이응)은 다른 소리입니다. 옛이응은 받침 ㅇ(이응)의 소리를 나타냈는데 지금은 ㅇ(이응)으로 하나로 통합하여 사용합니다.
ㆍ	아래아	발음은 'ㅗ + ㅏ'와 비슷합니다. 표준어에서는 이 발음이 사라졌고 지역 방언에 남아 있습니다.

쉬어 가기

퀴즈? 퀴즈!

낫 놓고 ☐ 자도 모른다.

아주 무식하다는 것을 나타낼 때 사용합니다.

초성 게임

게임 방법

① 반 친구들 이름의 초성을 씁니다.
   (예: 제임스 → ㅈㅇㅅ)
② 초성을 보고 누구의 이름인지 더 빨리 말하는 사람이 이깁니다.

쉬어 가기 답: 기역

제11과 홀연히 사라진 천재 과학자
– 장영실 이야기

① 여러분이 알고 있는 사람 중에 차별이나 한계를 뛰어넘은 사람이 있습니까? 누구입니까?
② 현대 사회에도 차별이 있습니까? 어떤 차별이 있습니까?

▲ 마틴 루터 킹

▲ 링컨

이야기 상상하기

- 다음 그림의 내용을 상상한 후 이야기 순서대로 문장을 만드십시오.

상상하며 듣기

1 그림을 보고 이야기의 순서를 상상해 봅시다.

2 그림을 보면서 녹음을 듣고 이야기 순서대로 그림의 번호를 써 보세요.   Track 091

3 위의 순서에 맞게 이야기를 다시 구성해서 말해 보세요.

어휘

물려받다 to inherit	继承, 承袭	引き継ぐ
좌우하다 to influence, to affect	左右	左右する
벗어나다 to get out of	脱离	抜け出す
뛰어넘다 to overcome	超越	飛び越える
기록 record	记录	記録
조상 ancestor	祖先	祖先
관청 government office	官厅	官庁
기생 gisaeng; enslaved women who entertained others	妓生	妓生
가뭄 drought	旱灾	干ばつ
끌다 to draw	拉, 吸引	引く
논밭 farmland	农田	田畑
시설 facility	设施	施設

천문학 astronomy	天文学	天文学
기기 equipment	机器	機器
익히다 to learn	熟悉, 熟知	覚える
제작 production	制作	制作
수동 manual	手动	手動
아라비아 Arabia	阿拉伯	アラビア
자동 automatic	自动	自動
가마 sedan chair	轿子	駕籠
곤장 stick for flogging criminals	棍杖	鞭
홀연히 suddenly	忽然	忽然と
농업 agriculture	农业	農業
한계 limit	限制	限界

생각하며 읽기

홀연히 사라진 천재 과학자

가 Track 092

　조선은 신분제 사회였습니다. 신분은 사람이 태어나면서 부모로부터 **물려받는** 것으로, 그 사람의 일생을 **좌우했습니다**. 신분에 따라 할 수 있는 일과 할 수 없는 일이 정해져 있었고, 신분은 쉽게 **벗어날** 수 있는 것이 아니었습니다. 그런데 장영실은 자신의 능력으로 이러한 신분 제도를 **뛰어넘었습니다**.

나 Track 093

　장영실은 조선 태종 때 사람으로 오늘날의 부산 지역인 동래현에서 일하는 노비였습니다. 조선에서 노비는 가장 낮은 신분이었기 때문에 장영실에 대한 **기록**은 많지 않습니다. 몇몇 기록에 의하면 장영실의 **조상**은 원나라 사람이라고도 하고, 송나라 장군이라고도 하며, 어머니는 **관청**에서 일하는 **기생**이었다고도 합니다.

다 Track 094

　장영실이 동래현 노비로 있을 때였습니다. 조선에 전국적으로 **가뭄**이 심해서 많은 백성들이 고통을 당하고 있었습니다. 그런데 동래현은 가뭄의 피해가 없었습니다. 그 이유는 장영실이 멀리 있는 곳의 물을 **끌어다가 논밭**에 줄 수 있는 **시설**을 만들었기 때문입니다. 이 일을 알게 된 태종은 장영실을 아끼고 보호하게 되었습니다.

▲ 장영실 동상

라 Track 095

　태종에 이어 왕이 된 세종은 중국의 **천문학**이 조선에 맞지 않아 조선의 천문 현상을 정확히 알 수 없는 것을 안타깝게 여겼습니다. 세종은 물건을 만드는 기술이 뛰어난 장영실을 천문 과학자들과 함께 중국으로 보내 중국에 있는 천문 **기기**의 모양을 **익혀** 오라고 했습니다.

마 Track 096

세종은 중국에 다녀온 장영실에게 천문 기기의 제작을 맡기고 노비 신분을 벗어나게 해 주려고 했습니다. 장영실은 신하들이 반대하여 신분을 벗어나지 못했지만 이에 실망하지 않고 천문 기기를 제작하였습니다. 결국 그 공을 인정받아 노비 신분을 벗어날 수 있었습니다. 그 후 장영실이 수동 물시계를 개선하여 자신의 실력을 증명하자 세종은 장영실에게 새로 관직을 주었습니다.

바 Track 097

세종은 장영실에게 스스로 시간을 알리는 시계를 만들라고 명령하였습니다. 장영실은 중국과 아라비아의 물시계를 비교하고 연구하여 조선만의 자동 물시계를 만들었습니다. 그 후로도 계절과 시간의 변화를 알 수 있는 혼천의를 비롯하여, 해시계, 측우기 등 과학적인 기계와 금속 활자를 만들어 대호군이라는 높은 관직에 올랐습니다.

▲ 측우기

사 Track 098

1442년, 장영실은 왕이 타는 가마에 문제가 있는 것을 발견하고는 같은 관직에 있던 조순생에게 이 사실을 알렸습니다. 장영실은 아무 문제가 없을 것이라는 조순생의 말을 듣고 가마를 고치지 않았습니다. 그런데 그 가마가 부서지는 바람에 장영실은 곤장을 맞고 관직을 빼앗겼습니다. 그리고 역사의 기록에서 홀연히 사라졌습니다.

아 Track 099

장영실의 기록이 많지 않아 그의 마지막은 알 수 없습니다. 하지만 그가 남긴 많은 것들은 조선의 농업과 과학의 발전에 큰 도움을 주었습니다. 장영실은 노비 신분이었지만 왕에게까지 자신의 능력을 인정받고 신분의 한계를 뛰어넘었습니다. 오늘날 신분이라는 한계는 없어졌습니다. 그러나 우리들은 스스로 한계를 만들고 그 한계를 벗어나지 못할 때가 있습니다. 그럴 때마다 장영실의 일생을 생각해 보는 것은 어떨까요?

내용 이해하기

1 장영실의 기록이 많지 않은 이유는 무엇입니까?

　　_____

2 전국이 가뭄으로 고통을 당할 때 동래현만 가뭄의 피해가 없었던 이유는 무엇입니까?

　　_____

3 다음 중 장영실 대한 설명으로 틀린 것을 고르십시오.

　① 장영실은 동래현에서 일하는 노비였다.
　② 장영실은 천문 기기를 제작한 공을 인정받았다.
　③ 장영실은 조선만의 독자적인 자동 물시계를 만들었다.
　④ 장영실은 왕의 가마가 부서졌기 때문에 곤장을 맞고 죽었다.

4 이 글의 내용과 같으면 O, 다르면 × 하십시오.

　(1) 세종은 장영실에게 대호군이라는 높은 관직을 주었다. 　(　　)
　(2) 신하들은 장영실이 노비 신분을 벗어나는 것을 반대했다. 　(　　)
　(3) 태종은 장영실을 중국에 보내 천문 기기의 모양을 익혀 오게 했다. (　　)

5 이 글의 내용에 맞게 빈칸에 알맞은 말을 쓰십시오.

> 신분은 부모로부터 (1) (　　　　　　) 것으로 그 사람의 일생을 (2) (　　　　　　).
> 신분은 쉽게 (3) (　　　　　　) 수 있는 것이 아니었습니다. 그런데 장영실은 자신의 능력으로 이러한 신분 제도를 (4) (　　　　　　).

내용 정리하기

● 녹음을 듣고 다음의 어휘를 사용하여 문단별로 요약해 보십시오.   Track 092-099

가   신분 부모 물려받다 좌우하다 벗어나다 장영실 뛰어넘다
_____

나   장영실 동래현 노비 낮은 신분 장영실 기록 많지 않다
_____

다   가뭄 고통을 당하다 장영실 멀리 끌어다가 논밭 시설
_____

라   세종 장영실 중국 보내다 천문 기기 모양 익히다
_____

마   장영실 천문 기기 공 노비 신분 수동 물시계 개선하다 관직
_____

바   세종 스스로 시계 중국과 아라비아 비교 연구 자동
_____

사   장영실 가마 문제 조순생의 말 부서지다 빼앗기다 역사의 기록 홀연히
_____

아   장영실 농업과 과학 도움 노비 신분 자신의 능력 한계 뛰어넘다
_____

제11과 • 홀연히 사라진 천재 과학자 – 장영실 이야기   165

문형과 표현 익히기

1 -아/어다가

앞 문장의 결과물을 가지고 뒤 문장의 행위를 할 때 사용하는 표현

(1) 꽃을 **사다가** 꽃병에 꽂았어요.
(2) 세탁소에 맡긴 옷을 **찾아다가** 입으세요.
(3) 김밥을 **만들어다가** 공원에 가서 먹었어요.
(4) 도서관에서 책을 **빌려다가** 집에 와서 읽었다.
(5) 저녁에 고기를 **사다가** 불고기를 만들어 먹었어요.

2 을/를 비롯하여

여러 가지를 나열할 때 사용하는 표현

(1) **부모님을 비롯하여** 형제들에게 줄 선물을 샀다.
(2) 유키 씨는 **영어를 비롯하여** 한국어, 중국어, 스페인어도 할 수 있다.
(3) 대표적인 한국 음식에는 **김치를 비롯하여** 불고기, 비빔밥 등이 있다.
(4) 마크 씨는 **축구를 비롯하여** 야구, 농구, 테니스 등 못하는 운동이 없다.
(5) **서울을 비롯하여** 경주, 공주, 부여 등은 한국 역사를 살펴볼 수 있는 도시입니다.

3 -는 바람에

의도하지 않은 일로 안 좋은 결과가 발생하였을 때 사용하는 표현

(1) 얇은 옷을 **입는 바람에** 감기에 걸렸다.
(2) 갑자기 비가 **오는 바람에** 온몸이 젖었다.
(3) 정전이 **되는 바람에** 과제를 완성하지 못했다.
(4) 일정이 **변경되는 바람에** 약속을 취소해야 했다.
(5) 출근길에 앞에서 교통사고가 **나는 바람에** 지각을 했다.

더 생각해 보기

(1) 신하들은 장영실이 노비 신분을 벗어나는 것을 왜 반대했을까요?

(2) 가마가 부서지는 사건은 장영실이 한 일에 비교하면 작은 일이라고 볼 수 있습니다. 그런데 세종대왕은 왜 그토록 아끼던 장영실을 곤장으로 때리고 관직까지 빼앗았을까요?

(3) 곤장을 맞고 관직을 빼앗긴 장영실은 어떻게 되었을까요?

실력 다지기

- [1~5] 다음 괄호에 알맞은 것을 고르십시오.

    1 건강은 삶의 질을 (   ). 건강해야 행복하게 살 수 있다.
       ① 좌우한다　　② 마주한다　　③ 불러온다　　④ 부탁한다

    2 역사의 (   )을/를 보면 과거에 무슨 일이 있었는지 알 수 있다.
       ① 일기　　　　② 기록　　　　③ 사실　　　　④ 메모

    3 시끄러우니까 걸을 때 신발을 (   ) 마세요.
       ① 들지　　　　② 밀지　　　　③ 끌지　　　　④ 붙이지

    4 프랑스에 유학을 가서 빵 만드는 기술을 (   ) 왔다.
       ① 익혀　　　　② 들어　　　　③ 주워　　　　④ 물어

    5 그 사람은 간다는 말도 없이 (   ) 떠나버렸다.
       ① 천천히　　　② 무사히　　　③ 여전히　　　④ 홀연히

- [6~8] 다음 밑줄 친 부분과 의미가 비슷한 것을 고르십시오.

    6 그 사람은 부모님으로부터 많은 재산을 물려받았다.
       ① 전달받았다　② 강요받았다　③ 오해받았다　④ 상속받았다

    7 시험이 끝났으니 이제야 시험이라는 고통에서 벗어난 것이다.
       ① 넘어가는　　② 빠져나온　　③ 날아오른　　④ 들어서는

    8 그 영화에서 보여 주는 미래의 모습은 우리의 상상을 뛰어넘는다.
       ① 보여 준다　② 깨뜨린다　　③ 초월한다　　④ 유지한다

● [9~10] 다음 밑줄 친 부분과 의미가 반대인 것을 고르십시오.

9 한국에서는 돌아가신 조상을 위해 제사를 지내는 풍습이 있다.
   ① 손자   ② 후손   ③ 아이   ④ 자식

10 가뭄이 심해져서 농산물 수확량이 줄었고 농산물의 값도 폭등하고 있다.
   ① 장마   ② 폭설   ③ 우박   ④ 이상 기온

● [11~13] 아래에서 알맞은 것을 골라 문장을 완성하십시오.

   -아/어다가   을/를 비롯하여   -는 바람에

11 가 사모님께서는 못하는 요리가 없으시네요.
   나 네, _____ 일본, 중국, 프랑스, 이탈리아 요리도 할 줄 알아요.

12 가 이번에도 행사가 취소될 것 같아요.
   나 네, 작년에도 태풍이 _____ 행사가 취소됐었잖아요.

13 가 벽에 아무것도 없으니까 너무 허전하네요.
   나 음, 그림이라도 _____ 걸어야겠어요.

체크하기 ✓

1 다음은 이 과에서 배운 어휘들입니다. 알고 있는 어휘에 ✓해 봅시다.

☐ 물려받다	☐ 가뭄	☐ 수동
☐ 좌우하다	☐ 끌다	☐ 아라비아
☐ 벗어나다	☐ 논밭	☐ 자동
☐ 뛰어넘다	☐ 시설	☐ 가마
☐ 기록	☐ 천문학	☐ 곤장
☐ 조상	☐ 기기	☐ 홀연히
☐ 관청	☐ 익히다	☐ 농업
☐ 기생	☐ 제작	☐ 한계

2 다음 ( ) 안에 들어갈 표현을 알고 있는지 ✓하고 써 봅시다.

- ☐ 갑자기 비가 ( ) 온몸이 젖었다.
- ☐ 김밥을 ( ) 공원에 가서 먹었어요.
- ☐ 일정이 ( ) 약속을 취소해야 했다.
- ☐ 도서관에서 책을 ( ) 집에 와서 읽었다.
- ☐ 부모님( ) 형제들에게도 줄 선물을 샀다.
- ☐ 저녁에 고기를 ( ) 불고기를 만들어 먹었어요.
- ☐ 출근길에 앞에서 교통사고가 ( ) 지각을 했다.
- ☐ 대표적인 한국 음식에는 김치( ) 불고기, 비빔밥 등이 있다.
- ☐ 마크 씨는 축구( ) 야구, 농구, 테니스 등 못하는 운동이 없다.

3 다음 표 안의 문장을 읽고 할 수 있는 정도에 따라 상·중·하에 ✓해 봅시다.

'홀연히 사라진 천재 과학자'의 내용에 대해 말할 수 있다.	상	중	하
'홀연히 사라진 천재 과학자'에서 배운 어휘와 문법을 사용하여 말할 수 있다.	상	중	하
'홀연히 사라진 천재 과학자'를 통해 한국 역사를 이해하는 데 도움이 되었다.	상	중	하

더 알아보기

장영실의 발명품

▲ 갑인자

　고려 시대에는 이미 뛰어난 금속 활자 기술이 있었습니다. 『직지심체요절』은 고려의 금속 활자로 만든 책이고 독일 구텐베르크의 활자 기술보다 이미 70년 앞서 있었습니다. 그러나 그 기술이 한동안 정체되어 세종이 장영실에게 더 나은 금속 활자를 만들도록 했습니다. 그것이 바로 장영실이 만든 금속 활자 '갑인자'입니다.

　자격루는 일정 시간 동안 물이 모이면 작은 인형이 종을 쳐서 시간을 알려 주는 물시계입니다. 스스로 종을 친다는 의미로 그 이름을 '자격루'라고 하였습니다. 전쟁으로 일부만 남았는데 이것을 다시 복원하여 지금의 모습이 되었습니다.

▲ 자격루

▲ 앙부일구

　앙부일구는 백성들에게 널리 보급됐던 해시계입니다. 해가 떴을 때 나타나는 그림자를 이용해서 시간을 알 수 있게 했습니다. 글을 모르는 백성들을 위해 시간을 나타내는 열두 동물의 그림이 그려져 있습니다.

　측우기는 비가 오는 양을 재는 기구입니다. 국가에서 쓰이는 표준화 된 기구로는 세계 최초입니다. 측우기는 바닥에 떨어진 빗물이 튀어 들어가지 않도록 하여 비가 오는 양을 잴 때 생기는 오차를 줄였습니다.

▲ 측우기

　이 밖에도 장영실은 다양한 과학 기기를 제작하였다고 합니다. 한 예로 시간을 알려 주는 자격루와 천체의 운행을 관측하는 혼천의를 합쳐 옥루를 제작하였습니다. 옥루는 계절의 변화, 절기, 시간을 모두 알 수 있는 기구입니다.

쉬어 가기

퀴즈? 퀴즈!

개천에서 　　　　　 난다.

신분이나 지위가 낮은 집안에서 훌륭한 사람이 나올 때 사용하는 말

열두 동물과 시간

옛날 한국에서는 하루를 12개로 나누고 동물 이름으로 불렀습니다.

자
23시~1시

오
11시~13시

축
1시~3시

미
13시~15시

인
3시~5시

신
15시~17시

묘
5시~7시

유
17시~19시

진
7시~9시

술
19시~21시

사
9시~11시

해
21시~23시

쉬어 가기 답: 용

제12과 나라를 구한 영웅
– 이순신 이야기

1. 여러분은 나라를 구한 사람들에 대해 들어 본 적이 있습니까?
2. 그 사람들은 어떻게 나라를 구했습니까?

▲ 잔다르크

▲ 간디

▲ 호치민

이야기 상상하기

● 다음 그림의 내용을 상상한 후 이야기 순서대로 문장을 만드십시오.

상상하며 듣기

1 그림을 보고 이야기의 순서를 상상해 봅시다.

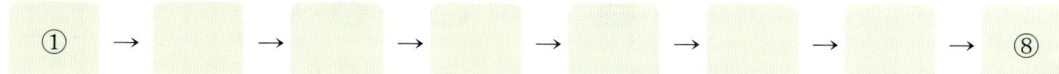

2 그림을 보면서 녹음을 듣고 이야기 순서대로 그림의 번호를 써 보세요.

Track 100

3 위의 순서에 맞게 이야기를 다시 구성해서 말해 보세요.

어휘

승진하다 to be promoted ｜晋升 ｜昇進する	**흘리다** to leak ｜泄露 ｜流す
조직 organization ｜组织 ｜組織	**가두다** to confine ｜关, 监禁 ｜閉じ込める
리더 leader ｜领袖 ｜リーダー	**백의종군** following orders as a commoner ｜白衣从军 ｜白衣従軍
무너지다 to collapse ｜崩溃 ｜崩壊する	**병력** military strength ｜兵力 ｜兵力
성공하다 to succeed ｜成功 ｜成功する	**육지** land ｜陆地 ｜陸地
명장 great commander ｜名将 ｜名将	**배** times ｜倍 ｜倍
지도력 leadership ｜指导能力 ｜指導力	**총공격** all-out attack ｜总攻击 ｜総攻撃
훈련시키다 to train ｜训练 ｜訓練させる	**총** gun ｜枪 ｜銃
거북선 Geobukseon Ship; Turtle Ship ｜龟船 ｜亀甲船	**발휘하다** to demonstrate ｜发挥 ｜発揮する
대비하다 to prepare ｜准备 ｜備える	**불패 신화** unbeaten streak(legend) ｜不敗神话 ｜不敗神話
도망 run away ｜逃亡 ｜逃亡	**차이** difference ｜差异 ｜差
피난 evacuation ｜避难 ｜避難	
자신감 confidence ｜自信心 ｜自信	

생각하며 읽기

나라를 구한 영웅

가 Track 101

많은 사람들은 **승진해서** 높은 자리에 앉기를 바라며 **조직**에서 **리더**가 되기를 바랍니다. 그러나 누가 리더가 되느냐에 따라 조직은 **무너질** 수도 있고 크게 **성공할** 수도 있습니다. 조선의 **명장** 이순신은 조직에서 리더의 **지도력**이 얼마나 중요한지 보여 준 사람입니다.

나 Track 102

지금으로부터 400여 년 전, 일본을 통일한 도요토미 히데요시는 명나라를 침략하기 위해 먼저 조선을 침략하려고 준비하고 있었습니다. 전라 지역을 지키던 이순신은 전쟁이 일어날 것을 예상했지만 선조는 이에 대해 준비를 하지 않고 있었습니다. 그래서 이순신은 나라의 도움 없이 군사들을 **훈련시키고 거북선**을 만드는 등 전쟁을 **대비했습니다**.

다 Track 103

1592년, 도요토미 히데요시는 20여만 명의 군사를 이끌고 부산을 침략했습니다. 경상 지역을 지키던 원균은 아무런 준비를 하지 않고 있다가 셀 수 없이 많은 일본군의 배를 보고 **싸워 봤자** 질 것이 뻔하다고 생각했습니다. 그래서 무기와 배를 바다에 모두 버리고 **도망**을 갔습니다. 왕은 궁을 버리고 **피난**을 가면서 명나라에 도와 달라고 했습니다. 결국 조선의 수도마저 20일 만에 침략당했습니다.

▲ 이순신 동상

라 Track 104

침략 소식을 들은 이순신은 군사들을 이끌고 경상 지역으로 갔습니다. 조선 군사들은 이순신의 지도력으로 첫 번째 승리를 하면서 **자신감**을 되찾았습니다. 그 후로도 이순신은 10여 차례 싸워서 모두 이겼고, 일본군은 이순신이 이끄는 군사들과의 싸움에서 계속 지면서 싸울 마음을 잃어버렸습니다. 일본군에게 이순신은 두려운 존재가 되었습니다.

마 Track 105

이순신은 충청도, 전라도, 경상도의 군사를 이끄는 삼도 수군 통제사가 되었습니다. 이순신이 **있는 한** 일본은 이 전쟁에서 이길 수 없었습니다. 일본은 거짓 정보를 **흘렸고** 이것을 믿은 선조는 이순신에게 나가서 싸우라고 했습니다. 거짓 정보라고 생각한 이순신이 왕의 명령에 따르지 않자 선조는 이순신을 감옥에 **가두었습니다.** 신하들이 이순신을 죽이라고 했지만 왕은 그동안의 공을 인정하여 죽이지는 않고 이순신에게 **백의종군**할 것을 명령했습니다.

바 Track 106

이순신이 감옥에 있을 때 원균은 삼도 수군 통제사가 되었지만, 일본과의 싸움에서 거의 모든 **병력**을 잃고 **육지**로 도망갔다가 일본군의 손에 죽었습니다. 선조는 이순신에게 다시 삼도 수군 통제사를 맡기면서 바다를 포기하고 육지에서 싸우라고 명령했습니다. 그러나 이순신은 "아직 12척의 배가 남아 있으니 죽을 힘을 다해 싸우면 이길 수 있습니다."라고 말했고, 명량 앞바다에서 10**배**가 넘는 130여 척의 배와 싸워 이겼습니다.

▲ 거북선

사 Track 107

1598년 도요토미 히데요시가 죽자 육지에 있던 일본군은 일본으로 돌아가려고 했지만, 이순신이 바다를 지키고 있어서 돌아갈 수 없었습니다. 일본군은 500척을 보내 **총공격**을 했고 조선과 명나라의 군사들은 100여 척의 배로 함께 싸웠습니다. 이순신은 도망가는 일본군을 쫓다가 **총**에 맞았지만 "나의 죽음을 말하지 말라."라고 말했습니다. 이순신의 죽음을 모르는 군사들은 끝까지 싸워 이겼고, 7년간의 전쟁은 끝이 났습니다.

아 Track 108

이순신은 어떠한 조건 속에서도 리더의 지도력을 **발휘하여, 불패 신화**를 만들어 냈습니다. 10배가 넘는 병력의 **차이**도 그의 뛰어난 지도력 앞에서는 아무런 문제가 되지 않았고, 죽음을 앞둔 때마저도 그의 지도력은 전쟁을 승리로 이끌었습니다. 이순신은 조선을 침략한 일본에서뿐만 아니라, 전 세계에서도 인정받는 뛰어난 명장으로 꼽힙니다.

내용 이해하기

1 이순신이 전쟁을 대비해서 만든 배의 이름은 무엇입니까?

_____

2 군사들이 끝까지 싸워 이길 수 있게 자신의 죽음을 숨겼던 이순신은 마지막으로 어떤 말을 했습니까?

_____

3 다음 중 이순신에 대한 설명으로 <u>틀린</u> 것을 고르십시오.

① 이순신은 전쟁이 일어날 것을 예상하고 이를 대비했습니다.
② 이순신은 조선의 모든 군사를 이끄는 자리에까지 올랐습니다.
③ 이순신은 거짓 정보를 믿은 왕 때문에 감옥에 가게 되었습니다.
④ 이순신은 명량에서 12척의 배로 130여 척의 배와 싸워 이겼습니다.

4 이 글의 내용과 같으면 〇, 다르면 ✕ 하십시오.

(1) 군사들은 이순신 장군의 죽음을 슬퍼하며 끝까지 싸워 이겼습니다. (   )
(2) 이순신이 감옥에 있는 동안 원균은 삼도 수군 통제사가 되었습니다. (   )
(3) 일본의 침략에도 선조는 끝까지 궁을 지켰고, 수도는 함락되지 않았습니다. (   )

5 이 글의 내용에 맞게 빈칸에 알맞은 말을 쓰십시오.

> 누가 리더가 되느냐에 따라 조직은 (1) (   ) 수도 있고 크게 (2) (   ) 수도 있습니다. 조선의 (3) (   ) 이순신은 조직에서 리더의 (4) (   ) 이/가 얼마나 중요한지 보여 준 사람입니다.

내용 정리하기

● 녹음을 듣고 다음의 어휘를 사용하여 문단별로 요약해 보십시오.　　Track 101-108

가　조선의 명장　이순신　리더　지도력　얼마나　중요하다　사람
_____

나　이순신　군사들　훈련시키다　거북선　만들다　전쟁　대비하다
_____

다　도요토미 히데요시　20여만 명　이끌다　부산　침략하다　조선의 수도　20일
_____

라　이순신　10여 차례　모두　이기다　일본군　두려운 존재　되다
_____

마　일본　거짓 정보　흘리다　조선의 왕　이순신　백의종군　명령하다
_____

바　이순신　12척의 배　명량 앞바다　10배　130여 척의 배　싸우다　이기다
_____

사　이순신　총에 맞다　그의 죽음　모르다　군사들　끝　이기다
_____

아　이순신　일본　전 세계　인정받다　뛰어나다　명장　꼽히다
_____

제12과 • 나라를 구한 영웅 – 이순신 이야기　179

문형과 표현 익히기

1 에 따라(서)

앞의 내용을 기준으로 해서 뒤의 내용이 제한됨을 나타내는 표현

(1) **지역에 따라** 아파트 가격이 차이가 난다.
(2) **날씨에 따라** 사람들의 옷차림이 달라집니다.
(3) 생활 수준이 **높아짐에 따라** 건강에 대한 관심도 높아졌다.
(4) 휴대폰 요금은 어떤 요금제를 **사용하느냐에 따라** 결정된다.
(5) 얼마나 **연습했느냐에 따라** 경기의 결과가 달라질 것입니다.

2 −아/어 봤자

앞의 행위나 상태가 이루어지더라도 부정적인 내용이 올 것임을 나타내는 표현

(1) 고집 **피워 봤자** 네 뜻대로 안 돼.
(2) 지금 와서 **후회해 봤자** 아무 소용없어요.
(3) 김밥 한 줄 **먹어 봤자** 간에 기별도 안 간다.
(4) **노력해 봤자** 그 사람을 따라갈 수 없을 거예요.
(5) 아무리 **이야기해 봤자** 그 사람은 귀담아듣지 않을 것이다.

3 −는 한

뒤 문장의 행위나 상태에 대한 조건을 나타낼 때 사용하는 표현

(1) 내가 **살아 있는 한** 이 결혼은 절대로 허락할 수 없다.
(2) 네가 내 옆에 **있는 한** 나는 세상 무엇도 두렵지 않아.
(3) 그 사람이 사과하지 **않는 한** 절대로 용서할 수 없어요.
(4) 유학 중에 특별한 사유가 **없는 한** 귀국할 수 없습니다.
(5) 꿈을 포기하지 **않는 한** 반드시 그 꿈을 이루는 날이 올 것이다.

더 생각해 보기

(1) 이순신은 전쟁을 예상해 군사들도 훈련시키고 거북선도 만들었습니다. 이순신은 어떻게 전쟁이 일어날 것을 미리 알았을까요?

(2) '백의종군'은 아무 계급이 없이 전쟁에 참가하는 것을 말합니다. 삼도 수군 통제사까지 올랐던 이순신은 어떤 마음으로 '백의종군'이라는 명령을 받아들였을까요?

(3) 총에 맞은 이순신은 "나의 죽음을 말하지 말라."고 했습니다. 이순신이 이렇게 말한 이유는 무엇일까요?

실력 다지기

● **[1~5] 다음 괄호에 알맞은 것을 고르십시오.**

1 경찰은 자신을 보고 (   )을/를 가는 한 남자의 뒤를 쫓았다.
   ① 피서   ② 이민   ③ 출장   ④ 도망

2 지진이 나자 마을 사람들은 다른 지역으로 (   )을 떠났다.
   ① 여행   ② 피난   ③ 관광   ④ 세상

3 감독은 선수에게 이길 수 있다는 (   )을 심어 주고자 노력했다.
   ① 긴장감   ② 박진감   ③ 좌절감   ④ 자신감

4 그 마을에는 이번 지진으로 (   ) 건물이 한둘이 아니다.
   ① 깨진   ② 터진   ③ 무너진   ④ 넘어간

5 체력이 떨어진 선수들은 집중력을 (   ) 경기를 승리로 이끌었다.
   ① 발휘하여   ② 적용하여   ③ 분산하여   ④ 모집하여

● **[6~8] 다음 밑줄 친 부분과 의미가 비슷한 것을 고르십시오.**

6 그 여자는 남편이 과장에서 부장으로 <u>승진했다고</u> 기뻐하며 말했어요.
   ① 떨어졌다고   ② 상승했다고   ③ 진급했다고   ④ 유급했다고

7 <u>리더</u>는 조직이나 단체를 이끌어 가는 자리에 있는 사람을 가리킨다.
   ① 회원   ② 구성원   ③ 안내원   ④ 지도자

8 이번 행사가 잘 진행될 수 있도록 철저히 <u>대비해야</u> 합니다.
   ① 조사해야   ② 준비해야   ③ 검사해야   ④ 단속해야

● **[9~10]** 다음 밑줄 친 부분과 의미가 반대인 것을 고르십시오.

9   그 사람은 사업에 <u>성공해서</u> 세계적인 큰 부자가 되었다.

   ① 빠져서   ② 패해서   ③ 실패해서   ④ 미끌어져서

10   전문가들은 개를 <u>가두어</u> 놓고 키우는 것은 개에게 좋지 않다고 말한다.

   ① 잠가   ② 모아   ③ 풀어   ④ 보관해

● **[11~13]** 아래에서 알맞은 것을 골라 문장을 완성하십시오.

에 따라(서)   -아/어 봤자   -는 한

11 가   내가 뭘 잘못했다고 그렇게 화를 내니? 이제는 마음 좀 풀어.

   나   아니, 잘못을 모르는 너랑은 _____ 다시 싸울 것 같아.

12 가   그동안 많은 어려움이 있으셨는데 어떻게 극복하셨나요?

   나   가족이죠. 가족이 _____ 어떤 어려움도 문제가 되지 않아요.

13 가   이번 경기가 그렇게 중요해요?

   나   네, 이번 경기의 _____ 결승전 진출 팀이 결정되거든요.

체크하기 ✓

1 다음은 이 과에서 배운 어휘들입니다. 알고 있는 어휘에 ✓ 해 봅시다.

☐ 승진하다	☐ 거북선	☐ 병력
☐ 조직	☐ 대비하다	☐ 육지
☐ 리더	☐ 도망	☐ 배
☐ 무너지다	☐ 피난	☐ 총공격
☐ 성공하다	☐ 자신감	☐ 총
☐ 명장	☐ 흘리다	☐ 발휘하다
☐ 지도력	☐ 가두다	☐ 불패 신화
☐ 훈련시키다	☐ 백의종군	☐ 차이

2 다음 ( ) 안에 들어갈 표현을 알고 있는지 ✓ 하고 써 봅시다.

- ☐ (　　　　　) 그 사람을 따라갈 수 없을 거예요.
- ☐ 김밥을 한 줄 (　　　　　) 간에 기별도 안 간다.
- ☐ 그 사람이 (　　　　　) 절대로 용서할 수 없어요.
- ☐ 휴대폰 요금은 어떤 요금제를 (　　　　　) 결정된다.
- ☐ 얼마나 (　　　　　) 경기의 결과가 달라질 것입니다.
- ☐ 아무리 (　　　　　) 그 사람은 귀담아듣지 않을 것이다.
- ☐ 생활 수준이 (　　　　　) 건강에 대한 관심도 높아졌다.
- ☐ 꿈을 (　　　　　) 반드시 그 꿈을 이루는 날이 올 것이다.
- ☐ 네가 내 옆에 (　　　　　) 나는 세상 무엇도 두렵지 않아.

3 다음 표 안의 문장을 읽고 할 수 있는 정도에 따라 상·중·하에 ✓ 해 봅시다.

'나라를 구한 영웅'의 내용에 대해 말할 수 있다.	상	중	하
'나라를 구한 영웅'에서 배운 어휘와 문법을 사용하여 말할 수 있다.	상	중	하
'나라를 구한 영웅'을 통해 한국 역사를 이해하는 데 도움이 되었다.	상	중	하

더 알아보기

이순신의 3대 대첩

이순신은 임진왜란 7년 동안 많은 해전을 치르며 불패 신화를 이루었습니다. 그중 대표적인 해전은 다음과 같습니다.

한산도 대첩

1592년 한산도 앞바다에서 있었던 해전입니다. 이 해전으로 일본군은 해상 작전을 펼칠 수 없게 되었습니다. 조선 땅에 진출해 있던 일본군은 원활한 지원을 받지 못하게 되었고 일본 육군은 큰 타격을 입게 됐습니다. 또한 이순신은 학익진 전술을 해전에 사용하여 육상 전술도 해상에서 사용될 수 있다는 것을 증명하였습니다.

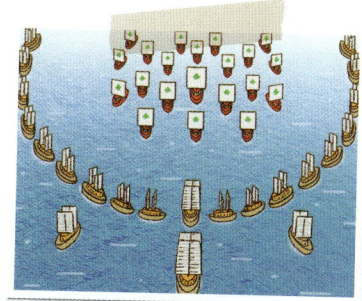

▲ 학익진: 학이 날개를 편 모양의 진형

명량 대첩

1597년 명량에서 12척의 배로 130여 척의 일본군과 싸워 이긴 해전입니다. 명량의 지역적 특성을 이용하여 10배가 넘는 적을 물리쳐서 일본군이 서해로 진출하는 것을 막았습니다. 이 극적인 해전은 영화로도 제작되었습니다.

노량 대첩

▲ 이순신 기념탑

1598년 조선과 명나라가 연합하여 일본군을 크게 물리친 해전입니다. 노량 해전은 임진왜란 기간 중 바다에서의 마지막 싸움이었습니다. 이순신은 이 해전을 승리로 이끌고 눈을 감았습니다. 이순신이 남긴 마지막 말은 많은 사람들이 지금까지도 기억하는 명언으로 남았고 그의 삶과 정신은 영화, 드라마, 소설 등 다양한 작품으로 재탄생하고 있습니다.

쉬어 가기

퀴즈? 퀴즈!

☐ 을/를 알고 ☐ 을/를 알면 백 번 싸워도 위태롭지 않다!

적에 대하여 구체적으로 알고 자신의 능력과 힘을 잘 알면 싸움에서 지지 않을 수 있음을 의미합니다.

가로세로 퍼즐

가로 문제

1. 이곳에서 12척의 배로 130여 척의 일본군과 싸워 이겼다.
2. 낮은 신분의 군사로 전쟁에 참가함.
3. 화약의 힘으로 총알이 날아가게 하는 무기.
4. 지도자가 남을 이끄는 능력.
5. 모든 힘을 모아 공격하는 것.
6. '이기다'와 비슷한 말. ○○하다.
7. 앞으로 일어날지 모르는 일을 미리 준비함.

세로 문제

1. 아랫사람에게 무엇을 하라고 시키다.
2. '군인'과 비슷한 말.
3. 군대의 힘.
4. 쫓겨 가거나 피하는 것. ○○가다.
5. 목적을 이루다 '실패'의 반대말.
6. 조직에서 높은 자리로 올라가다.

쉬어 가기 답: 적, 나, 239쪽 참조

제13과 뒤틀린 나무
– 사도 세자 이야기

1. 자식을 죽인 부모의 이야기를 들어 본 적이 있습니까?
2. 그들은 왜 자식을 죽였을까요?

▲ 크로노스

▲ 측천무후

▲ 이반 4세

이야기 상상하기

● 다음 그림의 내용을 상상한 후 이야기 순서대로 문장을 만드십시오.

상상하며 듣기

1 그림을 보고 이야기의 순서를 상상해 봅시다.

2 그림을 보면서 녹음을 듣고 이야기 순서대로 그림의 번호를 써 보세요.

Track 109

3 위의 순서에 맞게 이야기를 다시 구성해서 말해 보세요.

어휘

뒤틀리다 to be twisted ㅣ 扭曲 ㅣ ねじれる	불만 complaint ㅣ 不满 ㅣ 不満
훌륭하다 to be excellent, to be magnificent ㅣ 伟大 ㅣ 立派だ	변명 excuse, explanation ㅣ 辩解 ㅣ 言い訳
양반 yangban; aristocrat ㅣ 贵族 ㅣ 両班	제대로 properly ㅣ 好好地 ㅣ きちんと
엄격하다 to be strict ㅣ 严格 ㅣ 厳格だ	폭력적 violent ㅣ 暴力的 ㅣ 暴力的
정작 actually ㅣ 真正, 实际 ㅣ 肝心のもの, いざ	정신병 mental illness ㅣ 精神病 ㅣ 精神病
귀하다 to be precious ㅣ 贵重, 珍贵 ㅣ 大切だ	뒤주 wooden rice chest ㅣ 米柜 ㅣ 米びつ
듬뿍 immense amount of ㅣ 满满地 ㅣ たっぷり	소리치다 to shout ㅣ 大喊 ㅣ 叫ぶ
활동적 active ㅣ 活动性的 ㅣ 活動的	막다 to block ㅣ 挡住, 堵住 ㅣ 塞ぐ
방해 disturbance ㅣ 妨碍 ㅣ 邪魔	무더위 heat wave ㅣ 炎热 ㅣ 蒸し暑さ
벌벌 떨다 to shiver ㅣ 哆嗦 ㅣ ぶるぶる震える	모금 sip (unit noun) ㅣ 口(水、酒等) ㅣ 口
물려주다 to transfer ㅣ 传给 ㅣ 譲る	곧다 to be straight ㅣ 笔直 ㅣ まっすぐだ
주눅이 들다 to be intimidated ㅣ 畏缩 ㅣ 気後れする	비틀다 to twist ㅣ 扭 ㅣ ねじらせる

뒤틀린 나무

가 Track 110

심하게 **뒤틀린** 이 나무는 창경궁에 있는 450년 된 회화나무입니다. 보통의 회화나무는 이런 모양이 아닙니다. 그런데 이 나무는 왜 이렇게 뒤틀려 있을까요? 이 나무의 뒤틀린 모양은 안타깝게 죽은 조선의 한 왕자와 관계가 있습니다.

▲ 창경궁 회화나무

나 Track 111

조선에는 백성을 사랑한 **훌륭한** 왕이 많은데 영조도 그중 한 사람으로 꼽을 수 있습니다. 영조는 세금을 줄이고, 잔인한 벌을 없앴으며, 관리나 **양반**들이 백성을 괴롭히지 못하게 하는 등 **엄격하면서도** 늘 백성을 생각하는 왕이었습니다.

다 Track 112

영조는 백성들을 자신의 자식처럼 아끼고 사랑했지만, **정작** 자신이 사랑할 아들은 쉽게 얻지 못했습니다. 영조는 결혼 후 첫 아들을 얻었지만, 그 아들은 9살의 어린 나이에 **죽어 버렸습니다**. 그 후 7년 만에 두 번째 아들 '이선'을 얻었습니다. 영조는 **귀한** 아들을 얻어서 매우 기뻤습니다. 이선은 어릴 때부터 매우 똑똑하여 영조의 사랑을 **듬뿍** 받았습니다.

라 Track 113

그러나 그 사랑은 얼마 가지 않았습니다. 이선은 아버지 영조와는 달리 **활동적**이어서 전쟁놀이를 좋아했을 뿐만 아니라, 말을 타고 무기를 사용하는 재주가 뛰어났습니다. 영조는 아들이 공부보다 전쟁놀이를 더 좋아하는 것이 마음에 들지 않았고, 어진 왕이 되는 데에 **방해**가 된다고 생각했습니다. 그래서 전쟁놀이를 함께한 사람들을 죽였습니다. 이선은 어린 나이에 큰 충격을 받았고, 이후에 아버지를 무서워하여 **벌벌 떨게** 되었습니다.

마 Track 114

이선이 15살이 되었을 때 영조는 이선에게 왕의 일을 맡기고 왕의 자리를 **물려줄** 수 있을지 지켜보았습니다. 그러나 아버지에게 **주눅이 든** 이선은 신하들을 잘 이끌지 못했고, 영조는 그런 이선이 마음에 들지 않았습니다. 신하들은 영조에게 이선에 대한 **불만**을 이야기했습니다. 영조는 이선의 말은 듣지 않고 혼내기만 했습니다. 이선은 무서운 아버지**로 인해 변명**도 **제대로** 하지 **못한 채** 마음의 병을 얻게 되었고 그 병은 점점 심해졌습니다.

바 Track 115

결국 이선은 **폭력적**으로 변했습니다. 이선은 아버지에게 자신의 단점만 말하는 신하들이 미웠습니다. 이선은 생각했습니다. '내가 힘 있는 왕이 되면 저들을 가만히 두지 않겠다.' 이선의 생각을 알게 된 신하들은 영조에게 이선이 **정신병**에 걸려 사람을 죽였다고 알렸습니다.

사 Track 116

영조는 이 모든 일을 끝내고 싶었습니다. 그래서 하나밖에 없는 아들을 벌주기 위해 **뒤주**에 가두었습니다. 이선은 뒤주에서 꺼내 달라고 **소리쳤지만**, 영조의 마음은 변하지 않았습니다. 누군가 몰래 이선에게 뒤주의 틈으로 물과 음식을 넣어 주었는데, 이 사실을 알게 된 영조는 뒤주의 모든 틈을 **막아** 버렸습니다. 7월의 **무더위** 속에서 이선은 물 한 **모금**도 못 마신 채 뒤주 안에서 괴로워하다가 결국 8일 만에 죽고 말았습니다. 영조는 이선의 죽음을 슬퍼하는 뜻으로 '사도 세자'라고 했습니다.

▲ 뒤주

아 Track 117

사도 세자는 죽어서야 답답한 뒤주에서 나올 수 있었습니다. 7월의 무더위 속에서 사도 세자는 얼마나 괴로웠을까요? 살려 달라고 얼마나 소리쳤을까요? 창경궁의 회화나무는 **곧게** 자라지 못하고 마치 사도 세자가 괴로움에 몸을 **비틀었던** 것처럼 심하게 뒤틀린 모양을 하고 있습니다. 이것은 사도 세자의 고통이 회화나무에 전해졌기 때문이 아닐까요?

내용 이해하기

1 영조는 백성을 위해 무엇을 했습니까?

_____

2 영조는 이선이 죽은 후 이선을 뭐라고 불렀습니까?

_____

3 다음 중 이선과 관계가 <u>없는</u> 것을 고르십시오.

① 이선은 아버지를 무서워했다.
② 이선은 영조의 둘째 아들이다.
③ 이선은 15살에 왕의 일을 맡았다.
④ 이선은 영조를 닮아 활동적이었다.

4 이 글의 내용과 같으면 ○, 다르면 × 하십시오.

(1) 이선은 어릴 때부터 아버지의 사랑을 받지 못했다. (   )
(2) 신하들은 영조에게 이선에 대한 불만을 이야기했다. (   )
(3) 영조는 신하들의 말만 듣고 이선의 말은 듣지 않았다. (   )

5 이 글의 내용에 맞게 빈칸에 알맞은 말을 쓰십시오.

> 영조는 아들을 (1) (   ) 뒤주에 가두었습니다. 누군가 몰래 이선에게 (2) (   )(으)로 물과 음식을 넣어 주었습니다. 그러자 영조는 뒤주의 모든 틈을 (3) (   ). 이선은 7월의 (4) (   ) 속에서 괴로워하다가 8일 만에 죽고 말았습니다.

내용 정리하기

● 녹음을 듣고 다음의 어휘를 사용하여 문단별로 요약해 보십시오.   Track 110-117

가 심하다 뒤틀리다 창경궁 회화나무 가슴 아프다 역사 관계
_____

나 영조 훌륭한 왕 세금 잔인한 벌 없애다 백성 괴롭히다
_____

다 첫아들 얻다 어린 나이 죽다 두 번째 아들 기쁘다 똑똑하다
_____

라 이선 활동적 전쟁놀이 영조 죽이다 충격 무서워하다
_____

마 이선 신하 이끌다 영조 듣지 않다 혼내다 마음의 병
_____

바 폭력적 단점 밉다 가만히 두지 않다 신하들 정신병 죽이다
_____

사 벌주다 뒤주 가두다 물 한 모금 괴로워하다 8일 사도 세자
_____

아 회화나무 사도 세자 괴로움 비틀다 뒤틀리다 고통 전해지다
_____

제13과 • 뒤틀린 나무 – 사도 세자 이야기

문형과 표현 익히기

1 –아/어 버리다

행동이 완료되었음을 표현하며, 그 결과 아쉬운 마음이 들었거나 부담이 줄어들었음을 나타냄.

(1) 그동안 밀린 빨래를 어제 다 **해 버렸어요**.
(2) 숙제를 끝내지 못하고 잠이 **들어 버렸어요**.
(3) 그 모임은 나하고 맞지 않아서 그냥 **나와 버렸어**.
(4) 영조의 첫 아들은 9살의 나이에 **죽어 버렸습니다**.
(5) 우유는 금방 상하니까 남기지 말고 다 **먹어 버립시다**.

2 –(으)로 인해

선행절이 후행절의 원인이 될 때 사용하는 표현

(1) **아이로 인해** 집안에 웃음꽃이 핍니다.
(2) **스트레스로 인해** 두통이 심해졌습니다.
(3) **태풍으로 인해** 많은 사람들이 다쳤습니다.
(4) **환경 오염으로 인해** 사라지는 동식물들이 많습니다.
(5) 무서운 **아버지로 인해** 이선은 마음의 병을 얻게 되었습니다.

3 –(으)ㄴ 채(로)

선행절의 상태를 유지하고 후행절의 행위를 할 때 사용하는 표현

(1) 창문을 **연 채로** 잠이 들어서 감기에 걸렸어요.
(2) 시험공부를 하다가 안경을 **쓴 채로** 잠이 들었어요.
(3) 한국에서는 신발을 **신은 채로** 방에 들어가면 안 됩니다.
(4) 옛날 사람들은 서로의 얼굴도 **모른 채** 결혼했다고 합니다.
(5) 이선은 물 한 모금도 못 **마신 채** 괴로워하다가 죽고 말았습니다.

더 생각해 보기

(1) 영조와 사도 세자의 사이는 왜 멀어졌을까요?

(2) 사도 세자가 뒤주에 갇혀 있을 때 누가 음식을 넣어 주었을까요?

(3) 사도 세자가 죽은 후 영조는 무슨 생각을 했을까요?

실력 다지기

● **[1~5] 다음 괄호에 알맞은 것을 고르십시오.**

1. 비를 맞아서 의자 모양이 ( ).
   ① 뒤틀렸다　　② 뾰족하다　　③ 동그랗다　　④ 기다랗다

2. 우리 집에는 밤 9시까지 집에 들어와야 한다는 ( ) 규칙이 있다.
   ① 인자한　　② 엄격한　　③ 지루한　　④ 심각한

3. 운전을 해야 하기 때문에 술은 한 ( )도 마시면 안 돼요.
   ① 술　　② 마디　　③ 발짝　　④ 모금

4. 나는 어머니가 동생만 예뻐한다고 ( )을/를 이야기했다.
   ① 불만　　② 불신　　③ 불편　　④ 불평

5. 이 게임은 너무 ( )이어서 학생들에게 나쁜 영향을 준다.
   ① 적극적　　② 이기적　　③ 강제적　　④ 폭력적

● **[6~8] 다음 밑줄 친 부분과 의미가 비슷한 것을 고르십시오.**

6. 사람의 생명보다 더 <u>귀한</u> 것은 없습니다.
   ① 비싼　　② 높은　　③ 무거운　　④ 소중한

7. 어머니는 밥그릇에 밥을 <u>듬뿍</u> 담아서 아들에게 주었다.
   ① 잔뜩　　② 매우　　③ 힘껏　　④ 심하게

8. 물에 빠진 사람을 보고 '사람 살려!'라고 크게 <u>소리쳤다</u>.
   ① 외쳤다　　② 불렀다　　③ 대화했다　　④ 주장했다

● **[9~10] 다음 밑줄 친 부분과 의미가 반대인 것을 고르십시오.**

9   공부에 <u>방해</u>가 되니까 조용히 합시다.

  ① 힘   ② 지원   ③ 도움   ④ 이익

10 바람이 들어오지 못하게 벽에 있는 구멍을 <u>막았다</u>.

  ① 깎았다   ② 뚫었다   ③ 찔렀다   ④ 잘랐다

● **[11~13] 아래에서 알맞은 것을 골라 문장을 완성하십시오.**

| -아/어 버리다 | -(으)로 인해 | -(으)ㄴ 채(로) |

11 가 스마트폰 중독 문제가 심각한 것 같아요.
    나 네, 우리 아이도 _____ 눈이 나빠졌어요.

12 가 어? 늦으신다더니 안 늦으셨네요?
    나 사실 늦게 일어나서 세수도 _____ 나왔어요.

13 가 아이가 병원을 무서워한다면서요? 울지 않았어요?
    나 말도 마세요. 의사 선생님을 보고 바로 _____.

체크하기 ✓

1 다음은 이 과에서 배운 어휘들입니다. 알고 있는 어휘에 ✓해 봅시다.

☐ 뒤틀리다	☐ 방해	☐ 정신병
☐ 훌륭하다	☐ 벌벌 떨다	☐ 뒤주
☐ 양반	☐ 물려주다	☐ 소리치다
☐ 엄격하다	☐ 주눅이 들다	☐ 막다
☐ 정작	☐ 불만	☐ 무더위
☐ 귀하다	☐ 변명	☐ 모금
☐ 듬뿍	☐ 제대로	☐ 곧다
☐ 활동적	☐ 폭력적	☐ 비틀다

2 다음 ( ) 안에 들어갈 표현을 알고 있는지 ✓하고 써 봅시다.

☐ (　　　　　) 두통이 심해졌습니다.
☐ 그동안 밀린 빨래를 어제 다 (　　　　　).
☐ (　　　　　) 사라지는 동식물들이 많습니다.
☐ 영조의 첫 아들은 9살의 나이에 (　　　　　).
☐ 그 모임은 나하고 맞지 않아서 그냥 (　　　　　).
☐ 무서운 (　　　　　) 이선은 마음의 병을 얻게 되었습니다.
☐ 한국에서는 신발을 (　　　　　) 방에 들어가면 안 됩니다.
☐ 옛날 사람들은 서로의 얼굴도 (　　　　　) 결혼했다고 합니다.
☐ 이선은 물 한 모금도 못 (　　　　　) 괴로워하다가 죽고 말았습니다.

3 다음 표 안의 문장을 읽고 할 수 있는 정도에 따라 상·중·하에 ✓해 봅시다.

	상	중	하
'뒤틀린 나무'에 대해 말할 수 있다.	상	중	하
'뒤틀린 나무'에서 배운 어휘와 문법을 사용하여 말할 수 있다.	상	중	하
'뒤틀린 나무'를 통해 한국 역사를 이해하는 데 도움이 되었다.	상	중	하

더 알아보기

탕평채와 탕평책

▲ 탕평채

이 음식의 이름은 탕평채입니다. 이 음식은 서로 다른 색깔의 재료가 한 접시에 담겨야 비로소 '탕평채'라는 맛있는 하나의 음식이 됩니다. 탕평채의 4가지 색깔과 탕평채라는 이름은 무슨 관계가 있을까요? 이것은 영조와 관계가 있습니다.

사람은 누구나 자신의 이익을 추구하지요? 영조 시대에도 많은 신하들이 자신들의 이익을 위해 자기 편이 아닌 사람을 서로 내쫓으려고 했습니다. 영조는 이 과정에서 아까운 인재들을 많이 잃었는데요. 영조는 이것을 매우 안타깝게 생각했습니다. 그래서 배경이 아닌 능력에 따라 사람을 뽑아 정치에 참여시키는 정책을 생각해 냈는데 이것이 바로 탕평책입니다.

탕평책의 필요성을 신하들에게 알리기 위해, 영조는 신하들과 탕평책을 의논하는 자리에 한 음식을 올렸습니다. 그 음식은 흰색, 검은색, 붉은색, 푸른색으로 이루어져 있었는데요. 다양한 색이 어우러진 그 음식처럼, 서로 다른 생각을 가진 신하들이 싸우지 않고 함께 어울려 좋은 나라를 만들면 좋겠다는 생각 때문이었지요. 그 후로 사람들은 그 음식을 '탕평채'라고 부르게 되었답니다.

쉬어 가기

퀴즈? 퀴즈!

부모가 죽으면 [　　　　]에 묻고

자식이 죽으면 [　　　　]에 묻는다.

자식이 죽으면 부모는 그 자식을 잊지 못해서 평생 마음속에 간직하고 산다는 뜻입니다.

탕평채 만들기

재료

청포묵, 미나리, 쇠고기, 김

방법

① 청포묵을 길게 썰어서 끓는 물에 넣었다가 빼세요.
② 쇠고기도 길게 썬 후 간장으로 양념하여 볶으세요.
③ 미나리도 끓는 물에 넣었다가 뺀 후 찬물로 씻으세요. 그리고 먹기 좋게 비슷한 길이로 썰어 놓으세요.
④ 김을 구워서 길게 잘라 주세요.
⑤ 청포묵에 간장, 식초, 설탕, 참기름 등을 넣어 양념하세요.
⑥ 양념된 청포묵에 ②, ③, ④를 넣고 골고루 섞으세요.
⑦ 입맛에 따라 계란을 넣으셔도 됩니다.

쉬어 가기 답: 땅, 가슴

제14과 나눔을 실천한 삶
– 김만덕 이야기

1. 여러분이 부자가 된다면 무엇을 하겠습니까?
2. 여러분은 다른 사람을 위해 무엇을 나눌 수 있습니까?

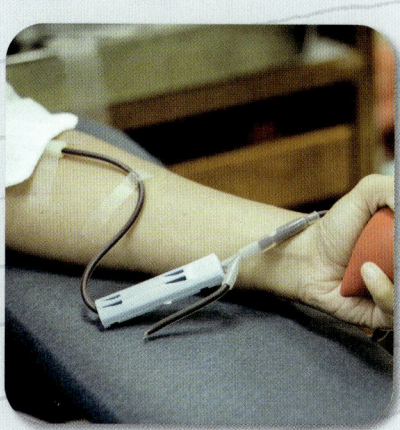

이야기 상상하기

- 다음 그림의 내용을 상상한 후 이야기 순서대로 문장을 만드십시오.

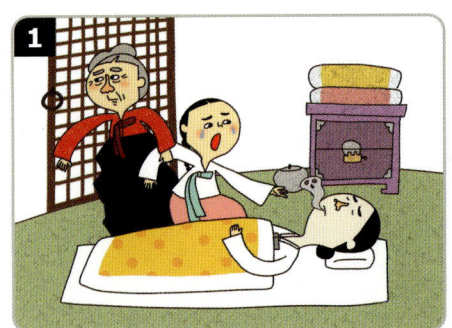

상상하며 듣기

1 그림을 보고 이야기의 순서를 상상해 봅시다.

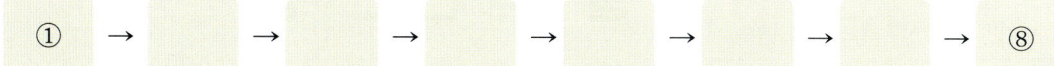

2 그림을 보면서 녹음을 듣고 이야기 순서대로 그림의 번호를 써 보세요.　　　　Track 118

3 위의 순서에 맞게 이야기를 다시 구성해서 말해 보세요.

어휘

중심 center ｜ 中心, 重心 ｜ 中心
부를 쌓다 to amass a fortune ｜ 累积财富 ｜ 富を築く
재산 wealth ｜ 财产 ｜ 財産
기부하다 to donate, to contribute ｜ 捐献 ｜ 寄付する
칭송 praise ｜ 称颂 ｜ 称揚
의지하다 to depend on ｜ 依靠, 依赖 ｜ 頼る
명부 register ｜ 名簿, 名册 ｜ 名簿
사연 circumstance ｜ 缘故, 缘由 ｜ 事情
양민 civilian ｜ 良民 ｜ 庶民
장사 business ｜ 生意 ｜ 商売
흉년 bad year ｜ 凶年, 荒年 ｜ 凶年
굶다 to starve ｜ 饥饿 ｜ 飢える
털다 to use up ｜ 花光, 用尽 ｜ はたく

골고루 evenly ｜ 平均, 均匀 ｜ まんべんなく
지도층 leadership ｜ 领导阶层 ｜ 指導層
의외 unexpectedness ｜ 意外 ｜ 意外
임금님 king ｜ 国王 ｜ 王様
널리 widely ｜ 遍及, 普遍 ｜ 広く
선행 good deeds ｜ 善行 ｜ 善行
귀감 role model ｜ 榜样, 模范 ｜ 模範
소중히 to value something ｜ 珍贵, 珍惜 ｜ 大切に
실천하다 to fulfill ｜ 实践 ｜ 実践する
정신을 높이 사다 to highly regard ｜ 对于…高度评价 ｜ 精神を高く買う
출륙 금지 prohibition from leaving the land ｜ 出陆禁止(禁止济州人民离开岛屿的命令) ｜ 出陸禁止

생각하며 읽기

나눔을 실천한 삶

가 Track 119

조선은 신분제 사회이면서 남성 중심의 사회였기 때문에 남자와 여자가 하는 일이 달랐습니다. 남자는 밖의 일을 하고 여자는 집안일을 해야 했습니다. 여자는 아무리 능력이 뛰어나도 사회에서 자신의 능력을 펼칠 수 없었습니다. 그런데 제주에는 여자의 몸으로 부를 쌓고 자신의 모든 재산을 사회에 기부하여 사람들로부터 칭송을 받은 사람이 있었습니다.

나 Track 120

영조 15년, 제주에서 김만덕이라는 한 아이가 태어났습니다. 만덕이 열두 살이 되던 해 만덕의 아버지는 사고로 돌아가시고 어머니마저 병으로 돌아가셨습니다. 의지할 곳 없는 만덕을 한 기생이 자신의 집으로 데리고 가서 딸로 삼았습니다. 몇 년 후 만덕은 기생의 명부에 이름을 올리고 기생으로 살게 되었습니다. 그러나 만덕은 자신을 기생으로 여기지 않았습니다.

다 Track 121

김만덕은 스무 살이 넘었을 때 관청에 자신의 사연을 말하며 양민으로 돌아가게 해 달라고 부탁했습니다. 관청에서는 김만덕을 불쌍히 여겨 기생의 명부에서 이름을 빼 주고 양민으로 살 수 있게 해 주었습니다. 그 후 김만덕은 장사를 시작했습니다. 물건을 쌀 때 사고 비쌀 때 팔았습니다. 이렇게 수십 년을 살다 보니 만덕은 제주에서 큰 부자가 되어 있었습니다.

▲ 김만덕 객주

라 Track 122

정조 19년, 제주에서는 4년간 지속된 흉년으로 많은 사람이 굶어 죽었습니다. 정조는 제주에 쌀을 보냈지만 제주도의 모든 사람이 먹기에는 부족했습니다. 김만덕은 전 재산을 털어 육지에서 곡식을 산 후, 굶어 죽어 가는 사람들에게 골고루 나누어 줄 수 있도록 관청에 모든 곡식을 바쳤습니다.

마 Track 123

　김만덕이 한 일은 사회의 지도층이었던 양반들도 하기 힘든 일이었습니다. 보통 이런 일을 한 사람은 관직을 받을 수 있었지만, 김만덕은 여자라서 관직을 받을 수 없었습니다. 정조는 제주의 관리에게 김만덕의 소원을 들어주라고 했습니다. 김만덕은 의외의 소원을 말했습니다. "저는 임금님이 계신 곳과 금강산을 볼 수 있다면 죽어도 소원이 없겠습니다."

바 Track 124

　조선 시대에 제주도 사람은 제주도 밖으로 나갈 수 없었습니다. 그러나 정조는 김만덕을 서울로 불렀고 금강산도 관광할 수 있게 해 주었습니다. 정조는 제주로 돌아가는 김만덕에게 상을 주었고, 김만덕의 이름은 서울에 널리 알려지게 되어 많은 사람들이 김만덕을 칭송하였습니다.

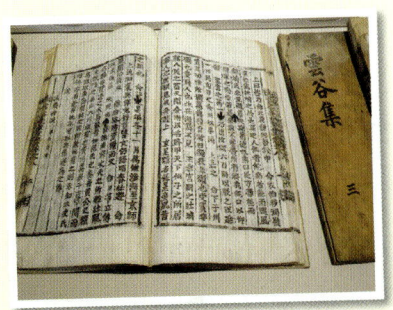

▲ 윤곡집 – 김만덕에 대해 다룬 부분

사 Track 125

　김만덕의 선행은 조선의 모든 사람들에게 귀감이 되었습니다. 높은 관직에 있는 사람들뿐만 아니라, 조선의 유명한 학자들도 인간을 소중히 여기고 나눔을 실천한 김만덕의 정신을 높이 샀습니다. 여러 사람들이 김만덕을 칭송하는 시를 쓰고, 김만덕의 이야기를 책으로 냈습니다. 김만덕은 제주로 돌아와서도 선행을 이어 가다가 74세의 나이로 세상을 떠났습니다.

아 Track 126

　출륙 금지가 있었음에도 불구하고 섬 밖으로 나가 조선의 왕을 직접 만난 김만덕은 조선의 학자들의 칭송을 받은 유일한 제주 여성이었습니다. 그리고 남성 중심의 사회인 조선에서 짧게나마 역사에 이름을 남긴 몇 안 되는 여성 중 하나였습니다. 200여 년이 지난 지금까지도 김만덕의 정신은 많은 사람들에게 귀감이 됩니다.

내용 이해하기

1 김만덕은 어떻게 해서 부자가 되었습니까?

_____

2 김만덕의 소원은 무엇입니까?

_____

3 다음 중 김만덕에 대한 설명으로 <u>틀린</u> 것을 고르십시오.

① 김만덕은 기생의 딸로 태어났습니다.
② 김만덕은 양민이 된 후 장사를 시작했습니다.
③ 김만덕은 전 재산을 굶어 죽어 가는 사람들에게 썼습니다.
④ 김만덕은 출륙 금지를 깨고 조선의 왕을 만난 최초의 제주 여성입니다.

4 이 글의 내용과 같으면 O, 다르면 × 하십시오.

(1) 정조는 김만덕에게 많은 상과 관직을 주었습니다. (   )
(2) 김만덕은 자기 스스로를 기생으로 여기지 않았습니다. (   )
(3) 김만덕은 제주에 돌아온 후에도 불쌍한 사람들을 도왔습니다. (   )

5 이 글의 내용에 맞게 빈칸에 알맞은 말을 쓰십시오.

> 김만덕의 (1) (   )은/는 조선의 모든 사람들에게 (2) (   )이/가 되었습니다. 높은 관직에 있는 사람들뿐만 아니라 조선의 유명한 학자들도 인간을 (3) (   ) 여기고 나눔을 실천하는 김만덕의 정신을 (4) (   ).

내용 정리하기

● 녹음을 듣고 다음의 어휘를 사용하여 문단별로 요약해 보십시오.   Track 119-126

가 조선 남성 중심 김만덕 여자의 몸 부를 쌓다 재산 기부 칭송
_____

나 부모님 사고 돌아가시다 의지하다 기생 데리고 가다 딸로 삼다
_____

다 김만덕 관청 사연 양민이 되다 그 후 장사 큰 부자
_____

라 지속되다 흉년 굶어 죽다 털다 곡식 골고루 나누다 바치다
_____

마 정조 관리 소원을 들어주다 김만덕 의외 임금님 금강산 죽다
_____

바 정조 김만덕 서울 금강산 제주 돌아가다 상을 주다
_____

사 선행 귀감이 되다 유명한 학자들 인간 소중히 나눔 정신을 높이 사다
_____

아 김만덕 출륙 금지 왕 유일하다 지금 김만덕의 정신 귀감
_____

제14과 • 나눔을 실천한 삶 - 김만덕 이야기   207

문형과 표현 익히기

1 -다 보니

어떤 일을 하는 과정에서 새로운 사실을 알게 되거나 뒤 문장의 결과가 발생하였을 때 사용하는 표현

(1) 자꾸 **만나다 보니** 정이 들었어요.
(2) 바쁘게 **일하다 보니** 하루가 금방 가는 것 같아요.
(3) 처음엔 김치가 맵기만 했는데 **먹다 보니** 아주 맛있네요.
(4) 한국에 오래 **살다 보니** 자연스럽게 한국어를 말하게 됩니다.
(5) 운동을 막 시작했을 때는 여기저기 아팠는데 계속 **하다 보니** 괜찮아졌어요.

2 -도록

뒤 문장의 행위에 대한 목적이나 이유를 나타내는 표현

(1) 아이가 **깨지 않도록** 조용히 합시다.
(2) 다음에는 **늦지 않도록** 일찍 자야겠다.
(3) 뒷자리에 앉은 사람도 **볼 수 있도록** 크게 써 주세요.
(4) 이번 프로젝트가 **성공할 수 있도록** 다 같이 힘을 모읍시다.
(5) 잘 깨지는 물건이니까 **깨지지 않도록** 조심해서 옮겨 주세요.

3 (이)나마

다른 선택을 할 수 없거나 최선의 선택은 아니지만 그래도 괜찮다고 생각할 때 사용하는 표현

(1) 짧은 시간이었지만 **이렇게나마** 볼 수 있어서 만족합니다.
(2) 잘하지는 않지만 그래도 **조금이나마** 도움이 되고 싶습니다.
(3) 교통사고로 폐차는 했지만 아무도 안 다쳤으니 **그나마** 다행이다.
(4) 아무리 바빠도 차 한잔하면서 **잠깐이나마** 쉬는 시간을 가져야 한다.
(5) 가족과 멀리 떨어져 살지만 **전화로나마** 목소리를 들을 수 있으니 괜찮다.

더 생각해 보기

(1) 김만덕은 장사를 해서 부자가 되었습니다. 여러분이 김만덕이라면 어떤 장사를 해 보겠습니까? 이유는 무엇입니까?

(2) 김만덕은 전 재산을 털어서 굶어 죽어 가는 사람들을 살렸습니다. 전 재산을 남에게 쓸 수 있었던 이유는 무엇일까요? 무슨 생각이 있었을까요?

(3) 여러분의 소원을 들어줄 왕이 있다면 어떤 소원을 말하겠습니까?

실력 다지기

● **[1~5] 다음 괄호에 알맞은 것을 고르십시오.**

1 라디오로 사람들의 다양한 (   )을/를 들으면 재미도 있고 배우는 것도 있다.
   ① 목소리   ② 고생   ③ 추억   ④ 사연

2 이 식당은 주인이 음식 솜씨가 좋아서 (   )이/가 잘 된다.
   ① 장사   ② 매출   ③ 매매   ④ 수입

3 좋아하는 음식만 먹지 말고 (   ) 먹어야 한다.
   ① 죄수   ② 선수   ③ 골고루   ④ 따로따로

4 그 작가는 (   )이 되는 좋은 글을 많이 남겼다.
   ① 유감   ② 소감   ③ 귀감   ④ 반감

5 제가 가장 (   ) 생각하는 물건은 부모님이 남겨 주신 이 그림입니다.
   ① 신중히   ② 소중히   ③ 간신히   ④ 영원히

● **[6~8] 다음 밑줄 친 부분과 의미가 비슷한 것을 고르십시오.**

6 학력 <u>중심</u> 사회의 사람들은 자신이 정말로 원하는 직업을 갖기가 힘들다.
   ① 속   ② 위주   ③ 바탕   ④ 가운데

7 우리는 힘들 때 서로 <u>의지할</u> 수 있는 친구입니다.
   ① 기댈   ② 부탁할   ③ 지지할   ④ 의심할

8 신청자가 없을 줄 알았는데 <u>의외로</u> 많아서 놀랐다.
   ① 상당히   ② 뜻밖에   ③ 도리어   ④ 여전히

● [9~10] 다음 밑줄 친 부분과 의미가 반대인 것을 고르십시오.

9   <u>흉년</u>으로 농산물 수확량이 떨어지자 농산물 값이 폭등하고 있다.

　　① 금년　　　　② 유년　　　　③ 원년　　　　④ 풍년

10 그 사람은 10년 넘게 남을 도와주는 <u>선행</u>을 해 왔다고 한다.

　　① 기행　　　　② 강행　　　　③ 악행　　　　④ 비행

● [11~13] 아래에서 알맞은 것을 골라 문장을 완성하십시오.

| -다 보니 | -도록 | (이)나마 |

11 가 영수 씨가 회의에 늦었다면서요?

　　나 그래도 _____ 참석했으니 다행이지요.

12 가 미나 씨 무슨 좋은 일 있어요? 얼굴이 아주 밝아졌어요.

　　나 요즘 춤을 배우고 있어요. 춤을 _____ 성격도 밝아졌네요.

13 가 고기는 어떻게 썰까요?

　　나 아이가 먹을 거니까 아이가 _____ 작게 썰어 주세요.

체크하기 ✓

1 다음은 이 과에서 배운 어휘들입니다. 알고 있는 어휘에 ✓해 봅시다.

☐ 중심	☐ 양민	☐ 임금님
☐ 부를 쌓다	☐ 장사	☐ 널리
☐ 재산	☐ 흉년	☐ 선행
☐ 기부하다	☐ 굶다	☐ 귀감
☐ 칭송	☐ 털다	☐ 소중히
☐ 의지하다	☐ 골고루	☐ 실천하다
☐ 명부	☐ 지도층	☐ 정신을 높이 사다
☐ 사연	☐ 의외	☐ 출륙 금지

2 다음 ( ) 안에 들어갈 표현을 알고 있는지 ✓하고 써 봅시다.

☐ 자꾸 (　　　　　) 정이 들었어요.
☐ 아이가 (　　　　　) 조용히 합시다.
☐ 바쁘게 (　　　　　) 하루가 금방 가는 것 같아요.
☐ 뒷자리에 앉은 사람도 (　　　　　) 크게 써 주세요.
☐ 이번 프로젝트가 (　　　　　) 다 같이 힘을 모읍시다.
☐ 짧은 시간이었지만 (　　　　　) 볼 수 있어서 만족합니다.
☐ 처음엔 김치가 맵기만 했는데 (　　　　　) 아주 맛있네요.
☐ 잘하지는 않지만 그래도 (　　　　　) 도움이 되고 싶습니다.
☐ 아무리 바빠도 차 한잔하면서 (　　　　　) 쉬는 시간을 가져야 한다.

3 다음 표 안의 문장을 읽고 할 수 있는 정도에 따라 상·중·하에 ✓해 봅시다.

	상	중	하
'나눔을 실천한 삶'의 내용에 대해 말할 수 있다.			
'나눔을 실천한 삶'에서 배운 어휘와 문법을 사용하여 말할 수 있다.			
'나눔을 실천한 삶'을 통해 한국 역사를 이해하는 데 도움이 되었다.			

출룩 금지

　15세기에 국가는 제주 사람들에게 말, 감귤, 전복, 미역, 약재 등을 바치도록 요구하면서 노동과 세금도 강요했습니다. 한라산 중간 지역을 말을 키우는 목장으로 만들어 농사를 못 하게 했기 때문에 제주 사람들은 해변 지역의 일부 땅에서만 농사를 지을 수 있었습니다. 여기에 흉년까지 심해지고 지방 세력가들마저 제주 사람들을 괴롭히자 이를 참다 못한 제주 사람들은 살기 위해 민란을 일으키거나 육지로 도망을 가기도 했습니다.

▲ 조선 시대 제주도

▲ 테우

　제주에서 도망 나오는 사람들이 많아지자 중앙 정부는 제주에 출륙 금지(육지로 나갈 수 없게 하는 제도)를 내렸고 돛을 단 배를 탈 수 없게 하였습니다. 배에 돛을 달지 못하면 바람의 힘을 이용할 수 없기 때문에 멀리 나갈 수 없습니다. 그래서 제주 사람들은 가까운 바다에서 돛이 없는 테우를 이용하여 고기를 잡으며 살게 되었습니다. 출륙 금지는 제주를 고립시켜서 기술 발전이 어렵게 되었습니다. 그 대신 제주에는 육지와는 다른 제주 고유의 문화가 남게 되었습니다.

쉬어 가기

퀴즈? 퀴즈!

☐ 에서 인심 난다.

여유가 있어야 남을 도와줄 수 있다는 뜻입니다.

나는 어떤 사람?

❶ 옷을 잘 입는다.
예 → ❷
아니요 → ❸

❷ 꾸미는 것을 좋아한다.
예 → ❹
아니요 → ❺

❸ 눈치가 빠른 편이다.
예 → ❻
아니요 → ❼

❹ 약속을 잘 지킨다.
예 → ❺
아니요 → ❽

❺ 힘들어도 잘 참는다.
예 → ❼
아니요 → ❿

❻ 성격이 급하다.
예 → ⓬
아니요 → ❿

❼ 고집이 세다.
예 → ❾
아니요 → ⓫

❽ 공부하는 것을 좋아한다.
예 → ⓭
아니요 → ❾

❾ 계산이 빠르다.
예 → ⓰
아니요 → ⓮

❿ 첫눈에 반한 사람이 있다.
예 → ⓫
아니요 → ⓯

⓫ 남에게 시키는 것을 좋아한다.
예 → ⓮
아니요 → ⓰

⓬ 다른 사람을 잘 믿지 못한다.
예 → ⓯
아니요 → ⓮

⓭ 아이디어가 풍부하다.
예 → ⓰
아니요 → ⓮

⓮ 사랑을 위해 뭐든지 할 수 있다.
예 → ㉮
아니요 → ㉯

⓯ 불쌍한 사람을 잘 돕는다.
예 → ㉰
아니요 → ㉱

⓰ 만드는 것을 좋아한다.
예 → ㉲
아니요 → ㉳

 ㉮ 낙랑 공주
 ㉯ 웅녀
 ㉰ 김만덕
 ㉱ 궁예
 ㉲ 최무선
 ㉳ 영조

쉬어 가기 답: 곳간

제15과 시대를 뛰어넘은 사상가
– 정약용 이야기

1. 여러분이 알고 있는 사상이나 사상가가 있습니까?
2. 사상이 우리의 삶과 어떤 관계가 있을까요?

▲ 공자

▲ 마르크스

▲ 니체

이야기 상상하기

● 다음 그림의 내용을 상상한 후 이야기 순서대로 문장을 만드십시오.

상상하며 듣기

1 그림을 보고 이야기의 순서를 상상해 봅시다.

2 그림을 보면서 녹음을 듣고 이야기 순서대로 그림의 번호를 써 보세요.　　　　　Track 127

3 위의 순서에 맞게 이야기를 다시 구성해서 말해 보세요.

어휘

평등하다 to be equal | 平等 | 平等だ
당연하다 to be widely accepted | 当然 | 当然だ
불합리하다 to be irrational | 不合理 | 不合理だ
불공정하다 to be unfair | 不公平 | 不公正だ
개혁하다 to reform | 改革 | 改革する
천자문 Cheonjamun; Thousand Character Classic | 千字文 | 千字文
매형 brother-in-law | 姐夫 | 姉の夫
실용적이다 to be practical | 实用的 | 実用的だ
실학 Silhak; realist school of Confucianism | 实学 | 実学
성균관 Sungkyungwan National Academy | 成均馆 | 成均館
눈에 띄다 to become spotted | 显然可见, 映入眼帘 | 目につく
신임 trust | 信任 | 信任

건축 construction | 建筑 | 建築
비용 cost | 费用 | 費用
암행어사 secret royal inspector | 微服私访的御史, 暗行御史 | 暗行御史
부당하다 to be unfair | 不当 | 不当だ
이자 interest | 利息 | 利子
천주교 Roman Catholic | 天主教 | 天主教
질서 order | 秩序 | 秩序
귀담아듣다 to listen carefully | 仔细聆听 | 耳を傾けて聞く
부패 corruption | 腐败 | 腐敗
무능 incompetence | 无能 | 無能
편 volume (unit noun) | 篇 | 編
담기다 to be filled | 内含, 内蕴 | 込められる

> 생각하며 읽기

시대를 뛰어넘은 사상가

가 Track 128

모든 인간이 **평등하다**는 말은 오늘날 **당연하게** 받아들여집니다. 그러나 200년 전 조선에서는 생각조차 하기 힘든 말이었습니다. 그런 조선에 **불합리하고 불공정한** 것을 **개혁하여** 평등한 세상이 되는 것을 꿈꾸던 사람이 있었습니다.

나 Track 129

정약용은 경기도에서 지방 관리의 아들로 태어났습니다. 정약용은 네 살에 **천자문**을 익혔고 일곱 살에 시를 지었으며 열 살 이전에 자신의 시집을 만들 정도로 똑똑했습니다. 열여섯 살에는 서울에 사는 **매형**으로부터 서양의 **실용적인** 지식과 과학을 알게 된 후 **실학**에 관심을 갖고 많은 책을 읽었습니다. 그 후 **성균관**에 들어가 공부하던 정약용은 정조의 **눈에 띄어** 정조의 **신임**을 받았습니다.

다 Track 130

정약용은 정조가 사도 세자의 무덤에 갈 때 쉽게 강을 건널 수 있도록 여러 척의 배를 연결한 배다리를 만들었습니다. 또한 정조가 수원에 새로운 도시를 만들려고 할 때 그 일을 맡았습니다. 그는 무거운 돌을 쉽게 옮길 수 있는 거중기를 만들어 **건축** 기간과 건축 **비용**을 줄였고, 서양과 조선의 과학 기술을 이용하여 실용적인 성을 완성하였습니다.

▲ 수원화성

라 Track 131

정조는 경기 지방의 관리들이 백성들을 괴롭힌다는 소식을 듣고 정약용을 **암행어사**로 보냈습니다. 그들은 백성들이 **부당한** 세금을 내도록 하였으며, 관청의 곡식을 비싼 **이자**를 받고 빌려주는 방법으로 재산을 모았습니다. 그중 서용보는 국가의 땅을 자기 것으로 만들었는데, 정약용이 이 일을 정조에게 알리자 정조는 서용보를 먼 곳으로 유배를 보냈습니다.

마 Track 132

정조는 서학을 공부하여 실생활에 도움이 되도록 하려는 정약용 같은 실학자들을 아꼈습니다. 그러나 서용보와 가깝게 지내던 세력들은 서양에서 들어온 천주교가 조선의 질서를 어지럽게 한다며 실학자들을 잡아 가두고 죽이기도 하였습니다. 정조는 아끼던 정약용이 피해를 볼까 봐 서울에서 멀리 떨어진 곡산 지역의 관리로 보냈습니다.

바 Track 133

예전 관리들로 인해 곡산에서 백성의 난이 자주 일어났다는 것을 알게 된 정약용은 억울한 일을 당하는 백성의 말이라면 신분과 관계없이 모두 귀담아들었습니다. 그 후 모든 일을 처리할 때 공정하게 하였더니 곡산에서는 더 이상 백성의 난이 일어나지 않았고, 곡산은 2년 만에 부자 마을이 되었습니다. 정약용은 다시 서울로 돌아왔습니다.

▲ 정약용

사 Track 134

서울에 있는 관리들은 정약용을 계속 모함하였고, 이에 정약용은 관직을 내려놓고 고향으로 돌아왔습니다. 얼마 후 정약용을 지지해 주던 정조가 갑자기 죽자, 정약용은 강진으로 유배를 가게 되었습니다. 바뀌지 않는 세상을 안타까워하던 정약용은 유배지에서 다양한 글을 남겼습니다. 농민의 삶을 직접 경험하면서 농민을 위한 책을 쓰고, 관리의 부패와 무능함을 개혁할 수 있는 방법에 대한 책을 썼으며, 죽을 때까지 백성의 괴로움을 시로 남겼습니다.

아 Track 135

정약용은 시대를 뛰어넘은 사상가이자 개혁가였습니다. 그는 모두가 평등하고 자유롭게 능력을 펼치는 세상을 꿈꾸었습니다. 그가 남긴 500여 권의 책과 2,400여 편의 시에는 불합리한 것을 고쳐 백성이 잘사는 나라를 만들고 싶어 하던 그의 개혁 사상이 담겨 있습니다. 그의 사상은 지금 이 시대에도 큰 가르침을 줍니다.

내용 이해하기

1 무거운 돌을 쉽게 옮길 수 있도록 정약용이 만든 물건은 무엇입니까?

_____

2 정약용이 곡산에 간 이후로 더 이상 난이 일어나지 않았습니다. 그 이유는 무엇입니까?

_____

3 다음 중 정약용에 대한 설명으로 <u>틀린</u> 것을 고르십시오.

① 왕이 쉽게 강을 건널 수 있도록 배다리를 만들었습니다.
② 서양과 조선의 과학 기술로 실용적인 성을 완성했습니다.
③ 2년 만에 곡산을 부자 마을로 만들고 서울로 돌아갔습니다.
④ 관청의 곡식을 비싼 이자를 받고 빌려주어 재산을 모았습니다.

4 이 글의 내용과 같으면 ○, 다르면 × 하십시오.

(1) 정조가 죽은 후 정약용은 강진으로 유배를 가게 되었습니다. (   )
(2) 관리들의 모함이 계속되자 정약용은 관직을 내려놓았습니다. (   )
(3) 정약용은 유배지에서 500여 권의 책과 2,400여 편의 시를 남겼습니다. (   )

5 이 글의 내용에 맞게 빈칸에 알맞은 말을 쓰십시오.

> 정약용은 열여섯 살에는 (1) (   )에 관심을 갖고 많은 책을 읽었습니다.
> 그 후 (2) (   )에 들어가 공부하던 정약용은 정조의 (3) (   )
> 정조의 (4) (   )을/를 받았습니다.

내용 정리하기

● 녹음을 듣고 다음의 어휘를 사용하여 문단별로 요약해 보십시오.   Track 128-135

가 조선   새롭다   개혁하다   평등하다   세상   꿈꾸다   사람
_____

나 성균관   들어가다   공부하다   정약용   정조   눈에 띄다   신임을 받다
_____

다 정약용   거중기   건축 기간과 비용   줄이다   실용적인 성   완성하다
_____

라 정약용   서용보의 일   정조   알리다   정조   서용보   유배 보내다
_____

마 정조   정약용   피해   서울   떨어지다   곡산 지역의 관리   보내다
_____

바 정약용   모든 일   처리하다   공정하게 하다   곡산   백성의 난   부자 마을
_____

사 정조   갑자기 죽다   정약용   유배를 가다   유배지   많은 책과 시   쓰다
_____

아 정약용   불합리하다   고치다   백성   잘사는 나라   만들다   싶어 하다
_____

제15과 • 시대를 뛰어넘은 사상가 - 정약용 이야기   221

문형과 표현 익히기

1 조차

이미 어떤 상황은 포함되었고 그 이상의 상황이 더해짐을 나타내는 표현

(1) 목이 부어서 음식은 물론 **물조차** 마실 수 없어요.
(2) 그의 **어머니조차** 그 사람의 이야기를 믿지 않았다.
(3) 공기가 오염되어서 **숨조차** 마음대로 쉴 수 없어요.
(4) 그 일은 너무 창피해서 **생각조차** 하고 싶지 않아요.
(5) 그 사람은 편지는커녕 자기 **이름조차** 쓸 줄 모른다.

2 −(으)ㄹ까 봐

일어나지 않은 상황을 그럴 것 같다고 추측할 때 사용하는 표현

(1) 이번 시험에 **떨어질까 봐** 걱정이 됩니다.
(2) 약속 시간에 **늦을까 봐** 서둘러 택시를 탔습니다.
(3) 내일까지 이 일을 끝내지 **못할까 봐** 걱정입니다.
(4) 저녁에는 날씨가 **추워질까 봐** 옷을 따뜻하게 입고 나왔다.
(5) 오후에 비가 **올까 봐** 집에서 나올 때 우산을 챙겨 나왔습니다.

3 −았/었더니

과거에 한 일이 뒤 문장의 결과를 가지고 오는 원인이나 이유가 됨을 나타내는 표현

(1) 창문을 열어 놓고 **잤더니** 감기에 걸렸다.
(2) 시험공부를 열심히 **했더니** 점수가 잘 나왔어요.
(3) 안 마시던 우유를 **마셨더니** 배탈이 난 것 같아요.
(4) 일이 많아서 주말에도 못 **쉬었더니** 너무 힘드네요.
(5) 옷을 세탁기에 넣고 **빨았더니** 줄어들어서 입을 수 없게 됐다.

더 생각해 보기

(1) 조선의 관리들이 천주교를 믿는 사람들과 실학자들을 가두고 죽인 이유는 무엇일까요?

(2) 여러분이 암행어사가 된다면 어디에 가서 무엇을 하고 싶습니까? 그 이유는 무엇입니까?

(3) 여러분이 억울하게 유배를 떠나게 된다면 마음이 어떨까요? 그리고 오랫동안 있어야 할 그곳에서 무엇을 하겠습니까?

실력 다지기

- **[1~5] 다음 괄호에 알맞은 것을 고르십시오.**

    1 공동생활에는 (   )이/가 필요하니 규칙을 꼭 지키십시오.
       ① 갈등   ② 법칙   ③ 질서   ④ 혼란

    2 빈부 격차가 심한 나라일수록 정치인들의 (   )이/가 심하다고 한다.
       ① 무시   ② 부패   ③ 부족   ④ 차이

    3 딸을 유학 보낸 어머니가 딸의 학업과 건강을 걱정하는 것은 (   ).
       ① 과도하다   ② 어울린다   ③ 지나치다   ④ 당연하다

    4 바구니에 과일이 가득 (   ) 있어서 혼자 들기에는 무겁네요.
       ① 고여   ② 서려   ③ 담겨   ④ 맺혀

    5 잘못된 제도를 (   ) 모든 국민이 잘사는 나라로 만들어야 한다.
       ① 수리하여   ② 처리하여   ③ 변신하여   ④ 개혁하여

- **[6~8] 다음 밑줄 친 부분과 의미가 비슷한 것을 고르십시오.**

    6 강아지를 훈련시키는 <u>비용</u>이 생각보다 많이 들어가는 것 같다.
       ① 돈   ② 정가   ③ 물가   ④ 원가

    7 그 사람은 지금까지 바르게 살아왔기 때문에 사람들의 <u>신임</u>을 받고 있다.
       ① 누명   ② 짐   ③ 신뢰   ④ 불신

    8 직원을 뽑을 때 남자와 여자에게 <u>평등한</u> 기회를 줘야 한다.
       ① 특별한   ② 공평한   ③ 평범한   ④ 평평한

● **[9~10] 다음 밑줄 친 부분과 의미가 반대인 것을 고르십시오.**

9 정부가 대기업만 지원해 주는 것은 중소기업에게 <u>불공정한</u> 일이다.

　　① 공정한　　　② 떳떳한　　　③ 비겁한　　　④ 깨끗한

10 외국인 노동자라는 이유로 적은 임금을 주는 것은 <u>부당하다</u>.

　　① 부정하다　　② 정당하다　　③ 부족하다　　④ 적당하다

● **[11~13] 아래에서 알맞은 것을 골라 문장을 완성하십시오.**

| 조차 | -(으)ㄹ까 봐 | -았/었더니 |

11 가　요즘 바쁘신 거 같아요.

　　나　네, 회사 일이 너무 바빠서 밥 먹을 ＿＿＿＿＿＿＿＿＿＿ 없어요.

12 가　음식이 너무 많이 남은 거 아니에요?

　　나　손님이 많이 오셔서 음식이 ＿＿＿＿＿＿＿＿＿＿ 조금 더 시켰더니 남았네요.

13 가　어제는 몸이 안 좋아 보였는데 오늘은 괜찮은 거예요?

　　나　피곤해서 어젯밤에 일찍 ＿＿＿＿＿＿＿＿＿＿ 괜찮아졌어요.

체크하기 ✓

1 다음은 이 과에서 배운 어휘들입니다. 알고 있는 어휘에 ✓ 해 봅시다.

☐ 평등하다　　☐ 실학　　　☐ 이자
☐ 당연하다　　☐ 성균관　　☐ 천주교
☐ 불합리하다　☐ 눈에 띄다　☐ 질서
☐ 불공정하다　☐ 신임　　　☐ 귀담아듣다
☐ 개혁하다　　☐ 건축　　　☐ 부패
☐ 천자문　　　☐ 비용　　　☐ 무능
☐ 매형　　　　☐ 암행어사　☐ 편
☐ 실용적이다　☐ 부당하다　☐ 담기다

2 다음 (　) 안에 들어갈 표현을 알고 있는지 ✓ 하고 써 봅시다.

☐ 약속 시간에 (　　　　) 서둘러 택시를 탔습니다.
☐ 안 마시던 우유를 (　　　　) 배탈이 난 것 같아요.
☐ 시험공부를 열심히 (　　　　) 점수가 잘 나왔어요.
☐ 일이 많아서 주말에도 못 (　　　　) 너무 힘드네요.
☐ 그 일은 너무 창피해서 (　　　　) 하고 싶지 않아요.
☐ 목이 부어서 음식은 물론 (　　　　) 마실 수 없어요.
☐ 공기가 오염되어서 (　　　　) 마음대로 쉴 수 없어요.
☐ 저녁에는 날씨가 (　　　　) 옷을 따뜻하게 입고 나왔다.
☐ 오후에 비가 (　　　　) 집에서 나올 때 우산을 챙겨 나왔습니다.

3 다음 표 안의 문장을 읽고 할 수 있는 정도에 따라 상·중·하에 ✓ 해 봅시다.

문장	상	중	하
'시대를 뛰어넘은 사상가'의 내용에 대해 말할 수 있다.	상	중	하
'시대를 뛰어넘은 사상가'에서 배운 어휘와 문법을 사용하여 말할 수 있다.	상	중	하
'시대를 뛰어넘은 사상가'를 통해 한국 역사를 이해하는 데 도움이 되었다.	상	중	하

더 알아보기

실학과 정약용

조선의 지배적인 사상은 성리학이었습니다. 성리학에서는 세상의 모든 것에 차별과 등급이 있다고 하였습니다. 그래서 남자와 여자, 어른과 아이뿐만 아니라 왕과 신하, 평민과 천민처럼 모든 사람의 신분을 나누어 사회의 질서를 유지했습니다. 조선에서 성리학의 질서는 매우 중요했고, 모든 사람은 이 질서에 맞게 살아야 했습니다.

조선 후기에는 사회의 여러 곳에 변화가 생겼습니다. 서양 세력이 동양으로 진출하며 서양의 문물이 들어왔습니다. 이로써 중국을 중심으로 하는 질서가 약해지기 시작했습니다. 농업 생산력이 좋아지면서 땅을 가진 사람은 점점 부자가 되고 땅을 갖지 못한 사람은 점점 가난해지는 일이 생겼습니다.

이러한 변화에 따라 실학자들은 백성이 잘살고 부강한 나라를 만들기 위해서는 사회 곳곳에 개혁이 필요하다고 생각했습니다.

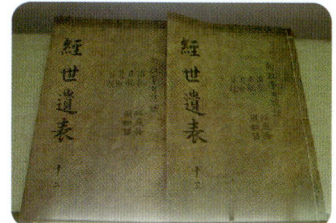
▲ 경세유표

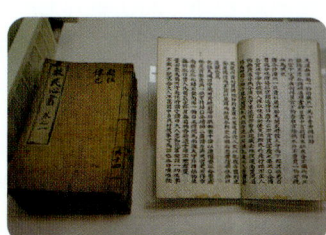
▲ 목민심서

▲ 정약용의 유배지 - 다산초당

대표적인 실학자인 정약용은 유배지에서 『경세유표』라는 책을 써서 정치, 경제, 사회, 군사 등 모든 면에서의 개혁 방법을 자세히 설명하였습니다. 또한 공정한 재판으로 억울한 백성이 생기지 않도록 『흠흠신서』를 지었으며, 백성을 위해 지방 관리가 해야 할 일을 정리하여 『목민심서』라는 책을 썼습니다.

이밖에 질병과 관련된 책인 『마과회통』, 기술의 발전을 장려하기 위한 『기예론』 등 500여 권의 책을 지었습니다.

쉬어 가기

퀴즈? 퀴즈!

끈 떨어진 ☐

의지하던 대상과 관계가 끊어졌을 때 사용합니다.

생각 뛰어넘기

케이크를 3번만 잘라서 8명이 사이좋게 나눠 먹어야 합니다.
크기가 같은 케이크 8조각을 만들어 보세요.

연표로 보는 조선 시대

조선 건국
1392

세종 즉위
1418

장영실 자격루 발명
1434

세종 한글 창제
1443

임진왜란 발발
1592

이순신 명량대첩
1597

출륙 금지
1629

사도 세자 사망
1762

김만덕 선행
1793

수원화성 완공
1796

정조 사망
1800

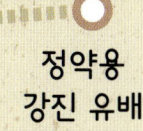

정약용 강진 유배
1801

부록

모범 답안
- 상상하며 듣기
- 내용 이해하기
- 내용 정리하기
- 실력 다지기

어휘 색인

자료 출처

모범 답안

1장 고조선 시대

제1과 쑥과 마늘 – 단군 이야기

상상하며 듣기

1. ④, ⑦, ③, ⑥, ②, ⑤

내용 이해하기

1. 쑥과 마늘
2. 좋은 남편을 찾아 달라고
3. ①
4. (1) × (2) ○ (3) ○
5. (1) 기원전 (2) 조선
   (3) 이롭게 (4) 지속되었다고

내용 정리하기

가. 쑥과 마늘은 한국인에게 떼려야 뗄 수 없을 정도로 친숙한 식물입니다. 음식으로도 먹고 약으로도 사용합니다.

나. 환웅은 인간 세상에 관심이 많았습니다. 전쟁으로 괴로워하는 인간을 보며 하늘나라에서 내려오기로 결심했습니다.

다. 환웅은 천부인을 받은 후 인간 세상에 내려와서 인간들에게 360여 가지 일을 가르치고 다스렸습니다. 그 결과 인간 세상은 평화로워졌습니다.

라. 곰과 호랑이는 인간이 되고 싶었습니다. 환웅은 그들에게 100일 동안 빛을 보지 말고 쑥과 마늘을 먹으라고 했습니다. 곰과 호랑이는 동굴에 들어갔습니다.

마. 쑥과 마늘은 쓰고 매웠습니다. 호랑이는 동굴 밖으로 뛰쳐나갔습니다. 삼칠일 후 곰은 여자가 되었습니다.

바. 여자가 된 곰은 결혼하고 싶어서 좋은 남편을 찾아 달라고 소원을 빌었습니다. 웅녀는 환웅과 결혼하여 아들을 얻었습니다. 이 아들이 단군왕검입니다.

사. 단군은 기원전 2333년에 아사달을 수도로 하는 조선을 세웠습니다. 모든 인간을 이롭게 하겠다는 생각으로 나라를 다스렸습니다.

아. 쑥과 마늘은 먹기에 괴롭지만 몸에 이롭습니다. 어려움이 있더라도 포기하지 말고 이겨 내라는 의미가 쑥과 마늘에 있는 건 아닐까요?

실력 다지기

1. ④   2. ③
3. ①   4. ②
5. ①   6. ④
7. ③   8. ②
9. ①   10. ③
11. 오더라도   12. 배우고자
13. 운동하려야 할 수 없어요.

2장 삼국 시대

제2과 백발백중 – 주몽 이야기

상상하며 듣기

1. ③, ⑥, ②, ⑦, ④, ⑤

내용 이해하기

1. 개와 돼지에게 주었습니다.
2. 활을 잘 쏘는 사람
3. ②
4. (1) ○ (2) ○ (3) ○
5. (1) 눈치채고 (2) 탈출한
   (3) 현인 (4) 통합하며

내용 정리하기

가. 예상하거나 계획한 일이 틀림없이 맞으면 백발백중이라고 합니다. 백발백중은 백 개의 화살을 쏘아 과녁에 모두 맞추는 것입니다.

나. 유화는 물의 신의 딸인데, 결혼도 하지 않고 임신해서 쫓겨났습니다. 금와왕은 유화가 불쌍해서 궁으로 데려갔습니다.

다. 유화는 큰 알을 낳았습니다. 금와왕은 그 알을 개와 돼지에게 주었지만 개와 돼지는 피해 다녔습니다. 그래서 유화에게 알을 돌려주었습니다.

라 유화는 알을 정성껏 돌봐 주었습니다. 알을 깨고 남자아이가 나왔습니다. 사람들은 활을 잘 쏘는 사람이라는 뜻으로 주몽이라 불렀습니다.

마 금와왕의 아들들은 주몽을 두려워해서 주몽을 죽일 계획을 세웠습니다. 유화는 그 계획을 눈치채고 주몽에게 떠나라고 했습니다.

바 왕자들이 군사를 데리고 뒤쫓아 왔습니다. 물고기와 자라들이 다리를 만들어 주어서 주몽은 강을 건널 수 있었습니다.

사 주몽은 부여를 탈출한 후 현인들과 함께 졸본으로 가서 고구려를 세웠습니다. 주변의 국가를 통합하며 나라를 키웠습니다.

아 주몽은 그를 시기하는 사람들에게 괴롭힘을 당하고 죽을 뻔했습니다. 주몽을 도와주는 사람이 없었다면 고구려를 세우지 못했을 겁니다.

실력 다지기

1 ①   2 ③
3 ③   4 ②
5 ①   6 ④
7 ①   8 ④
9 ①   10 ①
11 있는가   12 있고 해서
13 울 뻔했어요.

제3과 부러진 칼 – 유리왕 이야기

상상하며 듣기

1 ⑦, ②, ⑥, ⑤, ③, ④

내용 이해하기

1 부러진 칼
2 주춧돌 위의 소나무 기둥
3 ③
4 (1) ✕ (2) ○ (3) ○

5 (1) 부러진 (2) 반쪽
  (3) 훗날   (4) 이어

내용 정리하기

가 어떤 사람은 문제가 있으면 피하려고 하고 어떤 사람은 쉽게 포기합니다. 고구려에는 문제를 끝까지 풀어서 왕이 된 사람이 있습니다.

나 주몽은 급히 부여를 떠나야 했습니다. 예씨 부인은 주몽에게 임신했다는 것을 말했습니다. 주몽은 증표를 숨겨 놓고 떠났습니다.

다 예씨 부인은 아들을 낳고 이름을 유리라고 지었습니다. 유리는 주몽을 닮아서 활을 잘 쏘았습니다.

라 유리는 새총으로 어느 부인의 물 항아리를 깼습니다. 그 부인은 아버지 없는 자식이라고 유리를 꾸짖었습니다. 이 말은 유리에게 무척 충격이었습니다.

마 유리는 아버지가 궁금했습니다. 예씨 부인은 유리에게 아버지가 숨겨둔 증표를 찾아 아버지에게 가라고 했습니다.

바 일곱 모가 난 주춧돌 위의 기둥은 소나무였습니다. 유리는 그 틈에서 부러진 칼을 찾았습니다.

사 유리는 주몽을 만나 부러진 칼을 맞추어 보았습니다. 훗날 유리는 주몽의 뒤를 이어 고구려 왕이 되었습니다.

아 부러진 칼은 주몽의 아들이라는 것을 증명하는 열쇠입니다. 유리는 산과 계곡을 돌아다녔지만 열쇠는 집 안에 있었습니다.

실력 다지기

1 ②   2 ②
3 ①   4 ③
5 ④   6 ④
7 ④   8 ③
9 ③   10 ①
11 배우다가 12 그리던
13 남아 있는

제4과 눈먼 사랑 - 낙랑 공주 이야기

상상하며 듣기

1   ⑤, ②, ④, ⑦, ③, ⑥

내용 이해하기

1   적이 나타나면 스스로 소리를 내는 북과 뿔피리
2   아버지에게 인정받고 싶어서
3   ③
4   (1) ○   (2) ✕   (3) ○
5   (1) 고민   (2) 찢고
    (3) 부수었습니다   (4) 공격했습니다

내용 정리하기

가 사랑은 아름답기 때문에 사람들은 사랑받고 싶어 하고 사랑하고 싶어 합니다. 그러나 사랑 때문에 모든 것을 잃어버린 여자가 있습니다.

나 고구려 남쪽에 있는 낙랑국의 왕은 호동이 마음에 들어서 궁으로 초대했습니다.

다 낙랑국의 왕은 호동을 사위로 삼고 싶어서 공주에게 소개했습니다. 공주는 호동에게 첫눈에 반해서 호동과 결혼했습니다.

라 호동은 아버지에게 낙랑국의 보물 이야기를 했습니다. 이 보물은 적이 나타나면 스스로 소리를 내는 북과 뿔피리입니다.

마 호동은 아버지에게 인정받고 싶었습니다. 공주에게 사람을 보내서 낙랑의 보물을 없애면 왕자비가 될 수 있다고 했습니다.

바 낙랑 공주는 북을 찢고 뿔피리를 부수었습니다. 대무신왕은 낙랑을 공격했습니다. 낙랑국의 왕은 공주를 죽이고 고구려에 항복했습니다.

사 대무신왕의 왕비는 호동을 모함했습니다. 대무신왕은 호동에게 벌을 주려고 했습니다. 호동은 사랑도 잃고 인정도 못 받게 되어 스스로 목숨을 끊었습니다.

아 낙랑 공주와 호동 왕자는 사랑과 욕심에 눈이 멀어 모든 것을 잃고 목숨마저 잃었습니다.

실력 다지기

1   ④   2   ②
3   ①   4   ③
5   ①   6   ②
7   ①   8   ④
9   ③   10 ②
11 그랬다가   12 거울로 삼으면
13 부모님마저

제5과 생각하기 나름 - 원효 대사 이야기

상상하며 듣기

1   ④, ⑦, ⑤, ②, ⑥, ③

내용 이해하기

1   비도 피할 겸 잠도 자고 갈 겸해서
2   해골에 고인 썩은 물을 마셨기 때문에/더러운 물을 마셨기 때문에
3   ②
4   (1) ○   (2) ○   (3) ○
5   (1) 더듬거리다가   (2) 벌컥벌컥
    (3) 해골   (4) 썩은

내용 정리하기

가 같은 길이라도 사랑하는 사람과 함께하는 길은 짧게 느껴집니다. 이렇게 상황은 바뀌지 않았지만 전혀 다르게 느껴질 때가 있습니다.

나 원효 스님은 여러 스승을 통해 불교를 공부하고 깨닫는 것에 기쁨을 느꼈습니다. 원효 스님은 배움을 얻기 위해 당나라로 떠났습니다.

다 원효 스님은 산 속에서 큰비를 만났습니다. 스님은 비를 피할 겸 자고 갈 겸 해서 동굴에 들어갔고, 피곤해서 바로 잠들었습니다.

라 목이 말라서 잠이 깬 원효 스님은 주변을 더듬거리다 물그릇을 찾아서 그 물을 벌컥벌컥 마셨습니다. 다음날 원효 스님은 깜짝 놀랐습니다.

마 원효 스님은 깨달음을 얻고 발길을 돌려 신라에 돌아왔습니다. 그리고 모든 것은 생각하기에 달려 있다는 것을 사람들에게 알렸습니다.

바 신라의 왕은 스님에게 딸을 소개했습니다. 공주는 임신을 했고 스님은 하늘을 받칠 기둥이 만들어졌다고 생각하며 궁을 나왔습니다.

사 원효 스님은 백성들과 함께 노래하며 춤을 췄습니다. 그 후 모든 백성들이 나무아미타불을 외우게 되었고 온 나라에 불교가 퍼지게 되었습니다.

아 불쾌한 일을 경험했을 때 그 일을 다른 시선으로 바라보고자 노력한다면 불쾌한 일도 우리를 성장시키는 밑거름이 될 수 있습니다.

실력 다지기

1 ①   2 ②
3 ①   4 ④
5 ②   6 ③
7 ④   8 ①
9 ④   10 ③
11 소화시킬 겸   12 났다니
13 해석하기 나름이에요.

3장 고려 시대

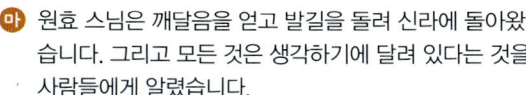

제6과 억울한 누명 - 왕건 이야기

상상하며 듣기

1 ㉮, ㉯, ㉰, ㉱, ㉲, ㉳

내용 이해하기

1 관심법
2 "굽히지 않으면 위험합니다."
3 ④
4 (1) ○ (2) ○ (3) ×
5 (1) 포악함   (2) 쳐들어왔습니다

(3) 바쳤고   (4) 통일된

내용 정리하기

가 억울한 누명을 썼다면 참을 수 있을까요? 역사에는 이러한 위기를 지혜롭게 벗어나 왕이 된 사람이 있습니다.

나 800년대 후반에 신라의 힘이 약해졌을 때 신라의 왕족 궁예는 세력을 모아 나라를 세웠습니다.

다 궁예는 왕륭과 왕건에게 관직을 주었고 왕건은 궁예의 장군이 되어 신라와 전쟁을 하였습니다.

라 왕건은 승리한 지역의 백성들을 잘 다스렸지만 궁예는 그 지역의 백성들을 모두 잔인하게 죽였습니다.

마 궁예의 성격은 점점 포악해지고 관심법을 이유로 사람들을 죽였습니다. 심지어 부인과 아들까지도 죽였습니다.

바 궁예는 왕건이 자신을 배신하고 왕이 되려고 한다고 말했습니다. 왕건은 억울했지만 자신을 굽히고 목숨을 구할 수 있었습니다.

사 백성들은 왕건을 왕으로 모시고 궁예를 죽였습니다. 왕건은 통일된 나라인 고려를 세웠습니다.

아 왕건은 억울했지만 자신을 굽혔기 때문에 죽음을 피하고 훗날 왕이 될 수 있었습니다.

실력 다지기

1 ④   2 ②
3 ④   4 ③
5 ①   6 ②
7 ①   8 ③
9 ①   10 ④
11 아는 척했어요   12 일해 온
13 더워지자

제7과 나를 믿어 주는 사람
- 공민왕과 노국 공주 이야기

상상하며 듣기

1 ㉮, ㉯, ㉰, ㉱, ㉲, ㉳

내용 이해하기

1 원나라의 간섭으로 왕이 자주 바뀌고 신하들도 세력 다툼을 계속했기 때문에

2 나라의 모든 죄수를 풀어 주었습니다.

3 ③

4 (1) ○   (2) ○   (3) ×

5 (1) 사방   (2) 둘러싸여
　(3) 지지해 주던   (4) 펼칠

내용 정리하기

㉮ 만약 나를 믿고 지지해 주는 사람이 단 한 명이라도 있다면 희망을 가지고 뜻을 펼칠 수 있겠지요?

㉯ 고려 말에는 왕권이 매우 약했습니다. 고려의 왕자는 어릴 때부터 원의 풍습을 익히고 원의 공주와 결혼을 해야 했습니다.

㉰ 왕자 기는 끌려온 고려인들의 비참한 생활을 보며 고려를 강한 나라로 만들겠다고 결심했습니다. 그래서 노국 공주와 결혼하였고 고려의 왕이 되었습니다.

㉱ 공민왕은 원의 세력을 쫓아내고 새로운 인재를 뽑았습니다. 노국 공주는 공민왕이 왕권을 강화하는 데에 힘을 실어 주었습니다.

㉲ 공민왕의 노력에도 불구하고 홍건적과 왜구가 쳐들어와 국력이 약해졌고 친원 세력들은 공민왕을 죽이려고 했습니다. 그때마다 노국 공주가 공민왕을 도왔습니다.

㉳ 두 사람은 15년 만에 아이가 생겼습니다. 공민왕은 노국 공주가 아이를 잘 낳기를 빌며 모든 죄수를 풀어 주었지만 노국 공주는 아이를 낳다가 아이와 함께 죽고 말았습니다.

㉴ 충격을 받은 공민왕은 공주가 살아 있는 것처럼 공주의 그림 앞을 떠나지 않았습니다. 공주를 잃은 슬픔에 나라를 돌보지 않던 공민왕은 신하들에게 죽임을 당했습니다.

㉵ 공민왕은 사방이 적으로 둘러싸여 있었지만 든든하게 지지해 주는 노국 공주가 있었기 때문에 뜻을 펼칠 수 있었습니다. 하지만 공주가 죽은 후 결국 죽음을 맞게 되었습니다.

실력 다지기

1 ④   2 ③
3 ①   4 ②

5 ③   6 ①
7 ④   8 ④
9 ①   10 ④
11 떨어뜨리고 말았어요   12 공부했는데도 불구하고
13 선배이자

제8과 대를 이은 열정 - 최무선 이야기

상상하며 듣기

1 ⑥, ②, ④, ⑤, ⑦, ③

내용 이해하기

1 왜구

2 화약을 만드는 기술

3 ①

4 (1) ×   (2) ○   (3) ○

5 (1) 불꽃놀이   (2) 화약
　(3) 물리칠   (4) 무기

내용 정리하기

㉮ 모든 사람이 할 수 없다고 하는 일에 일생을 바친 사람이 있습니다. 그리고 그 열정은 아들과 손자에게까지 이어졌습니다.

㉯ 최무선의 아버지에게 왜구는 골칫거리였습니다. 최무선은 아버지의 걱정을 덜어 드릴 수 있는 방법에 대해 늘 생각했습니다.

㉰ 최무선은 사람들에게 화약을 직접 만들고 무기도 개발하여 왜구를 물리쳐야 한다고 이야기했습니다.

㉱ 최무선은 밤낮으로 실험하고 연구하여 화약을 만들고 (화약으로 무기를 만드는 기구인) 화통도감을 설치하였습니다.

㉲ 왜구들이 500척의 배를 이끌고 왔을 때 최무선은 100척의 배를 이끌고 가서 왜구의 배를 모두 불태웠습니다.

㉳ 최무선은 어린 아들에게 화약과 무기에 관한 책을 써서 남기고 70세의 나이로 세상을 떠났습니다.

최무선의 아들과 손자는 그의 뜻을 이어 화약과 무기 연구에 일생을 바쳤습니다.

 최무선의 열정은 아들과 손자에게 이어졌습니다. 최무선의 꿈대로 백성들은 평화롭게 살 수 있었습니다.

실력 다지기

1 ① 2 ②
3 ④ 4 ③
5 ④ 6 ②
7 ③ 8 ①
9 ③ 10 ④
11 친절하실 뿐만 아니라 12 데이트는커녕
13 김치야말로

제9과 지워지지 않는 핏자국
- 정몽주 이야기

상상하며 듣기

1 ②, ③, ④, ⑤, ⑥, ⑦

내용 이해하기

1 사신으로 가면 죽을 것이 뻔하기 때문에
2 선죽교
3 ②
4 (1) ○ (2) ○ (3) ○
5 (1) 사신 (2) 인품
  (3) 학식 (4) 대접하고

내용 정리하기

 정몽주는 자신이 옳다고 생각하는 신념을 지키기 위해 목숨까지 버렸습니다.

 정몽주는 인재로 뽑혀 나라의 일을 맡았습니다. 그러나 공민왕이 죽자 친원 세력들은 정몽주를 먼 곳으로 유배를 보냈습니다.

 친원 세력들은 정몽주를 일본에 사신으로 보냈습니다. 일본인들은 정몽주의 인품과 학식에 감동하여 정몽주를 잘 대접하고 고려인들도 풀어 주었습니다.

 정몽주는 고려를 침략한 왜구와 싸우는 장군들을 도왔습니다. 그리고 이성계와 왜구를 물리치면서 서로에 대한 믿음을 쌓았습니다.

 친원 세력들은 정몽주를 명나라에 사신으로 보냈습니다. 정몽주는 뛰어난 외교력으로 두 나라의 관계를 개선시켰습니다.

 이성계는 군대를 돌려 궁으로 돌아왔습니다. 그리고 우왕과 창왕을 쫓아냈습니다. 이성계는 자신과 사돈 관계인 왕요를 왕으로 세웠습니다.

 이방원은 술자리에서 정몽주에게 달콤한 제안을 했습니다. 정몽주의 생각이 바뀌지 않자 사람을 보내서 정몽주를 죽였습니다.

 정몽주에게 있어서 옳지 않은 것과 타협하는 것은 죽는 것만 못한 것이었습니다. 그는 조선 시대 사상에 많은 영향을 준 인물로 남게 됩니다.

실력 다지기

1 ② 2 ③
3 ① 4 ④
5 ① 6 ①
7 ④ 8 ②
9 ③ 10 ②
11 직접 보고 사는 것만 못해요
12 뉴스를 통해 13 살다시피

4장 조선 시대

제10과 백성을 사랑한 왕 - 세종 대왕 이야기

상상하며 듣기

1 ⑤, ⑦, ②, ④, ③, ⑥

내용 이해하기

1 어질고 총명해서
2 백성을 가르치는 바른 소리
3 ①
4 (1) × (2) ○ (3) ○
5 (1) 지원했습니다 (2) 제도
  (3) 이웃 (4) 귀화하기도

내용 정리하기

가 한글은 누가, 언제, 어디에서, 어떻게 만들었는지 알 수 있고 대중적으로 사용되는 유일한 문자입니다.

나 세종은 태종 이방원의 셋째 아들로 어릴 때부터 책 읽기를 무척 좋아했습니다.

다 세종이 어질고 총명해서 왕과 신하들은 모두 세종이 왕이 되기를 바랐습니다.

라 세종은 노비, 고아, 죄수, 노인 등 백성들을 위해 여러 가지 정책을 만들었습니다.

마 세종은 글을 모르는 백성들을 안타깝게 여겨 유교에 대한 내용을 그림으로 그려 백성들이 알게 하였습니다.

바 세종은 백성들이 쉽게 배우고 쉽게 쓸 수 있는 28개의 글자를 만들었습니다.

사 세종은 반대하는 신하들을 크게 꾸짖고 훈민정음을 이해할 수 있도록 설명을 달아 백성들에게 알렸습니다.

아 사람들은 세종을 최고의 왕이라는 뜻으로 세종 대왕이라 부릅니다.

실력 다지기

1 ①   2 ②
3 ④   4 ③
5 ④   6 ③
7 ①   8 ②
9 ④   10 ③
11 가곤 해요   12 하는 데에
13 투표에 의해서

제11과 홀연히 사라진 천재 과학자
- 장영실 이야기

상상하며 듣기

1 ②, ⑥, ⑦, ④, ③, ⑤

내용 이해하기

1 장영실은 가장 낮은 신분인 노비였기 때문
2 장영실이 멀리 있는 곳의 물을 끌어다가 논밭에 줄 수 있는 시설을 만들었기 때문
3 ④
4 (1) ○ (2) ○ (3) ×
5 (1) 물려받는 (2) 좌우했습니다
  (3) 벗어날 (4) 뛰어넘었습니다

내용 정리하기

가 신분은 부모로부터 물려받는 것으로 그 사람의 일생을 좌우했습니다. 신분은 쉽게 벗어날 수 있는 것이 아니었습니다. 그런데 장영실은 신분 제도를 뛰어넘었습니다.

나 장영실은 동래현에서 일하는 노비였습니다. 노비는 낮은 신분이기 때문에 장영실에 대한 기록이 많지 않습니다.

다 가뭄으로 백성들이 고통을 당할 때 장영실은 멀리 있는 물을 끌어다가 논밭에 줄 수 있는 시설을 만들었습니다.

라 세종은 장영실을 중국에 보내 천문 기기의 모양을 익혀 오라고 했습니다.

마 장영실은 천문 기기를 만든 공을 인정받아 노비 신분을 벗어날 수 있었습니다. 그 후 수동 물시계를 개선하여 관직을 받았습니다.

바 세종은 스스로 시간을 알리는 시계를 만들라고 했습니다. 장영실은 중국과 아라비아의 물시계를 비교하고 연구하여 자동 물시계를 만들었습니다.

사 장영실은 가마에 문제가 있는 것을 발견했지만 조순생의 말을 듣고 고치지 않았습니다. 그런데 가마가 부서지는 바람에 관직을 빼앗기고 역사의 기록에서 홀연히 사라졌습니다.

아 장영실은 조선의 농업과 과학의 발전에 큰 도움을 주었습니다. 노비 신분이었지만 자신의 능력으로 신분의 한계를 뛰어넘었습니다.

실력 다지기

1 ①   2 ②
3 ③   4 ①
5 ④   6 ④
7 ②   8 ③
9 ②   10 ①
11 한국 요리를 비롯하여   12 오는 바람에
13 사다가

제12과 나라를 구한 영웅 - 이순신 이야기

상상하며 듣기

1 ⑦, ⑤, ④, ②, ⑥, ③

내용 이해하기

1 거북선
2 "나의 죽음을 말하지 말라."
3 ②
4 (1) ×   (2) ○   (3) ×
5 (1) 무너질   (2) 성공할
   (3) 명장   (4) 지도력

내용 정리하기

가 조선의 명장 이순신은 리더의 지도력이 얼마나 중요한지 보여 준 사람입니다.
나 이순신은 군사들을 훈련시키고 거북선을 만드는 등 전쟁을 대비했습니다.
다 도요토미 히데요시는 20여만 명의 군사를 이끌고 부산을 침략했습니다. 조선의 수도는 20일 만에 침략당했습니다.
라 이순신은 10여 차례 싸워서 모두 이겼고 일본군에게 두려운 존재가 되었습니다.
마 일본은 거짓 정보를 흘렸고 조선의 왕은 이순신에게 백의종군을 명령했습니다.
바 이순신은 12척의 배로 명량 앞바다에서 10배가 넘는 130여 척의 배와 싸워 이겼습니다.
사 이순신이 총에 맞았지만 그의 죽음을 모르는 군사들은 끝까지 싸워 이겼습니다.
아 이순신은 일본에서뿐만 아니라 전 세계에서도 인정받는 뛰어난 명장으로 꼽힙니다.

실력 다지기

1 ④   2 ②
3 ④   4 ③
5 ①   6 ③
7 ④   8 ②
9 ③   10 ③
11 화해해 봤자   12 있는 한
13 결과에 따라서

쉬어 가기

❶❶명	량	❷백	의	종	❷군
령		❸총			사
하				❸화	
다		❹지	❹도	력	
	❺성		망		❻❻승	리
❺총	공	격			진	
	하		❼대	비	하	다
	다				다	

제13과 뒤틀린 나무 - 사도 세자 이야기

상상하며 듣기

1 ⑥, ③, ⑦, ⑤, ②, ④

내용 이해하기

1 세금을 줄이고, 잔인한 벌을 없앴으며, 관리나 양반들이 백성들을 괴롭히지 못하게 했다.

2 사도 세자

3 ④

4 (1) ×   (2) ○   (3) ○

5 (1) 벌주기 위해   (2) 뒤주의 틈
   (3) 막아 버렸습니다   (4) 무더위

내용 정리하기

㉮ 심하게 뒤틀린 창경궁의 회화나무는 가슴 아픈 역사와 관계가 있습니다.

㉯ 영조는 훌륭한 왕이었습니다. 세금을 줄이고 잔인한 벌을 없앴고, 양반들이 백성들을 괴롭히지 못하게 했습니다.

㉰ 영조는 첫아들을 얻었지만 어린 나이에 죽었습니다. 두 번째 아들을 얻어서 기뻤습니다. 그 아들은 똑똑했습니다.

㉱ 이선은 활동적이어서 전쟁놀이를 좋아했습니다. 영조는 이선과 함께 전쟁놀이를 한 사람들을 죽였습니다. 이선은 충격을 받고 아버지를 무서워했습니다.

㉲ 이선은 신하를 잘 이끌지 못했습니다. 영조는 이선의 말을 듣지 않고 혼내기만 했습니다. 이로 인해 이선은 마음의 병을 얻었습니다.

㉳ 이선은 점점 폭력적으로 변했습니다. 자신의 단점만 말하는 신하들이 미워서 가만히 두지 않겠다고 했습니다. 신하들은 이선이 정신병에 걸려서 사람을 죽였다고 했습니다.

㉴ 영조는 이선을 벌주기 위해 뒤주에 가두었습니다. 이선은 물 한 모금 마시지 못한 채 괴로워하다가 8일 만에 죽었습니다. 영조는 이선을 사도 세자라고 했습니다.

㉵ 회화나무는 사도 세자가 괴로움에 몸을 비틀었던 것처럼 뒤틀린 모양을 하고 있습니다. 이는 사도 세자의 고통이 전해졌기 때문이 아닐까요?

실력 다지기

1 ①   2 ②
3 ④   4 ①
5 ④   6 ④
7 ①   8 ①
9 ③   10 ②
11 스마트폰으로 인해   12 못 한 채
13 울어 버렸어요

제14과 나눔을 실천한 삶 - 김만덕 이야기

상상하며 듣기

1 ③, ⑦, ④, ⑤, ②, ⑥

내용 이해하기

1 쌀 때 사고 비쌀 때 팔았습니다.

2 임금님이 계신 곳과 금강산을 보는 것

3 ①

4 (1) ×   (2) ○   (3) ○

5 (1) 선행   (2) 귀감
   (3) 소중히   (4) 높이 샀습니다

내용 정리하기

㉮ 조선은 남성 중심 사회입니다. 그런데 김만덕은 여자의 몸으로 부를 쌓고 자신의 재산을 기부하여 사람들로부터 칭송을 받았습니다.

㉯ 부모님이 사고로 돌아가셔서 의지할 곳 없는 김만덕을 한 기생이 데리고 가서 딸로 삼았습니다.

㉰ 김만덕은 관청에 자신의 사연을 이야기하고 양민이 되었습니다. 그 후 장사를 하여 큰 부자가 되었습니다.

㉱ 지속된 흉년으로 많은 사람이 굶어 죽었습니다. 김만덕은 전 재산을 털어 곡식을 산 후 골고루 나누어 줄 수 있도록 관청에 바쳤습니다.

마 정조는 관리에게 김만덕의 소원을 들어주라고 했습니다. 김만덕은 의외의 소원을 말했습니다. "임금님이 계신 곳과 금강산을 볼 수 있다면 죽어도 소원이 없겠습니다."

바 정조는 김만덕을 서울로 불렀고 금강산 관광도 할 수 있게 해 주었습니다. 그리고 제주로 돌아가는 김만덕에게 상을 주었습니다.

사 김만덕의 선행은 많은 사람들에게 귀감이 되었습니다. 유명한 학자들도 인간을 소중히 여기고 나눔을 실천한 김만덕의 정신을 높이 샀습니다.

아 김만덕은 출륙 금지가 있었지만 섬 밖으로 나가 왕을 만난 유일한 제주 여성입니다. 지금도 김만덕의 정신은 많은 사람들에게 귀감이 됩니다.

실력 다지기

1 ④
2 ①
3 ③
4 ③
5 ②
6 ②
7 ①
8 ②
9 ④
10 ③
11 늦게나마
12 추다 보니
13 먹을 수 있도록

제15과 시대를 뛰어넘은 사상가
- 정약용 이야기

상상하며 듣기

1 ③, ②, ⑤, ④, ⑦, ⑥

내용 이해하기

1 거중기
2 백성들의 말을 귀담아듣고 모든 일을 공정하게 처리해서
3 ④
4 (1) ○   (2) ○   (3) ○
5 (1) 실학   (2) 성균관
   (3) 눈에 띄어   (4) 신임

내용 정리하기

가 조선을 새롭게 개혁하여 평등한 세상이 되는 것을 꿈꾸던 사람이 있었습니다.

나 성균관에 들어가 공부하던 정약용은 정조의 눈에 띄어 정조의 신임을 받았습니다.

다 정약용은 거중기를 만들어 건축 기간과 비용을 줄였고 실용적인 성을 완성하였습니다.

라 정약용은 서용보의 일을 정조에게 알렸고 정조는 서용보를 유배 보냈습니다.

마 정조는 정약용이 피해를 볼까 봐 서울에서 멀리 떨어진 곡산 지역의 관리로 보냈습니다.

바 정약용이 모든 일을 처리할 때 공정하게 하였더니 곡산에서는 백성의 난이 일어나지 않았고 부자 마을이 되었습니다.

사 정조가 갑자기 죽자 정약용은 유배를 가게 되었고 유배지에서 많은 책과 시를 썼습니다.

아 정약용은 불합리한 것을 고쳐 백성들이 잘사는 나라를 만들고 싶어 했습니다.

실력 다지기

1 ③
2 ②
3 ④
4 ③
5 ④
6 ①
7 ③
8 ②
9 ①
10 ②
11 시간조차
12 적을까 봐
13 잤더니

어휘 색인

ㄱ

가두다	175
가리다	147
가마	161
가뭄	161
간섭	103
간절하다	15
감금	131
감싸다	31
감옥	147
개발하다	117
개선시키다	131
개혁하다	217
거듭되다	59
거북선	175
건축	217
걸치다	147
겨우	131
계곡	45
고아	147
고이다	73
고정하다	117
고통	15
곡식	15
곤장	161
곧다	189
골고루	203
골칫거리	117
공	131
공격하다	59
과녁	31
과연	59
관직	89
관청	161
괴롭다	15
괴롭힘	31
구역질	73
국방	15
국제 무역항	117
군대	131
군사	31
굵다	203
굽히다	89
귀감	203
귀담아듣다	217
귀하다	189
귀화하다	147
급히	45
기기	161
기둥	45
기록	161
기부하다	203
기생	161
기원전	15
깨닫다	73
꾸짖다	45
끌다	161
끌려오다	103

ㄴ

난을 일으키다	89
날개	31
낳다	31
널리	203
노비	147
논밭	161
농업	161
누명	89
눈높이	73
눈에 띄다	217
눈이 멀다	59
눈치채다	31
늘	117
늠름하다	59

ㄷ

다스리다	15
다툼	103
달다	147
달콤하다	131
담기다	217
당연하다	217
당하다	59
당해 내다	117
대비하다	175
대응하다	117
대접하다	131
더듬거리다	73
덜다	117
도끼	73
도대체	45
도둑	89
도망	175
돌보다	31
동굴	15
동반자	103
되찾다	131
두려워하다	31
둘러싸이다	103
뒤주	189

뒤틀리다 … 189	묶다 … 117	부패 … 217
드디어 … 117	물려받다 … 161	불공정하다 … 217
든든하다 … 103	물려주다 … 189	불교 … 73
듬뿍 … 189	물론 … 103	불꽃놀이 … 117
등장하다 … 15	물리치다 … 117	불만 … 189
떼다 … 15	밑거름 … 73	불심 … 73
뛰어넘다 … 161		불쌍하다 … 31
뛰쳐나가다 … 15		불쾌하다 … 73
뜻을 펼치다 … 103	**ㅂ**	불태우다 … 117
	바르다 … 147	불패 신화 … 175
	바위 … 45	불합리하다 … 217
ㄹ	바치다 … 89	비용 … 217
리더 … 175	반쪽 … 45	비참하다 … 103
	받치다 … 73	비추다 … 31
	발길을 돌리다 … 73	비틀다 … 189
ㅁ	발휘하다 … 175	빌다 … 15
마루 … 45	방해 … 189	빼앗기다 … 103
막다 … 189	배 … 175	뻔하다 … 131
망설이다 … 45	배신하다 … 59	뽑다 … 131
매형 … 217	백성 … 73	뿔피리 … 59
멸망하다 … 103	백의종군 … 175	
명부 … 203	벌벌 떨다 … 189	
명장 … 175	벌을 주다 … 59	**ㅅ**
모 … 45	벌컥벌컥 … 73	사돈 … 131
모금 … 189	벗 … 103	사방 … 103
모함하다 … 59	벗어나다 … 161	사상 … 131
목숨 … 59	변명 … 189	사신 … 131
몰래 … 147	병력 … 175	사연 … 203
무기 … 117	병풍 … 147	사위 … 59
무너지다 … 175	보물 … 59	사치스럽다 … 89
무능 … 217	부당하다 … 217	살인 … 89
무더위 … 189	부러지다 … 45	상황 … 73
무덤 … 103	부를 쌓다 … 203	새총 … 45
무조건 … 45	부수다 … 59	서자 … 59

어휘 색인 243

선행 ……… 203		익히다 ……… 161
설치하다 ……… 117	**ㅇ**	인재 ……… 103
성공하다 ……… 175	아라비아 ……… 161	인정받다 ……… 59
성균관 ……… 217	안심시키다 ……… 31	인품 ……… 131
성분 ……… 15	안타깝다 ……… 147	일생 ……… 117
성장 ……… 73	암행어사 ……… 217	임금님 ……… 203
세금을 걷다 ……… 89	양민 ……… 203	임신 ……… 31
세력 ……… 89	양반 ……… 189	잇다 ……… 45
소리치다 ……… 189	어질다 ……… 147	
소중히 ……… 203	억울하다 ……… 89	**ㅈ**
수동 ……… 161	얻다 ……… 15	
숨기다 ……… 45	엄격하다 ……… 189	자국 ……… 131
스님 ……… 73	없애다 ……… 59	자동 ……… 161
스스로 ……… 59	여기다 ……… 147	자라 ……… 31
스승 ……… 73	연구하다 ……… 117	자루 ……… 73
승리하다 ……… 89	열정 ……… 117	자식 ……… 59
승진하다 ……… 175	온 ……… 73	자신감 ……… 175
시기하다 ……… 31	옳다 ……… 131	잔인하다 ……… 89
시선 ……… 73	왕자비 ……… 59	장군 ……… 89
시설 ……… 161	왕족 ……… 89	장사 ……… 203
시조 ……… 31	왜구 ……… 103	재능 ……… 31
신념 ……… 131	외교력 ……… 131	재산 ……… 203
신분 ……… 147	요구하다 ……… 131	적 ……… 103
신임 ……… 217	위기 ……… 89	정성껏 ……… 31
신하 ……… 89	유교 ……… 147	정신병 ……… 189
싣다 ……… 103	유배 ……… 131	정신을 높이 사다 ……… 203
실용적이다 ……… 217	유일하다 ……… 147	정작 ……… 189
실천하다 ……… 203	육지 ……… 175	정책 ……… 147
실학 ……… 217	의외 ……… 203	제대로 ……… 189
실험하다 ……… 117	의지하다 ……… 203	제도 ……… 147
심지어 ……… 89	이끌다 ……… 117	제안 ……… 131
썩다 ……… 73	이롭다 ……… 15	제작 ……… 161
쑥 ……… 15	이웃 ……… 147	조상 ……… 161
	이자 ……… 217	조직 ……… 175

존재하다	59	총공격	175	**ㅎ**	
존중하다	59	총명하다	147		
좌우하다	161	출륙 금지	203	학식	131
죄수	103	충격	45	한계	161
주눅이 들다	189	충성하다	103	항복하다	59
주춧돌	45	치우다	147	항아리	45
줍다	89	친숙하다	15	해골	73
중심	203	침략	117	현인	31
증명하다	45	칭송	203	형벌	15
증표	45			혼란스럽다	15
지도력	175	**ㅌ**		홀연히	161
지도층	203			홍건적	103
지속되다	15	타협하다	131	화살을 쏘다	31
지원하다	147	탈출하다	31	화약	117
지지하다	103	털다	203	활	31
지치다	45	통로	103	활동적	189
지혜롭다	89	통일되다	89	훈련시키다	175
질병	15	통합하다	31	훌륭하다	189
질서	217	틈	45	훔치다	117
쫓겨나다	31			훗날	45
쫓아내다	131	**ㅍ**		흉년	203
				흘리다	175
ㅊ		퍼지다	73	희망	103
		편	217		
차이	175	평등하다	217		
참다	15	평화롭다	15		
척	117	포기하다	15		
천문학	161	포악해지다	89		
천백번	147	폭력적	189		
천자문	217	폭행	89		
천주교	217	표현하다	147		
첫눈에 반하다	59	피난	175		
쳐들어오다	89	피하다	45		
총	175				

자료 출처

1장 고조선 시대

제1과 쑥과 마늘 - 단군 이야기
- 단군왕검, 17p, 문화재청(Cultural Heritage Administraion)
- 요령식동검, 25p, 국립중앙박물관
- 고인돌(Korea-Ganghwado-Dolmen-02), 25p, Hairwizard91, CC BY 3.0
- 붉은간토기, 25p, 국립중앙박물관
- 쑥개떡, 26p, Republic of Korea https://www.flickr.com/photos/koreanet/16290788432/

2장 삼국 시대

제2과 백발백중 - 주몽 이야기
- 화살촉, 33p, 국립중앙박물관
- 광개토대왕복제비, 41p, 경기G뉴스
  https://gnews.gg.go.kr/news/news_detail.asp?number=201711031051227055C109
- 광개토대왕비탑본, 41p, 대한민국역사박물관

제3과 부러진 칼 - 유리왕 이야기
- 긴항아리, 46p, 국립중앙박물관
- 백제 금동대향로, 55p, 부여국립박물관(Buyeo National Museum)
  https://www.flickr.com/photos/koreanet/28392611396

제4과 눈먼 사랑 - 낙랑 공주 이야기
- 말띠꾸미개, 60p, 국립중앙박물관
- 동화책 '호동 왕자와 낙랑 공주' 표지, 69p, 비룡소, 작가 이흔
- 발레 〈왕자 호동〉 포스터, 69p, 국립발레단(ⓒKorean National Ballet)
- 오페라 '자명고' 포스터, 69p, 노블오페라단

3장 고려 시대

제7과 나를 믿어 주는 사람 - 공민왕과 노국 공주 이야기
- 이색 초상, 104p, 국립중앙박물관
- 이조년 초상, 104p, 국립민속박물관
- 공민왕릉, 105p, John Pavelka, CC BY 2.0 https://www.flickr.com/photos/28705377@N04/4630598679

제8과 대를 이은 열정 - 최무선 이야기
- 가정을묘천자총통, 119p, Kang Byeong Kee, CC BY 3.0

제9과 지워지지 않는 핏자국 - 정몽주 이야기
- 선죽교, 133p, Paju문화 관광

4장 조선 시대

제10과 백성을 사랑한 왕 - 세종 대왕 이야기
- 세종 대왕 동상, 148p, Camille Harang, CC BY-SA 3.0

제11과 홀연히 사라진 천재 과학자 - 장영실 이야기
- 장영실 동상, 162p, Himasaram, CC BY 3.0.
- 측우기, 163p, Gyeongmin Koh, CC BY-SA 4.0
- 갑인자, 171p, Jocelyndurrey, CC BY-SA 4.0
- 자격루, 171p, gapo, CC BY-SA 3.0

제13과 뒤틀린 나무 - 사도 세자 이야기
- 창경궁 회화나무, 190p, Seongbin Im, CC BY-SA 2.0
  https://www.flickr.com/photos/golbenge/15479993976
- 뒤주, 191p, 국립중앙박물관(National Museum of Korea)
- 탕평채, 199p, ayustety, CC BY-SA 2.0
  https://www.flickr.com/photos/ayustety/1396627883/

제14과 나눔을 실천한 삶 - 김만덕 이야기
- 제주삼읍도총지도(濟州三邑都摠地圖), 213p, 시도유형문화재 제14호, 국가문화유산포털
- 테우, 213p, HappyMidnight, CC BY-SA 3.0

제15과 시대를 뛰어넘은 사상가 - 정약용 이야기
- 경세유표, 227p, CC BY-SA 3.0
- 목민심서, 227p, Jocelyndurrey, CC BY-SA 4.0
- 다산초당, 227p, 문화재청

생동감 있는 음성과 번역이 함께하는 이야기책

역사 이야기로 배우는 한국어

김순례 지음

영어　중국어　일본어

- 생각하며 읽기
- 문형과 표현 익히기
- 더 알아보기

다락원

지은이 김순례
번역 Justin Chang, 卢鸿金, 吉本一, 中島仁
펴낸이 정규도
펴낸곳 (주)다락원

초판 1쇄 인쇄 2019년 1월
초판 2쇄 발행 2023년 6월
책임편집 이숙희, 백다흰, 박인경, 정은영
디자인 윤지영, 김희정
일러스트 윤병철, 다감인
녹음 신소윤, 김래환

🐧**다락원** 경기도 파주시 문발로 211, 10881
내용 문의 : (02)736-2031 내선 420~426
구입 문의 : (02)736-2031 내선 250~252
Fax : (02)732-2037
출판등록 1977년 9월 16일 제406-2008-000007호

Copyright ⓒ 2019, 김순례

저자 및 출판사의 허락 없이 이 책의 일부 또는 전부를 무단
복제·전재·발췌할 수 없습니다. 구입 후 철회는 회사 내규
에 부합하는 경우에 가능하므로 구입 문의처에 문의하시기
바랍니다. 분실·파손 등에 따른 소비자 피해에 대해서는
공정거래위원회에서 고시한 소비자 분쟁 해결 기준에 따라
보상 가능합니다. 잘못된 책은 바꿔 드립니다.

ISBN 978-89-277-3227-3 18710
      978-89-277-3150-4 (set)

http://www.darakwon.co.kr
http://koreanbooks.darakwon.co.kr

다락원 홈페이지를 방문하시면 상세한 출판 정보와 함께 MP3 자료 등
다양한 어학 정보를 얻으실 수 있습니다.

차례

| | 영어 번역 | 중국어 번역 | 일본어 번역 |

1장 고조선 시대

- **제1과** 쑥과 마늘 – 단군 이야기 .... 4 / 21 / 34

2장 삼국 시대

- **제2과** 백발백중 – 주몽 이야기 .... 5 / 21 / 35
- **제3과** 부러진 칼 – 유리왕 이야기 .... 6 / 22 / 36
- **제4과** 눈먼 사랑 – 낙랑 공주 이야기 .... 7 / 23 / 37
- **제5과** 생각하기 나름 – 원효 대사 이야기 .... 8 / 24 / 37

3장 고려 시대

- **제6과** 억울한 누명 – 왕건 이야기 .... 9 / 25 / 38
- **제7과** 나를 믿어 주는 사람 – 공민왕과 노국 공주 이야기
  .... 10 / 26 / 39
- **제8과** 대를 이은 열정 – 최무선 이야기 .... 11 / 26 / 40
- **제9과** 지워지지 않는 핏자국 – 정몽주 이야기 .... 12 / 27 / 41

4장 조선 시대

- **제10과** 백성을 사랑한 왕 – 세종 대왕 이야기 .... 14 / 28 / 42
- **제11과** 홀연히 사라진 천재 과학자 – 장영실 이야기 .. 15 / 29 / 43
- **제12과** 나라를 구한 영웅 – 이순신 이야기 .... 16 / 30 / 44
- **제13과** 뒤틀린 나무 – 사도 세자 이야기 .... 17 / 31 / 45
- **제14과** 나눔을 실천한 삶 – 김만덕 이야기 .... 18 / 32 / 46
- **제15과** 시대를 뛰어넘은 사상가 – 정약용 이야기 .... 19 / 32 / 47

Part 1 Stories of the Gojoseon era

Chapter 1

Mugwort and Garlic
– The Story of Dangun

생각하며 읽기 Thinking and Reading

    How often do you eat mugwort and garlic? To Koreans, mugwort and garlic are familiar plants that cannot be disassociated from Korean culture. Koreans eat mugwort and garlic for both food and medicine. So, historically, what meaning do mugwort and garlic convey for Koreans? To find out about the meaning, we need to know what happened some 5,000 years ago in Korea.

    Once upon a time, there was a king named Hwanin in the heavenly kingdom. Hwanin had a son named Hwanung, but Hwanung was only interested in the human world and was not interested in the heavens. What Hwanung saw in the world of humans was a world of chaos brought on by war. Watching humans in pain, Hwanung decided to go down to the human world.

    After Hwanung received the *Cheonbuin* a divine treasure comprised of a mirror, a sword, and a bell, from his father to rule the human world wisely, he brought 3,000 people, including Pungbaek, Unsa, and Usa, down to the human world. Hwanung ruled humans and taught them 360 things related to grain, punishment, disease, national defense, and education. The human world became peaceful after Hwanung came down.

    A bear and a tiger, which wanted to become humans, came to meet Hwanung after seeing that humans were living peacefully. Hwanung said the following words after giving them mugwort and garlic. "You will become human if you don't look at light for 100 days and eat only mugwort and garlic." The bear and the tiger took the mugwort and the garlic into a cave.

    In the dark, the bear and the tiger endured the taste and ate the bitter and spicy mugwort and garlic. After a few days, the tiger could not endure it, so he stormed out of the cave. However, the bear did not give up the hope of becoming a human. After a period called *Samchilil* (21 days), the bear realized that there was a change in its body, so it stepped out of the cave. When the bear looked at itself in the light, it realized that it had become a woman.

    The bear that became a woman wanted to get married and live happily. So she prayed to the heavens to find a good husband. After Hwanung heard her desperate wish, he married her. They had a son together. The son became a king, and people called him Dangunwanggeom.

    In 2333 B.C., Dangun chose Asadal as the capital city and founded Korea's first nation, Joseon. Dangun made rules and ruled the country with the philosophy of making it beneficial for all humans. Dangun's Joseon continued for 2,000 years.

    As you can see, mugwort and garlic appear in the beginning of the Korean history. But why did Hwanung make them eat mugwort and garlic? Mugwort and garlic, because of their bitter and spicy tastes, are quite distressful to eat. However, if you endure the taste and eat mugwort and garlic, the good ingredients are beneficial to the body. The bear endured the pain of tasting bitterness and spice and finally became human. Throughout history Koreans have endured many pains and distress just like the bear. So shall we assume that mugwort and garlic symbolize the fact that we can overcome any obstacles if we don't give up?

문형과 표현 익히기 Grammar and Expressions

1. **–(으)려야 –(으)ㄹ 수 없다**
   This expression is used when we are trying to conduct some action or movement, yet we can't achieve it.

2. **–고자**
   This expression is used when the preceding clause becomes the objective or the intent of the following clause.

3. **–더라도**
   This expression is used when the event in the following clause is achieved regardless of the assumed situation in the preceding clause.

더 알아보기 Let's Learn More about It

Joseon? Gojoseon?

    Korea's first nation was called Joseon. However, people called it Gojoseon. This is to distinguish the name from another Joseon, a country that was established later. For the first nation, we place 고(古), which means 옛날 (old), in front of Joseon to call it Gojoseon, and we just call the country that was set up later Joseon.

    The story of Dangunwanggeom is the founding myth of Gojoseon, which talks about a child of Hwanung from the heavens and a bear which became human. However, Gojoseon was an actual country. You can access information on Gojoseon in *Samguk yusa* (*Memorabilia of the Three Kingdoms*), which was written in the Goryeo era. In this book, it cites information from *Wiseo* to introduce the story of Gojoseon. Gojoseon also appears in the

Chinese scrolls called the *Hanseo jiriji*. Nevertheless, there isn't much information or sources on Gojoseon left in Korea. The reason is that although we have a long history, many history books were destroyed due to frequent invasions by neighboring countries.

Part 2 The Story of the Three Kingdoms

Chapter 2

The Perfect Archer
– The Story of Jumong

생각하며 읽기 Thinking and Reading

We call it *baekbalbaekjung* whenever our expectations and scheduled events are on point. The phrase *baekbalbaekjung*, when explained, means that "a hundred arrows were shot and all hundred arrows were on target." We are told that there was really someone who shot a hundred arrows and was able to hit the target every time in the past. Can *baekbalbaekjung* really be possible? Who is that person?

Once upon a time in Buyeo, there was a king named Geumwa. One day, King Geumwa met a woman crying in the southern section of the Taebaeksan Mountain. The woman told King Geumwa, "I am Lady Yuhwa, the daughter of the river god Habaek. I was expelled because I became pregnant before getting married. I am crying because I have nowhere to go." King Geumwa felt pity for Lady Yuhwa and took her to the palace as he heard that the father of the child was a prince from the heavens.

다

One day, a strange light shined on Lady Yuhwa's pregnant belly, and she gave birth to a big egg. King Geumwa was so shocked that he gave the egg to the dogs and pigs. However, the dogs and pigs avoided the egg, and the birds covered the egg with their wings to keep it warm. King Geumwa tried to crack the egg, but not a dent or scratch could be made on it. In the end, King Geumwa returned the egg to Lady Yuhwa.

Not long afterward, while Lady Yuhwa took care of the egg with utmost sincerity, a boy broke out of the egg. Even at a very early age, this boy knew how to make bows and shoot arrows. He was a deadshot archer, so every time he shot arrows, they hit the target perfectly. People called him Jumong, which meant "excellent archer."

Other sons of King Geumwa were afraid that Jumong, who was very talented, would become the next king and told King Geumwa that he should kill Jumong. To appease his sons, King Geumwa gave Jumong the task of raising horses, which was normally done by people of lower social status. However, King Geumwa's sons plotted to have Jumong killed. Lady Yuhwa, who was well aware of their plan, told Jumong "Son, the other princes want to kill you. You must leave here at once. Take your abilities and talents a land faraway and achieve great feats."

Jumong then left Buyeo with his close friends Oy, Mari, and Hyeopbo. When the princes found out that Jumong had fled, they followed him with their soldiers. When Jumong reached the river, he said, "I am the grandson of the god of river Habaek, and my father is the son of the heavens. I am being pursued by soldiers. What should I do?" Then, fish and terrapins rose from the river and made a bridge. Jumong was able to safely cross the river.

After escaping from Buyeo, Jumong met Jaesa, Mugol, and Mukgeo. Jumong found out that they were sages, so they went to Jolbon to create a country together. Jumong named the country Goguryeo, which meant "big and tall castle." He then combined other nearby countries to make the country bigger. Afterward, Goguryeo continued to exist for 700 years.

Jumong, the progenitor of Goguryeo, experienced many difficulties before establishing the country. He was harassed by people who were jealous of him, and he was almost killed. However, his mother and friends helped him. Although Jumong was a dead shot who could shoot arrows perfectly, he would not have established Goguryeo had he not received any help.

문형과 표현 익히기 Grammar and Expressions

1 –고 해서
This expression is used when there are many reasons, but you mention only one reason.

2 –(으)ㄴ/는가?
This expression is used when a person of higher social status or of older age asks someone of lower status by using honorifics.

3 –(으)ㄹ 뻔하다
This expression is used when a certain situation or state has almost been reached but hasn't happened in reality.

더 알아보기 Let's Learn More about It

The Boy from the Egg

It's impossible for a human being to come out of an egg, but you can find other stories of humans coming out of an egg in various legends all over the world. What does it mean? A round egg is similar to the sun in shape. Therefore, the human from the egg conveys the message that the person is from the heavens. Because the person from the egg receives authority and ability from the heavens, it is likely that the person has a different kind of mystique than an ordinary person. A person from an egg is not ordinary, so can we justify that person becoming a king to rule ordinary people in that era?

The story of the birth of Jumong and his founding of Goguryeo appears in various historical documents such as the Stele for Great King Gwanggaeto. There are other historical documents like *Samguk yusa (Memorabilia of the Three Kings)*, *Samguk sagi (History of the Three Kingdoms)*, *Dongguk tonggam*, and *Dongsagangmok* that describe the story.

In the Korean peninsula, other than Goguryeo, there were other countries, such as Baekje, Silla, and Gaya. Baekje was founded by Jumong's son while Silla and Gaya were independently founded in the southern east part of the Korean peninsula. It is said that the progenitor of Silla, Bakhyeokgeose, Suktalhae, and Kimalji came out of an egg and that King Gimsuro, the founder of Gaya, also came out of an egg.

Chapter 3

The Broken Blade
– The Story of King Yuri

생각하며 읽기 Thinking and Reading

In life, we face many obstacles. Some people tend to avoid difficult obstacles unconditionally, and some people give up easily if they cannot find the solution to their problem. In Goguryeo, there was a king who never gave up on his problems and became king by resolving problems until the end. What kinds of obstacles were they?

It was when Jumong was in Buyeo. King Geumwa's sons plotted to kill Jumong as they were afraid that he would become the king, so Jumong had to leave Buyeo abruptly. Jumong told these facts to his wife, Lady Ye, and said farewell to her. Lady Ye shed tears and told Jumong that she was pregnant. Jumong hid a token for the child and left Buyeo.

After Jumong left Buyeo, Lady Ye gave birth to a son. Lady Ye named her son Yuri and took utmost care of him with Lady Yuhwa. Like his father, Yuri was an excellent archer.

One day, Yuri made a slingshot and played with it. He then accidently broke the water pot of a lady who was passing by. The owner of the pot scolded Yuri in a loud voice. "You are acting this way because you don't have a father." Yuri was shocked to hear the words "child without a father." This phrase stuck with him.

Yuri came home and talked to Lady Ye. "Mother, who is my father? Where is he now?" Lady Ye hesitated and then told him, "Your father is extraordinary. Your father left this country and went south to establish a country to become a king. Your father hid a token under the pine tree above the stone with seven corners. Find the token and go to your father."

Yuri went to the mountains and valleys every day to look for the stone with seven corners. One day, after Yuri got tired of searching for the stone, he sat on the floor of the house. He wondered, "Where in the world is the pine tree that is on top of the stone with seven corners?" Then, he heard a noise from the cornerstone. When he looked at the cornerstone, it had seven corners, and above it was a pillar made of pine wood. Under the pine tree pillar, he found a small gap, so he placed his hand into the gap. Yuri found the token left by Jumong: the broken half of a sword.

Yuri traveled to the south with the token left by his father. When he arrived at Jolbon Castle in Goguryeo, he presented the broken sword to Jumong. Jumong brought the other half of the sword and tried to match it. After seeing that the pieces were a match, Jumong became very happy and said, "Yuri is my son." Later, Yuri followed Jumong's footsteps and became the second king of Goguryeo.

The broken sword was the key to proving that Yuri was Jumong's son. To find this key, Yuri searched mountains and valleys. However, the key was in the house. Regarding problems in life, why don't we think about instances when we tended to search for solutions far away even though the key was near all along?

문형과 표현 익히기 Grammar and Expressions

1 -다가

This expression is used in situation when a certain action is not completely finished but is changed to another action.

2 –아/어 있다
This expression is used when an action has been completed and the current state is maintained.

3 –던
This expression is used to describe words explaining the noun before the noun and when the action regarding the noun has not been completed.

더 알아보기 Let's Learn More about It

Goguryeo and Baekje are brothers.

When Jumong came down south to Jolbon from Buyeo, many people helped Jumong. Among them, Soseono was the daughter of a rich man in Jolbon who remarried Jumong and helped him establish Goguryeo. Jumong was able to become the king of Goguryeo due to Soseono's help.

By the time Yuri came to Goguryeo with the token left by Jumong after Jumong had established Goguryeo, he already had two sons called Biryu and Onjo with Soseono. Jumong made Yuri from Buyeo the crown prince ahead of these two sons. Soseono and the two sons then went south to form their own countries.

The elder Biryu established a country in Michuhol while the younger Onjo established a country near the Hangang River area. Then, Biryu suddenly died, and his people joined Onjo's country. Initially, Onjo called his country Sipje as he established the country with ten lieges, but he changed the name to Baekje when Biryu's people joined the country and the country expanded.

There are people who claim that Onjo, who established Baekje, and his brother Biryu were sons of Jumong and Soseono, and there are people who claim that they were sons of Soseono's deceased ex-husband. It is hard to prove which side is correct as Soseono remarried Jumong, and there is a lack of historical information regarding the issue.

Chapter 4

Blind Love
– The Story of Princess of Naklang

생각하며 읽기 Thinking and Reading

When you think of the word "love," what comes to your mind? There is the love between a man and a woman, there is the unconditional love parents give to their children, and there is the love of caring and respecting all the things that exist in the world that may not have any relation to yourself. People all want to be in a beautiful love relationship. However, there is a woman who lost everything because of love.

About 2,000 years ago, there was a country south of Goguryeo named Naklang. One day, the king of Naklang met Goguryeo's Prince Hodong while visiting the Okjeo area. The king liked Prince Hodong, so he invited him to his palace.

They talked about various topics in the palace. As the king wanted Prince Hodong to be his son-in-law, he called upon the princess and introduced Prince Hodong to her. Princess of Naklang fell in love at first sight as Prince Hodong was imposing and handsome. Prince Hodong married Princess of Naklang and stayed in Naklang.

Soon after, Prince Hodong went back to Goguryeo and met his father. Prince Hodong told his father about Naklang's treasures. "In Naklang, a drum and a reed can play by themselves whenever enemies show up. The drum and the reed are the treasures that protect Naklang from its neighboring countries."

Upon listening to the information given to him by Prince Hodong, King Daemusin of Goguryeo thought of it as an opportunity to make the country bigger and stronger. "Indeed, he is my son." As Prince Hodong was a child of a concubine, he wanted recognition from his father. Prince Hodong sent a person in secret to Princess of Naklang. He gave her a message that said, "If you get rid of Naklang's treasures, you can become the princess of Goguryeo. If you don't, you will not be recognized as a princess."

Princess of Naklang went to the place where the treasures were kept and broke the drum and the reed. She then told the news to Prince Hodong. After King Daemusin found out that the drum and the reed were gone, he sent troops to attack Naklang. The people of Naklang were startled as they were not warned about the attack. The king of Naklang then killed the princess who betrayed him and surrendered to Goguryeo.

For this, Prince Hodong was widely recognized by King Daemusin. However, the queen slandered Prince Hodong as she was afraid that Prince Hodong, a child of a concubine, would become king. After numerous slanders, King Daemusin decided to punish Prince Hodong. Prince Hodong killed himself as he lost his love and the recognition of his father.

Princess of Naklang broke the treasures of the country for Prince Hodong. However, she could not be with her lover but was killed by her father. Hodong also lost everything and even his life. Could it be that Princess of Naklang was blind with love and that Prince Hodong was blind with greed?

문형과 표현 익히기 Grammar and Expressions

1 –았/었다가

This expression is used when you have completed an action and you are conducting another action. In this case, an unexpected or opposite turn of events from the preceding clause appears in the following clause.

2 (으)로 삼다

This expression is used when you think of a certain object as another object or when you make it into another object.

3 마저

This expression is used in a negative situation to describe the last remaining item or the worst situation.

더 알아보기 Let's Learn More about It

The Scheme of King Daemusin?

The story of Prince Hodong and Princess of Naklang is loved by Koreans and has been made into movies, plays, musicals, operas, and other forms of performing arts.

According to the other story in *Samguk sagi (History of the Three Kingdoms)*, to obtain Naklang, King Daemusin of Goguryeo asked the king of Naklang to marry his daughter to his son. Then, when she became his daughter-in-law, he asked Princess of Naklang to break the treasures of Naklang.

We cannot tell which story is accurate, but it is a fact that both Princess of Naklang and Prince Hodong could not continue their love, and they tragically met their deaths.

Prince Hodong was the son of King Daemusin's concubine, but the king loved Prince Hodong very much. That's why the character 호(好) from his name means "to like." King Daemusin had a son of legitimate birth, but he didn't give that son the title of crown prince. He only gave Prince Hodong the title of crown prince posthumously upon Prince Hodong's death. From these facts, it is evident that King Daemusin loved Prince Hodong and thought of him as his successor.

Chapter 5

Depending on How You Think
– The Story of Great Master Wonhyo

생각하며 읽기 Thinking and Reading

When you come home after a long day at work, the way home seems very long and difficult. However, if you walk with someone you love, the walk seems shorter. The reason is that you are happy when you are with that person. There are instances when the situation has not changed but you feel completely different.

Some 1,400 years ago, there was a Buddhist monk named Wonhyo in Silla. He was immersed in the Buddhist mind from an early age, so when he became 15 years old, he became a monk by making his home a temple. Wonhyo studied Buddhism through various mentors and was delighted to be studying and becoming enlightened. One day, he left for the Tang Dynasty to obtain knowledge when he heard that a famous monk had travelled from India to the Tang Dynasty.

On his way to the Tang Dynasty, Wonhyo was greeted with heavy rain in the forest. To avoid the rain and to take a nap, he went to the nearest cave. Because he was very tired, he fell asleep as soon as he entered the cave.

He woke up in the middle of his sleep because of thirst and found a bowl of water while he was feeling around his surroundings. He then gulped down the water. The next morning, he was surprised. The water he had drunk the previous night was contaminated water gathered in a skull. "How could I have drunk such dirty water?" He suddenly felt sick.

Wonhyo experienced enlightenment and said to himself, "When I didn't know, the water was cool and sweet, yet when I realized it was contaminated, I felt sick." Then, he thought further and said to himself, "Everything depends on how I think about it and where am I going to learn what?" Wonhyo then turned around and returned to Silla. Then, he shared his enlightenment and told everyone that everything depends on how you think about it.

Wonhyo talked to people about Buddhism and sang a song about how he would like to make a pillar to support the sky if he were given an ax without a handle. People did not understand the meaning of this song. However, the king of Silla knew what he meant, so he introduced his daughter, who lived alone without a husband, to Wonhyo. Wonhyo then lived with the princess in the palace. Soon after, the princess became pregnant, and Wonhyo left the palace when he thought that the pillar to support the sky was made.

Upon leaving the palace, Wonhyo got rid of his Buddhist monk robes to sing and dance with people to tell them more about Buddism. He then told stories of Buddhism in a much comprehensible manner adjusted to the perspective of the people. From then onward, Buddhism spread to every corner of the country, and everyone from young children to senior citizens knew the words *namu amita bul*.

Drinking contaminated water was very unpleasant,

but Wonhyo became enlightened due to the incident. Sometimes in life, we experience unpleasant events such as drinking contaminated water. Rather than being immersed in an unpleasant feeling, if we look at things from a different perspective like Wonhyo, even unpleasant things can become a foundation for personal growth with effort.

문형과 표현 익히기 Grammar and Expressions

1 –(으)ㄹ 겸

This expression is used when the objective of a certain action is two or more.

2 –다니/(이)라니

This expression is used to describe when you are surprised by an unexpected event and when you think it's unbelievable.

3 –기 나름

This expression is used to describe when a certain event or action can be changed.

더 알아보기 Let's Learn More about It

Is the water in a skull story true?

The story of Wonhyo is also told in China and Japan. In Chinese records of *Imgannok*, the story of Wonhyo and the contaminated water in a skull is told, but in *Jonggyeongnok*, it was water with a corpse decomposing rather than the water in a skull. In addition, in *Songgoseungjeon*, the story of Wonhyo is told, but there is no mention of water in a skull or water with a corpse.

In the Japanese records of *Hwaeomyeongi*, the story of Wonhyo is expressed in a picture. The picture shows Wonhyo and Uisang sleeping in a cemetery while a goblin looks on. The stories told in Korea, China, and Japan are different, but the fact that Wonhyo became enlightened is same in all the stories.

The Pillar Supporting the Sky and Seol Chong

Wonhyo sang a song about how he would build a pillar supporting the sky if an ax without a handle was lent to him. Knowing what it meant, Muyeol, the king of Silla, introduced his daughter, Princess Yoseok, to him. Afterward, Princess Yoseok had a boy, and the name of the boy was Seol Chong.

Seol Chong was a great scholar who contributed to education in Silla, and he was among the 10 wisest men and top 3 writers in Silla. The biggest achievement of Seol Chong was the organization of *Idu*. Idu was a writing system that borrowed the meaning and sound of Chinese characters and customized it to the Korean language. Silla did not have its own characters, so they borrowed from Chinese characters, but it was very uncomfortable. After Seol Chong organized the Idu, the people of Silla could write more easily and understand other people's writing much more easily.

Part 3 Goryeo era Stories

Chapter 6

Wrongfully Accused
– The Story of Wang Geon

생각하며 읽기 Thinking and Reading

If something bad had happened, and someone accused you of doing something that you haven't done, the feeling you would feel is that of being wrongfully accused. If you were wrongfully accused of theft, assault, murder, etc., would you be calm? What should you do to avoid being wrongly accused? In history, there was a person who overcame such a crisis in a wise manner and became a king.

나

In late 800 A.D. in Silla, the king and his lords made the lives of people miserable as they lived extravagantly and did not look after the country. People's lives were hard, so they went to the mountains or revolted in various locations. Due to the decline of Silla's powers, Silla's general Gyeon Hwon founded a country in the Jeonju area while Gung Ye, a Silla aristocrat, gathered forces to form a country in Cheolwon.

To make a country strong, you need a lot of power. Wang Ryung, who was a man of influence in the Songak area, visited Gung Ye with his son Wang Geon. Gung Ye then gave Wang Ryung and Wang Geon public posts in the government. Wang Geon became Gung Ye's general and made many areas of Silla into Gung Ye's country by engaging in battle with Silla.

Gung Ye began to trust Wang Geon even more as he won every battle in a big way, so he gave Wang Geon a higher position. Whenever Wang Geon won in an area, he ruled people of the area like his own, but Gung Ye was cruel and killed all the people. People were afraid of Gung Ye but trusted and followed Wang Geon.

Gung Ye collected heavy taxes and made people do difficult tasks to make his palace bigger. The lives of people became much harder, and Gung Ye became more violent. Gung Ye claimed that he was the living Buddha and told people that he could conduct *gwansimbeop*, which meant he could read people's minds. However, he used it to kill anyone who he didn't like, and he even personally killed his wife and son.

Wang Geon could not avoid Gung Ye's mind-reading

methods. Gung Ye accused Wang Geon of "betraying him and trying to become the king." Wang Geon felt wrongfully accused. A man named Choi Eung, while he pretended to pick up a fallen object, told Wang Geon. "You are in danger if you do not yield." After contemplating whether to speak his mind about being wrongfully accused or yield, he confessed, "I am sorry. I was greedy, so I wanted to become the king." Gung Ye then laughed loudly and said, "You told the truth, so I will spare your life."

As Gung Ye became much violent, lieges and people made Wang Geon their king and raided Gung Ye's palace. Gung Ye sneaked out of the palace and hid in the mountains, but he was eventually caught and killed by people. After Wang Geon became the king, the hearts of the people of Silla went to Wang Geon instead of to the king of Silla. In the end, the king of Silla offered his country to Wang Geon, and after he conquered Gyeon Hwon's Hubaekje, Wang Geon formed a unified country called Goryeo.

When Wang Geon was wrongfully accused of wanting to become a king by Gung Ye, he would have wanted to point out the fact that he had been wrongfully accused. However, if he had mentioned that he was wrongfully accused, he would have lost his life. Although he was wrongfully accused, he was able to avoid death and become a king later because he yielded. If we face difficulty, would we be able to think about priorities like Wang Geon?

문형과 표현 익히기 Grammar and Expressions

1 **–아/어 가다/오다**
This expression describes the progression of time while maintaining the status of movement. –아/어 오다 is used to describe progress from past to present while –아/어 가다 is used to describe progress from present to future.

2 **–(으)ㄴ/는 척하다**
This expression is used when the opposite of an actual fact is described in a false manner.

3 **–자**
This expression is used when the movement in the preceding part becomes a prerequisite and the action after it happens right away.

더 알아보기 Let's Learn More about It

Goryeo? Goguryeo?

In China's history books *Songsa (History of the Song Dynasty)*, and *Myeongsa (History of the Ming Dynasty)*, it is said that Wang Geon of Goryeo succeeded Go's Goguryeo. In *Goryeosa (History of Goryeo)*, there is a segment that tells the story of the Liao Dynasty returning the land of Goguryeo to Goryeo. According to the book, the reason was that Goryeo had succeeded Goguryeo. Therefore, we can state that Goryeo of Wang Geon had indeed succeeded Goguryeo of Go Jumong.

After forming Goryeo, Wang Geon unified Silla and Baekje with Goryeo and conducted various policies. He made sure that everyone could live as people of Goryeo regardless of whether they were from Goguryeo, Baekje, or Silla. When Balhae, founded by the descendants of Goguryeo, collapsed due to the invasion of the Khitans, Wang Geon allowed these people from the region to become citizens of Goryeo.

Wang Geon promoted Buddhism to gather the hearts of the people, so he built temples and pagodas and developed Buddhist culture by conducting Buddhist ceremonies. In addition, to gather the power of influential men in the provinces, Wang Geon married their daughters and gave these men the surname Wang so that they could have a sense of affiliation as citizens of Goryeo. This was how Wang Geon stabilized the country.

Chapter 7

The Person Who Believes in Me
– The Story of King Gongmin and Princess Noguk

생각하며 읽기 Thinking and Reading

What hope is there in life if people kill each other to become king and if there is no one you can trust, even among your family members, including your parents and siblings? If there is at least one person who trusts and supports you, could you have hope and gain momentum to achieve your will?

Toward the end of Goryeo, the power of the throne became very weak as there were frequent changes in kings and power struggles between lieges due to the intervention of the Yuan Dynasty. The kings of Goryeo had Chung in front of their names, which meant they were loyal to the Yuan Dynasty, as in Kings Chungryeol, Chungseon, and Chungsuk. In addition, princes of Goryeo were sent to the Yuan Dynasty to learn their customs and to marry princesses of the Yuan Dynasty. Gi, who was the son of King Chungsuk, had to go to the Yuan Dynasty at the age of 12 like other princes.

After seeing the miserable lives of the Goryeo people who were brought to the Yuan Dynasty, he decided to make the weak Goryeo into a strong country. However, because his mother was not a Yuan princess, he could not become king. To become the king of Goryeo, he married Princess Noguk of the Yuan Dynasty and returned to Goryeo as king.

As soon as King Gongmin returned to Goryeo, he chased out the Yuan forces, which were harassing the people of Goryeo, and recruited new talents to carry out public tasks for the country. Furthermore, he banned Mongolian clothes, hairstyles, and customs while trying to promote traditions of Goryeo and gaining former territories of Goryeo taken by the Yuan. Despite being a Yuan princess, Princess Noguk actively helped the Yuan-opposing King Gongmin, and her support solidified his power.

Although King Gongmin tried to make Goryeo into a strong country, he had many difficulties both inside and outside the country. On the outside, the power of the country dwindled due to invasions by the Red Turban Army and the Japanese pirates while inside, the pro-Yuan forces tried to kill King Gongmin. Every time, Princess Noguk assisted King Gongmin, and the pro-Yuan forces could not do anything to Princess Noguk as she was a princess from Yuan. Princess Noguk was a wife and political partner as well as a good friend of King Gongmin.

Despite their love for one another, King Gongmin and Princess Noguk did not have a child together. Then one day, they had a child after 15 years of marriage. Wishing Princess Noguk safe birth, he released all the prisoners from prison, yet Princess Noguk and the child died during childbirth.

King Gongmin was very shocked when Princess Noguk died, so he drew a portrait of her and had conversations and meals with the portrait day and night. In addition, with the utmost care, for 9 years, he made a tomb for the princess and himself and made a passage between the two tombs, so they could meet after death. Because he was stricken with grief over the death of the princess, he did not take care of the country, and in 1374, he was killed by his lieges.

아
King Gongmin was surrounded by enemies, but he could pursue his goals due to the reliable support of the princess. However, after the death of Princess Noguk, King Gongmin could not do anything and was eventually was killed. Soon afterward, the country of Goryeo also collapsed. Could we say that the history would have changed if the princess had not died?

문형과 표현 익히기 Grammar and Expressions

1 **에도(-(은)ㄴ/는데도) 불구하고**
This expression is used to emphasize the fact that a certain condition or situation does not affect a result. Normally, the opposite result is shown in the following clause.

2 **이자**
This expression is used when there are two features at the same time, and it is combined with a noun.

3 **–고 말다**
This expression is used to describe a negative result.

더 알아보기 Let's Learn More about It

Mongolpung and *Goryeoyang*

Goryeo was affected by Mongol intervention for 80 years. During that time, both countries influenced each other regarding culture. Mongol culture was popular in Goryeo, and Goryeo culture was popular in Mongolia. The popular Mongol culture in Goryeo was called *mongolpung* while the popular Goryeo culture in Mongolia was called *goryeoyang*.

The *jokduri* brides wear and the *yeonjigonji* on the bride's face during a traditional Korean wedding were derived from Mongolian culture. In addition, *soju* and dumplings are influences from Mongol culture.

The shape of Goryeo's clothes were popular with the Mongolians, and they were late popular in the Ming Dynasty. *Hangwa* and *ssam* vegetable culture influenced Mongolian cuisine. In Mongolian cuisine, there are still Goryeo dishes that were localized but remained even until today.

Chapter 8

Generations of Passion
– The Story of Choi Museon

생각하며 읽기 Thinking and Reading

Could you say yes when everyone says no? It is not an easy task. There is a man during the Goryeo period who worked all his life for something everyone said no to. His passion was passed down to his son and grandson, and his dream was completed. Shall we find out who they were and what their dream was?

In the late period of Goryeo, many Japanese pirates invaded Goryeo and harassed the people. The power of the king and the Goryeo military were weakened due to the intervention of the Yuan, so Goryeo could not effectively cope with invasions by Japanese pirates. Byeongnando was an international trade port that Japanese pirates frequently invaded. For Choi Dongsun, who worked there, Japanese pirates were a nuisance. Choi Museon, the son of Choi Dongsun, constantly thought of ways to relieve his father of his worries.

One day, as Choi Museon was looking at fireworks, he said, "Yes. We can defeat the Japanese pirates with gunpowder." However, Goryeo did not have the technology to make gunpowder, and the people of Goryeo did not think that gunpowder could be made into a weapon. Nevertheless, Choi Museon told people about the importance of gunpowder and also told them that they should make gunpowder as well as develop gunpowder weapons to defeat the Japanese pirates.

After searching for Chinese merchants with knowledge of gunpowder, he was able to meet one merchant and learned how to make gunpowder. He then was able to make gunpowder after experimenting and conducting research night and day. With the gunpowder he made, he stated that there should be an organization focused on making weapons with gunpowder, yet government officials did not help him or believe him. But Choi Museon was not discouraged, and in 1377, he was able to establish Hwatongdogam.

In fall of 1380, Japanese pirates invaded Jinpo with 500 ships. They tied and fixed their boats together and then went to villages and killed the inhabitants, stole crops, and burned the villages. Choi Museon thought that it was high time to use his weapons. So Choi Museon took 100 ships to Jinpo and burned all the Japanese pirate ships.

Japanese pirates came back to Goryeo 3 years later, but they could not withstand Choi Museon's weapons. Then, Japanese pirates gradually stopped invading Goryeo, and there was peace again. As the Japanese pirates disappeared, officials got rid of Hwatongdogam, and Choi Museon could not develop weapons anymore. Choi Museon left a book on gunpowder and weapons to his young son and died at the age of 70.

Choi Haesan, the son of Choi Museon, learned how to make gunpowder and weapons by using the book left by his father. Choi Haesan became an official and further upgraded the weapons made by his father. He also developed various weapons to make the country strong. His son Choi Gongson also followed in the footsteps of his grandfather and father by committing his entire life to gunpowder and weapons research.

It was something everyone thought was impossible, but Choi Museon believed in himself, dedicated his life, and did his best to achieve his goals. The passion was handed down to his son and grandson, and just as he wished, the people were able to live peaceful lives. Even today, the passion of the three generations has great significance.

문형과 표현 익히기 Grammar and Expressions

1 -(으)ㄹ 뿐만 아니라(뿐만 아니라)
This expression describes not only certain facts but also other additional situations.

2 은/는커녕
This expression compares the preceding content and the following content to emphasize that there is no need to mention the preceding content.

3 (이)야말로
This expression is used to emphasize and confirm.

더 알아보기 Let's Learn More about It

Goryeo and Korea

Korea is the official English name for Korea. When did we start using the name Korea?

Goryeo was a trading nation. Byeongnando was Goryeo's representative international trade port. In Byeongnando, there were Chinese and Japanese merchants and even Arab merchants from far away to trade with. During this time, the Arab merchants called Goryeo Coree, and the name was spread to other countries to become Korea.

During this age, items exported from Byeongnando were Goryeo celadon, lacquerware inlaid with mother-of-pearl, ginseng, and paper while silk, medicine ingredients, books, and spices were imported.

Chapter 9

The Bloodstain That Remains
– The Story of Jeong Mongju

생각하며 읽기 Thinking and Reading

Can we give up everything we have to keep what we think is right? Can we maintain our stance even when we receive a sweet proposal? In the late Goryeo era, a man named Jeong Mongju gave up his life to keep his faith regarding what he believed was right. Who was Jeong Mongju, and what was the belief he was so keen to keep?

In the late Goryeo era, to make Goryeo great, King Gongmin drove away the forces of the Yuan Dynasty and recruited new talents through exams. Jeong Mongju was one of the talents recruited to work in the government. However, when King Gongmin suddenly died, Goryeo was again in the hands of the pro-Yuan faction. They killed an envoy from the Ming Dynasty and sent Jeong Mongju into exile.

As people suffered due to the continuous invasions by Japanese pirates, Goryeo dispatched an envoy to Japan. The envoy was confined and barely escaped death before returning. Then, the pro-Yuan faction sent Jeong Mongju, who was in exile, to Japan, knowing that it was evident that he would get killed. However, the people of Japan were moved by the character and erudition of Jeong Mongju, so they treated him well and even released Goryeo prisoners captured by the Japanese pirates.

Later, Jeong Mongju helped generals who fought the Japanese pirates invading Goryeo. Among the generals were Yi Seonggye, who later founded Joseon. The two formed a bond after defeating the Japanese pirates together several times.

As the power of the Yuan Dynasty dwindled and the power of the Ming Dynasty got stronger, the Ming Dynasty started to demand many things from Goryeo. Goryeo had to send an envoy, but because they had previously killed a Ming envoy, no one wanted to go to the Ming Dynasty as an envoy. The pro-Yuan faction sent Jeong Mongju, who was in exile, to the Ming Dynasty on a deadly mission. Nonetheless, with his excellent diplomacy skills, Jeong Mongju improved the relationship between the two countries.

As the power of the Ming Dynasty grew, they made the Yodong (Liaodong) region, an area King Gongmin was able to regain from the Yuan Dynasty, part of the Ming Dynasty. King U, the son of King Gongmin, sent Yi Seonggye to regain the Yodong region. However, Yi Seonggye, after approaching the Yodong area, turned around and drove out King U. Yi installed King U's son Chang as the king and intervened in affairs. Then, he drove out King Chang, claiming that he was not royalty. Afterward, he made Wang Yo, a nobleman and his in-law, king.

To make a stronger Goryeo, Jeong Mongju did many things to help the king, but Yi Seonggye killed anyone who opposed him as he wanted to become the king. To Jeong Mongju, what Yi Seonggye did was not right. Yi Seonggye's son Yi Bangwon invited Jeong Mongju to a party and offered him a sweet proposal. However, Jeong Mongju told him that he would never change his mind. Eventually, Yi Bangwon had someone kill Jeong Mongju on the Seonjukgyo Bridge.

Jeong Mongju died bleeding on the bridge called Seonjukgyo, and not long after, Yi Seonggye founded a new nation called Joseon. Had Jeong Mongju changed his mind about his beliefs, he would have been recognized for his contributions in establishing a new nation and would have lived comfortably. However, for Jeong Mongju, compromising with what was not right was much worse than dying. Jeong Mongju was killed by the faction responsible for establishing Joseon, but he would remain a big influence on the thoughts of the people in the Joseon era.

문형과 표현 익히기 Grammar and Expressions

1 을/를 통해
This expression is used to describe when you use a certain thing as a method or mediator to achieve something else.

2 -다시피
This expression is used when it is not actually done but very close to what would happen.

3 만 못하다
This expression is used when the content or the degree of the preceding sentence does not meet or falls behind the content or degree of the following sentence.

더 알아보기 Let's Learn More about It

Hayeoga and Dansimga

Yi Bangwon, in his effort to persuade Jeong Mongju, wrote a poem called *Hayeoga* while Jeong Mongju wrote the poem *Dansimga* as an answer.

Hayeoga Yi Bangwon	*Dansimga* Jeong Mongju
What if I do this and what if I do that What if an arrowroot in Mansusan Mountain got tangled? While we are tangled together, why don't we live forever?	Though I die and die a hundred times If my bones turn to dust whether my souls remain or not, Can this loyal red heart toward my lord ever fade away?
Yi Bangwon was trying to tell Jeong Mongju, who was adamant about being loyal to Goryeo, to get along with him and to lead the country together.	This poem expresses Jeong Mongju's very firm stance to be loyal to the king of Goryeo, even though he would die a hundred times and his bones become dust and disappear. He expressed his single-minded devotion and his refusal toward Yi Bangwon's proposal.

Part 4 Joseon era Stories

Chapter 10

The King and His Love for His People
– The Story of King Sejong

생각하며 읽기 Thinking and Reading

There are around 6,000 languages and 200 writing systems. The majority of those languages were made out of necessity spanning a long period of time. That's why we don't know exactly who created the language or when and where it was created. But *Hangeul* is the only publicly used writing system with such information. Let's find out about the process that went into creating Hangeul and about the creator of *Hangeul*, King Sejong.

King Sejong was the third son of King Taejong, Yi Bangwon, and he really liked reading books from an early age. King Sejong would read the same text a hundred times, and he also read books when he was sick. Worried about his health, King Taejong had his lieges hide all the books, and even then, King Sejong would find a book hidden behind the folding screen and read the book a thousand times behind his father's back.

Because he wasn't the first born, King Sejong was not expected to be king, but the king and his lieges wanted him to be the king as he was virtuous and smart. When he became king, he gathered talented people and supported their research. He also corrected various systems to make life easier for people, which, in turn, were envied by people from neighboring countries. As a result, many foreigners were naturalized as citizens of Joseon.

There are various policies created for people by King Sejong. Pregnant servants and their husbands were given leave while the government took care of children without parents. Prisoners were also kept from getting sick due to cold or hot weather. Regardless of class, birthday parties were held for elderly people over 70 years old, and they were given rice and clothes while the government took care of elderly people without children.

King Sejong also wrote a book on filial duty for his people when he heard that a person in Jinju killed his father. However, as illiterate people could not read the book, he regarded the situation as unfortunate and drew pictures to explain the Confucian content to the people.

King Sejong also regarded the fact that although the Korean language and the Chinese language were different, people had difficulty expressing Korean language with Chinese characters, as unfortunate. So he devised an easy 28-character system for people to learn and write. This system is what is known as *Hunminjeongeum*, which means "righteous sound for teaching people." With the 28 characters, a person could write all the sounds in the Korean language.

King Sejong wanted to inform people about *Hunminjeongeum*, but his lieges opposed *Hunminjeongeum* as they thought it would not be beneficial for the country. King Sejong harshly scolded his lieges for not thinking about the people. Then, he told the people about *Hunminjeongeum* and provided explanations so everyone could understand. Afterward, anyone, regardless of age, gender, and class, who wished to learn how to read and write, could learn *Hunminjeongeum* and write.

During his 32-year reign, King Sejong only thought about his people. He gave opportunities to able people in the lower class and took care of people from all walks of life without distinguishing whether they were orphans, elderly, or sinners. The creation of *Hangeul* was only possible due to King Sejong's love for his people. We could say that the reason for the convenience Koreans enjoy today could be attributed to King Sejong. That's why people call him King Sejong the Great as he is considered one of the greatest kings of Korea.

문형과 표현 익히기 Grammar and Expressions

1 에 의해(서)
This expression is used to describe method, ways, situations, and standards regarding proof to proceed with the situation in the latter part of the sentence.

2 –곤 하다
This expression is used when the same situation is repeated several times.

3 –는 데(에)
This expression is used when you describe an event or situation related to the content that comes later in advance.

더 알아보기 Let's Learn More about It

The Features of *Hunminjeongeum*

1. Reason for Creation
Knowing characters means that you have knowledge, and having knowledge means that you can become a conqueror, not someone who is conquered. Characters mean power. However, King Sejong the Great had general people learn the characters. The reason was that he

didn't think of the people as individuals who had been conquered. From this, we can say that King Sejong the Great loved his people very much.

2. Created Characters
Many characters started from a picture or symbol. Some characters also borrowed from existing characters or revised these characters. However, *Hangeul* was a new alphabet system that was created for writing in the Korean language.

3. Creation Principles
① Hieroglyphic: Expressed the vocal organs and the shapes of heaven, earth, and humans as the basic characters.
② Adding strokes: Added strokes to the basic characters.
③ Combination: An initial consonant could be reused as a final consonant, and an initial consonant, a vowel, and a final consonant could be combined.

What happened to the 4 characters that disappeared from the 28 characters?

ㆆ	여린히읗	It was not used for native Korean words but was used to pronounce Chinese characters.
ㅿ	반치음	Pronounced with a sound between ㅅ and ㅇ. Today, it is changed to either ㅅ or ㅇ. In the dialect, 여우 is pronounced 여수 while (병이) 나아 is pronounced (병이) 나사.
ㆁ	옛이응	The initial consonant ㅇ is different from the final consonant (*batchim*) ㅇ. The old ㅇ referred to the sound of the final consonant (*batchim*) ㅇ, and it is combined and used as a single ㅇ.
	아래아	The pronunciation is similar to "ㅗ + ㅏ." In standard Korean, this pronunciation has disappeared, but it remains in provincial dialects.

Chapter 11

The Sudden Disappearance of the Genius Inventor
– The Story of Jang Yeongsil

생각하며 읽기 Thinking and Reading

Joseon was a feudal society. Social status was something a person inherited from one's parents upon being born, and it influenced the life of the person. There were things people could or could not do according to their social status, and social status was something a person could not get out of easily. However, Jang Yeongsil overcame this class system thanks to his ability.

Jang Yeongsil was a man in the time of King Taejong, and he was a servant working in an area called Dongraehyeon, near modern-day Busan. In the Joseon era, servants had the lowest social status, so there weren't many records of Jang Yeongsil. According to several records, it is said that his ancestor came from the Yuan Dynasty or was a Song Dynasty general, and his mother was a *gisaeng* working in the government office.

This was when Jang Yeongsil was a servant in Dongraehyeon. There was a severe drought in all of Joseon, and the people of Joseon were distressed. However, there were no droughts in Dongraehyeon. The reason they didn't have droughts was that Jang Yeongsil made a system that drew water from far away to the farmlands. After King Taejong learned about this, he valued Jang Yeongsil and protected him.

When King Sejong became the king after King Taejong, he was sad that they could not accurately measure astronomical phenomena as they were using Chinese astronomy that was not adequate for Joseon. King Sejong sent Jang Yeongsil, who was highly talented at making objects, and Joseon astronomers to China to learn how to make astronomical equipment.

King Sejong then assigned Jang Yeongsil to make astronomical equipment and tried to relieve him from his status as a *nobi* (lowest slave class). Jang Yeongsil could not get out of his social status due to the opposition of the lieges, but he was not disappointed and continued to make astronomical equipment. Finally, he was able to get out of his social status as he was recognized for his contributions. Later, Jang Yeongsil improved the manual water clock and proved his worth. King Sejong then presented a new government position to Jang Yeongsil.

King Sejong then ordered Jang Yeongsil to make a clock that could tell time by itself. Jang Yeongsil made Joseon's own automatic water clock by comparing and researching water clocks from China and Arabia. Afterward, he made *Honcheonui* (celestial globe), which could tell the change of seasons and time, and scientific equipment such as a sundial and a rain gauge as well as metal type. He was then promoted to the high position of *Daehogun*.

사
In 1442, Jang Yeongsil found out that the king's sedan chair had a problem and told his colleague Jo Sunsaeng about it. After hearing that there would be no problems by Jo Sunsaeng, he did not fix the sedan chair. However, because the sedan chair broke, he was flogged and

stripped of his position. Then, he suddenly disappeared from history.

As we don't have many records on Jang Yeongsil, we don't know about his last days. However, his many inventions contributed considerably to the development of Joseon's agriculture and science. Jang Yeongsil's social status was a servant, but he was able to overcome his limitations by being recognized by the king. Today, we do not have limitations like social status. Nonetheless, there are times when we make our own limitations and are unable to get out from them. Why don't we think of Jang Yeongsil whenever we face such problems?

문형과 표현 익히기 Grammar and Expressions

1. **–아/어다가**
   This expression is used when we conduct the activity of the following part of the sentence with the result from the preceding clause.

2. **을/를 비롯하여**
   This expression is used when we list many things.

3. **–는 바람에**
   This expression is used when bad results happen due to unintended events.

더 알아보기 Let's Learn More about It

The Inventions of Jang Yeongsil

Goryeo already had excellent metal type technology. *Jikjisimcheyojeol* is a book made with metal type that was made 70 years before Gutenberg's metal type. However, the level of the technology stagnated for some time. King Sejong made Jang Yeongsil come up with a better metal type. *Gabinja* is the metal type made by Jang Yeongsil.

The clepsydra had a small doll strike the bell when the water was collected for a certain amount of time. *Jagyeongnu* (clepsydra) was named after the fact that it could ring the bell by itself. There were only a few parts of it left because of the war, but it was restored to the current state.

Angbuilgu was a hemispherical sundial that was widely distributed to the general public. It used shadows to tell time when the sun was up. 12 animals were drawn on the sundial, so even illiterate people could use it.

The *Cheugugi* (rain gauage) is a tool that measures the amount of rainfall. It was world's first rain gauge to be used in standardized form by the government. The rain gauge reduced the margin of error when measuring rainfall, so rain on the floor would not splash into the equipment.

Furthermore, Jang Yeongsil made many other scientific equipment. For example, he combined *Jagyeongnu*, which tells time, with *Honcheonui*, which measures orbital movement, and made *Ongnu*. *Ongnu* is a tool that can tell the change of seasons, solar terms, and time.

Chapter 12

The Savior Who Saved the Country – The Story of Yi Sunsin

생각하며 읽기 Thinking and Reading

Many people hope to get promoted to a high position and hope to become a leader of an organization. However, depending on the leaders, an organization could collapse or could become successful. Yi Sunsin, Joseon's great commander, was a person who showed how important the leadership of a person was to an organization.

Approximately 400 years ago, Toyotomi Hideyoshi who unified Japan was preparing to invade Joseon en route to invading the Ming Dynasty. Yi Sunsin, who was in charge of Joella-do Province anticipated a war, but King Seonjo did not make any preparations. So Yi Sunsin prepared for war without the help of the government by training the soldiers and constructing *Geobukseon* Ships (Turtle Ships).

In 1592, Toyotomi Hideyoshi invaded Busan with 200,000 men. Won Gyun, who was in charge of Gyeongsang-do Province, was not prepared and thought that they would lose after seeing so many Japanese troops. So he threw away weapons and ships in the sea and ran away. As the king abandoned the palace and evacuated, he asked the Ming Dynasty for help. Finally, even the capital of Joseon was invaded within 20 days.

When he heard of the invasion, Yi Sunsin took his troops to Gyeongsang-do Province. Due to the leadership of Yi Sunsin, Joseon soldiers were able to claim their first victory and gain confidence. Afterward, Yi Sunsin fought 10 more times and won all the battles, and as the Japanese soldiers continued to lose to Yi Sunsin and his men, they began to lose the will to fight. To the Japanese, Yi Sunsin was someone they feared.

Yi Sunsin became the naval commander of three provinces (Chungcheong-do, Joella-do, and Gyeongsang-do). As long as Yi Sunsin was in command, Japan could not win the war. The Japanese leaked false information, and Yi Sunsin was told to go out and fight as King Seonjo thought the information was true. Yi Sunsin was placed in confinement as he thought the information was false and disobeyed the king's order. Lieges tried to kill Yi Sunsin, but the king recognized Yi Sunsin's past contributions and asked him to follow orders in the war as a soldier without rank.

Won Gyun became the naval commander of the three provinces, but he lost most of his men and ran away on land until he was caught and killed by the Japanese forces. King Seonjo again gave Yi Sunsin the post of naval commander of the three provinces and gave orders to give up the sea and to fight on land. However, he famously said, "I still have 12 ships, and if we fight to the death, we can win." He then fought on the coastal waters of Myeongnyang against 130 ships, more than 10 times the number of ships he had and won.

After Toyotomi Hideyoshi died in 1598, the Japanese soldiers on land tried to go back to Japan, but they could not because Yi Sunsin was guarding the sea. Japan sent 500 ships and engaged in an all-out attack against the 100 ships of the Joseon-Ming alliance. Yi Sunsin was shot by the gun of a Japanese soldier while in pursuit, but he said, "Do not announce my death." Because the soldiers did not know of their commander's death, they fought until the end and won, in effect ending the 7-year war.

Yi Sunsin fought under various circumstances and showed his leadership skills as a leader. During the process, he became a legend due to his unbeaten record. The fact that his enemy had 10 times more troops was not a problem due to his leadership skills, and even before his death, his leadership led his troops to victory. Yi Sunsin is considered a great commander not only in Japan, the invading country, but also around the world.

문형과 표현 익히기 Grammar and Expressions

1 **에 따라(서)**
   This expression uses the content of the preceding clause of the sentence to limit the content of the following part.

2 **–아/어 봤자**
   This expression is used to describe negative content that happens even after what happens in the preceding clause of the sentence.

3 **–는 한**
   This expression is used to describe the conditions for action or state of the back part of the sentence.

더 알아보기 Let's Learn More about It

3 Battles of Yi Sunsin

During the 7-year *Imjin* War Yi Sunsin became a legend by participating in many naval battles and maintaining his unbeaten run. Here are some of his representative battles.

• The Battle of Hansando: This battle took place in 1592 in the sea near Hansando. Due to this battle, the Japanese navy was not able to conduct naval operations. Japanese land soldiers who were in Korea could not receive adequate supplies, and they were dealt a heavy blow. Moreover, He used the famous *hagikjin*, the crane wing formation, in naval battle and proved that land strategies could also work on the sea.

• The Battle of Myeongnyang: In this battle in 1597, Yi Sunsin defeated 130 Japanese ships with only 12 ships. Yi Sunsin used the area features of Myeongnyang to defeat enemy troops that were 10 times greater in size than Yi's troops. By defeating the Japanese troops, they were able to stop the Japanese from going to the West Sea. This dramatic naval battle was also made into a movie.

• The Battle of Noryang: In 1598, Joseon and the Ming Dynasty formed an alliance to soundly defeat the Japanese. The Battle of Noryang was the last naval battle of the Imjin War. Yi Sunsin died while leading his troops to victory. His last words are still remembered today, and his life and philosophy have been reborn in movies, TV dramas, and novels, etc.

Chapter 13

The Twisted Tree
– The Story of Crown Prince Sado

생각하며 읽기 Thinking and Reading

The severely twisted tree located in Changgyeonggung Palace is a 450-year-old pagoda tree. Normally, pagoda trees do not have this form. However, why is this tree so twisted? The twisted form of the tree is related to the sad death of a Joseon prince.

During the Joseon era, there were many kings who loved their people, and King Yeongjo was one of them. King Yeongjo was strict but always thought about the people as he reduced taxes, got rid of cruel punishments, and made sure officials or *yangban* aristocrats did not harass the people.

King Yeongjo loved his people like his children, but in reality, he had difficulty having a son. King Yeongjo had his first son after he got married but his son died at the young age of 9. Then, 7 years later, he had his second son, name Yi Seon. King Yeongjo was extremely happy that he was able to have a precious son. Yi Seon was very smart from an early age and was greatly loved by his father.

However, that love did not last long. Unlike his father, Yi Seon was very active, so he liked to play war games and also was also talented at riding horses and using weapons. King Yeongjo was afraid that his son was more interested in war games than studying, and he did not like that. He thought it would prevent his son from being a good king. So he killed the people who played war games with his son. At a young age, Yi Seon was shocked, and from then onward, he was afraid of his father and shivered in fear because of him.

When Yi Seon was 15 years old, King Yeongjo assigned a task to him to see if he could transfer the throne to Yi Seon. However, the intimidated Yi Seon did not do a good job of leading the lieges, and King Yeongjo was not happy about it. The lieges then informed King Yeongjo of their complaints. King Yeongjo only scolded Yi Seon without listening to what he had to say. Yi Seon, on the other hand, could not explain himself to his father due to his fear of him. He then developed a mental illness, and that illness gradually became severe.

Eventually, Yi Seon became violent. Yi Seon did not like the lieges who said negatives things about him to his father. Yi Seon then thought, "If I become a strong king, I will not leave them alone." When the lieges found out about Yi Seon's plans, they then told King Yeongjo that Yi Seon had a mental illness and had killed someone.

King Yeongjo wanted to end all of this. So he had his only son stay in a wooden rice chest as punishment. Yi Seon shouted and asked for his release from the wooden rice chest, but King Yeongjo's heart did not change. Through the gap of the wooden rice chest, someone secretly gave water and food to Yi Seon, yet King Yeongjo closed all the gaps when he learned about that. During the heat wave of July, Yi Seon was in agony as he could not drink a sip of water, and he died after 8 days. As a way to show his grief over his son's death, he named Yi Seon Crown Prince Sado.

Only after his death could Crown Prince Sado get out of the stifling wooden rice chest. Can you imagine how agonizing it was during the July heatwave? How many times do you think he shouted for mercy? The pagoda tree in Changyeonggung Palace did not grow upright and has a very twisted form, just like how we would imagine Crown Prince Sado would have twisted in agony. Could it be that the agony of Crown Prince Sado was transferred to the pagoda tree?

문형과 표현 익히기 Grammar and Expressions

1. **–아/어 버리다**

   This expression describes that the action has been completed. As a result, it is mentioned that there is much to be desired or that the burden has been reduced.

2. **–(으)로 인해**

   This expression is used when the preceding clause is the cause of the following clause.

3. **–(으)ㄴ 채(로)**

   This expression is used when the state of the preceding clause is maintained and the action of the following clause is conducted.

더 알아보기 Let's Learn More about It

Tangpyeong-chae and *Tangpyeong-chaek*

Tangpyeong-chae is a name of a food. Ingredients of various colors must come in a single dish to make a delicious food called *tangpyeong-chae*. What do the four colors of *tangpyeong-chae* have to do with *tangpyeong-chae*? It is related to King Yeongjo.

So, people always seek profit? During the King Yeongjo era, many lieges tried to drive out those who were not on their side. During the process, King Yeongjo lost many talented people. King Yeongjo was sad about such incidents. So he devised a policy to select people based on ability not their background, and this was called *tangpyeong-chaek*.

To tell his lieges regarding the necessity of *tangpyeong-chaek*, King Yeongjo presented a food when he was discussing the matter with his lieges. This food was composed of white, black, red, and blue colors. Various colors were used for this food because King Yeongjo thought it was a good idea for lieges with different opinions to stop fighting and to work together to make a better country. Afterward, people called this food *tangpyeong-chae*.

Chapter 14

A Life of Giving
– The Story of Kim Mandeok

생각하며 읽기 Thinking and Reading

Since Joseon was a feudal and male-centered society, tasks conducted by men and women were different. Men did tasks outside the home, and women did domestic work. Although some women were talented, they could not utilize their talents. However, in Jeju, there was a woman who was praised by people because she amassed a fortune and then donated all her wealth to society.

During the 15th year of King Yeongjo's reign, in Jeju, a child named Kim Mandeok was born. When Mandeok was twelve years old, Mandeok's father died in an accident, and her mother passed away due to illness. A *gisaeng* took Mandeok to her home and adopted her. For many years, Mandeok listed her name on the *gisaeng's* register and lived as a *gisaeng*. However, Mandeok did not consider herself to be a *gisaeng*.

When she was over 20 years old, Kim Mandeok told

the government officials about her matter and asked for permission to return to become a civilian. The government officials felt sorry for her, so she was removed from the *gisaeng*'s register and allowed to live as a civilian. Then, Kim Mandeok started a business. She bought goods when they were cheap and sold them when they were expensive. Mandeok continued to buy and sell goods for decades, and she became the richest person in Jeju.

During the 19th year of King Jeongjo's reign, there was a bad harvest for 4 consecutive years, and many people starved to death. King Jeongjo sent rice to Jeju, but it was not enough for everyone in Jeju. Kim Mandeok used her entire fortune to buy crops from the land and donated all the crops to the government office, so it could be evenly distributed to people who were dying of starvation.

What Kim Mandeok did was a feat not even the *yangban*, the leaders of society, could accomplish. Normally, when someone did something like this, the person was given a government position, but because Kim Mandeok was a woman, she could not receive a government post. King Jeongjo then told the government officials in Jeju to listen to Kim Mandeok's wishes. Kim Mandeok's wishes were unexpectedly simple. She said, "I would not regret dying if I could see where the king lived and visited Geumgangsan Mountain."

바

In the Joseon era, Jeju people could not travel outside Jeju. However, King Jeongjo called Kim Mandeok to Seoul and allowed her to tour Geumgangsan Mountain. When she was going back to Jeju, King Jeongjo gave her presents, and people praised her as her name was widely known in Seoul.

The good deeds of Kim Mandeok let her serve as a role model for all the people in Joseon. People in high positions as well as famous scholars of Joseon highly regarded Kim Mandeok's philosophy of valuing other humans and sharing. Many people wrote poems praising her and wrote stories about her. Kim Mandeok went back to Jeju and continued her good deeds until she died at the age of 74.

Although Jeju people were banned from leaving their land, Kim Mandeok was the only Jeju woman who was able to meet the king of Joseon and was praised by the scholars of Joseon. She was also one of the few women who left her name in history during the reign of the male-centered Joseon kingdom. Even 200 years later, her philosophy is still a role model for today's people.

문형과 표현 익히기 Grammar and Expressions

1 –다 보니

This expression is used when new facts are known or when the result of the following sentence occurs while doing a certain task.

2 –도록

This expression is used to describe the purpose or reason of the activity in the back of the sentence.

3 (이)나마

This expression is used when you cannot select another choice or when it is not the best choice but a good choice.

더 알아보기 Let's Learn More about It

Prohibition from Leaving the Land

In the 15th century, while the country demanded the people of Jeju provide horses, tangerines, abalone, seaweed, and medical ingredients, the government also demanded labor and tax money from them. Because the middle area of Hallasan Mountain was made into a ranch to breed horses, Jeju people could only farm in selected coastal areas. On top of it, if there was a bad harvest and if government officials were harassing the people, Jeju people would often revolt or run away to the mainland.

As there were many people running away from Jeju, the central government placed a prohibition on people leaving the island and disallowed ships with sails. If the boats did not have sails they could not use wind power to navigate and go far. Therefore, the people of Jeju used ships without sails to catch fish in the nearby sea. This ban on travelling isolated Jeju, so the technology of Jeju could not advance further. However, due to the prohibition, Jeju developed its own distinctive culture.

Chapter 15

A Great Philosopher for All Time – The Story of Jeong Yakyong

생각하며 읽기 Thinking and Reading

Today, it is widely accepted that everyone is equal. However, 200 years ago in Joseon, it was unthinkable. In Joseon, there was a man who wanted to reform irrational and unfair issues and dreamed of a society in which everyone was equal.

Jeong Yakyong was born as a son of a provincial government official in Gyeonggi-do Province. Jeong Yakyong was very smart, so he learned the *Cheonjamun (Thousand Character Classic)* at the age of four, wrote poems at seven, and wrote his own book of poetry by ten. When he was sixteen, he learned the practical knowledge and science of the West from his brother-in-law. Then, he became interested in *Silhak*, the realist school of Confucianism, and read many books. Then, he was admitted to Sungkyungwan National Academy and studied. It is there that he was spotted and was trusted by King Jeongjo.

Jeong Yakyong made a pontoon bridge, a bridge connected with several ships, for King Jeongjo, so the king could use it with ease when he visited the tomb of Crown Prince Sado. In addition, when King Jeongjo wanted to make a new city in Suwon, Jeong Yakyong was in charge. He made a device called *geojunggi*, which could move heavy stones easily and reduce the duration and cost of construction. He was able to build a castle utilizing the science technology of the West and Joseon.

When King Jeongjo heard that local government officials in Gyeonggi-do Province were harassing the people, he sent Jeong Yakyong as the secret royal inspector. They demanded unfair taxes from the people and also amassed a fortune by lending the crops of the government office at high interest. Among them, Seo Yongbo made government land his own. Jeong Yakyong told King Jeongjo the fact, and Seo Yongbo was sent into exile far away.

King Jeongjo valued people like Jeong Yakyong, who were part of *Silhak*, the realist school of Confucianism that studied *Seohak* (Study of Western technology, philosophy, and Catholicism) so they could use it for practical usage in real life. However, people who were close to Seo Yongbo claimed that the Roman Catholic religion disrupted the social order of Joseon, and they even confined and killed these people of *Silhak*. As King Jeongjo valued Jeong Yakyong, he sent him away as a provincial government official in Goksan, so he would not be prosecuted.

In Goksan, due to the former government officials, Jeong Yakyong knew that the people revolted often. So he made sure he would listen carefully to the people, regardless of their social status if any one of them felt that they were unjustly treated. Afterward, there were no revolts in the region, and it became a rich town after 2 years as he treated all affairs in a just manner. Jeong Yakyong returned to Seoul.

Officials in Seoul continued to slander Jeong Yakyong, so Jeong Yakyong resigned from his posts and returned to his hometown. Soon afterward, when King Jeongjo suddenly died, Jeong Yakyong was sent on exile to Gangjin. Jeong Yakyong was sad that things did not change and left various written works during exile. He wrote a book for farmers, wrote books on reforming corruption and incompetence of government officials, and wrote poems about people's grievances until his death.

Jeong Yakyong was a philosopher and reformer who transcended different ages. He dreamed of an equal world where people could utilize their abilities freely. His 500 books and 2,400 volumes of poems are full of reformation idealogy to fix irrational things that would make the country better for people. His philosophy has a big impact even today.

문형과 표현 익히기 Grammar and Expressions

1 조차
This expression is used when a certain situation has been already included and when an additional situation has been added.

2 –(으)ㄹ까 봐
This expression is used to assume something that has not happened yet.

3 –았/었더니
This expression is used when a past action becomes the reason or cause for the result mentioned in the sentence.

더 알아보기 Let's Learn More about It

Silhak and Jeong Yakyong

Sungnihak, neo-Confucianism, was the dominant philosophy of Joseon. In *Sungnihak*, there was discrimination and class in everything. That's why everyone was divided into classes like men and women, adult and kids, king and lieges, and civilians and servants: to maintain social structure. In Joseon, the order of the *Sungnihak* was very important, and everyone lived according to this order.

In the late Joseon period, there were various changes in society. Western forces came to the East, and many items from the West flowed in. Therefore, the Sino-centered order began to weaken. As the productivity of farming improved, people who had land became richer while people who did not have land became poorer.

The followers of *Silhak* thought there should be reforms in the society if the country was going to be stronger.

Jeong Yakyong was the representative scholar in the school of *Silhak*, and he wrote the book *Gyeongseyupyo*, which describes reform in all aspects of life, including politics, economy, society, and military. He also wrote a book on fair trials called *Heumheumsinseo*, and he wrote a book for government officials called *Mongminsimseo*.

Furthermore, he wrote more than 500 books, such as a book on diseases called *Magwahoetong* and *Giyeron*, which encouraged technological advancement.

1章 古朝鲜时代故事

第一课

艾草和蒜头 – 檀君神话

생각하며 읽기 想像并进行阅读

가
　　在你们国家常吃艾草和蒜头吗？对于韩国人而言，艾草和蒜头与韩国人几乎无法分离，是非常熟悉的植物。韩国人将艾草和蒜头作为食物食用，也作为药用。那么，对于韩国人来说，艾草和蒜头有怎样的历史意义？为了知晓这个意义，有必要知道韩国大约在5000年前发生了什么事。

나
　　以前天国有一名为桓因的王。他有个儿子名为桓雄，桓雄对于天庭并不关心，只对人类居住的世界有所关注。桓雄看到的人类世界因战争而混乱。他看到痛苦的人类，决心下来人类的世界。

다
　　桓雄从父亲处拿到"天符印"之后，为了治理人类世界，带着风伯、云师、雨师和三千人，下到人类世界来。桓雄教导并治理人类粮食、刑罚、疾病、国防、教育等相关事项三百六十余件，自从桓雄到来之后，人类世界就变为和平。

라
　　看到人类和平居住，熊和老虎就来找桓雄，希望能变成人。桓雄给了它们艾草和蒜头，并说道：
"只要在百日内不见光线，仅食艾草和蒜头，就能成人。"
熊和老虎带着艾草和蒜头进入洞穴之中。

마
　　在黑暗中，熊和老虎忍耐着吃又苦又辣的艾草和蒜头。过了几天，受不了痛苦的老虎就从洞穴逃了出去。但熊并不放弃可以成为人的希望。过了三七日（21天）之后，熊知道自己的身体发生变化，走到洞穴外面。在明亮的地方一看，熊已经变成女人。

바
　　变成女人的熊想结婚，幸福地生活。因此祈求上天寻找好丈夫。听到恳切愿望的桓雄和她结了婚，并且得子，这个儿子长大后成为国王，人们称他为檀君王俭。

사
　　檀君在公元前2333年定都"阿斯达"，建立我国最初的国家"朝鲜"。檀君想让所有人类受益，于是制定法律、治理国家。檀君的朝鲜之后持续了约2000年。

아
　　如此在韩国历史的开端，"艾草和蒜头"为之出现。但桓雄为何要它们吃艾草和蒜头？艾草和蒜头因苦味和辣味非常难吃。但只要忍耐服用，艾草和蒜头里面的良好成分对身体是很好的。熊忍受了苦味和辣味的苦痛而成为人。韩国人在历史上也是如同熊一般，胜过了许多苦痛和煎熬。即便遇到任何困难，只要不放弃，终能胜过的意义不就是在艾草和蒜头里能寻到吗？

문형과 표현 익히기 熟悉句型和表现

1　**–(으)려야 –(으)ㄹ 수 없다**
想做某种行为或动作，却无法做时使用的表现。

2　**–고자**
前句成为后句的目的或意图时使用的表现。

3　**–더라도**
与前句假设的情况无关，后句成就时所使用的表现。

더 알아보기 更多了解

朝鲜？古朝鲜？

　　韩国最初的国名是："朝鲜"。但人们称呼为"古朝鲜"。这是为了与后来建立的同名国家"朝鲜"作区别。对于最初建立的国家添加意为"以前"的"古"字，称呼为"古朝鲜"，后来建立的国家则成为"朝鲜"。

　　从天而降的桓雄和变为人的熊生下的檀君王俭的故事是古朝鲜的建国神话。对于古朝鲜的记录在写成于高丽时代的《三国遗事》中可见。此书中引用《魏书》的内容，介绍古朝鲜的故事。另中国书籍《汉书地理志》中也有记录古朝鲜的故事。关于"古朝鲜"的记录，在韩国所留不多。因为在长久历史中，周边国家经常入侵，导致历史书大多消失。

2章 三国时代故事

第二课

百发百中 – 朱蒙的故事

생각하며 읽기 想像并进行阅读

가
　　无论是已预想好的或计划好的事情，只要完全正确时，我们常会说百发百中。百发百中这句话如同字面，是"射了百支箭，百支都中"的意思。据说以前名为扶余的国家，真的有射了百支箭，百支都中箭靶的人。百发百中真的可能吗？那个人是谁呢？

나
　　从前在扶余曾有金蛙王。有一天金蛙王在太白山南边见到一个正在哭泣的女人。那女人对金蛙王说："我是水神河伯的女儿柳花，因为尚未结婚就怀孕，所以被赶了出来。我没有地方可去。"金蛙王觉得柳花可怜，又听说孩子的父亲是天国的王子，所以就把柳花带回宫里。

다 有一天，奇异的光芒照在柳花怀孕的肚子之后，柳花就生了一个很大的蛋。金蛙王大为惊讶，就将那颗蛋丢给狗和猪。但狗和猪行动时避开蛋，鸟用翅膀温暖地包裹住蛋。金蛙王虽想将蛋敲碎，但却都没有产生任何的伤痕。最终将那颗蛋还给柳花。

라 柳花全心全意地照顾那颗蛋，不久之后，一个男孩将蛋裂开而出。这个男孩从小自己制作弓，射出的每一支箭都百发百中。人们叫他朱蒙，意为精于射箭的人。

마 金蛙王的儿子们害怕能力出众的朱蒙会当王，于是向金蛙王说应该杀死朱蒙。金蛙王为了让儿子们安心，交给朱蒙养马的工作，这原本是下人做的事。然而金蛙王的儿子们树立了杀死朱蒙的计划。柳花看穿了他们的计划，对朱蒙说：「儿子啊，王子们想杀了你。你得赶快离开这里，带着你的能力和才能，去遥远的地方做大事吧！」

바 朱蒙与好朋友乌伊、摩离、陕父一起离开了扶余。听到了朱蒙离开的消息，王子们带着军队追赶。到达江边的朱蒙对着江说：「我是水神河伯的外孙，我的父亲是上帝的儿子。现在军队正在追我，应该怎么办呢？」于是鱼、鳖浮上江面，搭起了桥。因此朱蒙才能够越过江水。

사 朱蒙从扶余逃离后，遇见再思、武骨、默居。朱蒙知道他们是贤人，于是和他们一起去到卒本，建立国家。朱蒙以高大的城为意，将国家的名字取为高句丽。他以统合周边国家让国家成长。之后高句丽持续了700多年。

아 高句丽的始祖朱蒙在建立国家之前，历经许多困难。他受到嫉妒自己的人的迫害，也差点死去。但每当这时，母亲和朋友们都帮助他。即便是射箭百发百中的朱蒙，如果没有人帮他，他也是无法建立高句丽的。

문형과 표현 익히기　熟悉句型和表现

1 –고 해서
虽有数种理由，但只说一种理由时使用的表现。

2 –(으)ㄴ/는가?
地位较高或年纪较大的人有礼貌地询问后辈时使用的表现。

3 –(으)ㄹ 뻔하다
虽然极接近某种状况或状态，但实际上没有成就时使用的表现。

더 알아보기　更多了解

从蛋里诞生的孩子

人从蛋里出生的事当然不可能的，但人从蛋里出生的故事在世界各国的神话中均可见到。那么这到底是意味着什么？圆圆的蛋，模样像似太阳。因此从蛋里出生的人意味从天而降。也因为从蛋里出生的人从天上获得其权威和能力，因此具有与一般人不同的神秘感。从蛋里出生的人因为不是平凡的人，成为支配一般人的国王，对该时代的人而言，应是可加以正当化的吧？

从朱蒙出生开始到高句丽建国为止的故事，在广开土大王碑等各种史料中都有所呈现。这些史料包括《三国遗事》、《三国史记》、《东国通鉴》、《东史纲目》等。

韩半岛与高句丽相同的时期计有百济、新罗、伽倻等国。百济是高句丽朱蒙的儿子建立的国家，新罗、伽倻则是在韩半岛东南方各自成立的国家。据说新罗的始祖朴赫居世、昔脱解、金閼智也是从蛋里出生，另伽倻的金首露王也是从蛋里出生。

第三课

断掉的刀 – 琉璃王的故事

생각하며 읽기　想像并进行阅读

가 我们活着，都会遇到许多问题。有些人若有困难的问题，总是会想逃避，另外有些人在解决问题时，如果找不到答案，就会轻易放弃。高句丽曾有不放弃问题，最后解决了，因而成为王的人。那个问题是什么问题呢？

나 是朱蒙在扶余的时候。金蛙王的儿子们因为害怕朱蒙当王，树立了将朱蒙杀掉的计划，于是朱蒙必须紧急地离开扶余。朱蒙告诉夫人礼氏这个事实，在离开前，向她作最后的道别。当时礼氏夫人流着眼泪，向朱蒙说自己已经怀孕。朱蒙将要给孩子的信物藏好后，离开了扶余。

다 朱蒙离开扶余后，礼氏夫人生下儿子。她给儿子起名叫琉璃，和柳花夫人一起尽心尽力地抚养孩子，琉璃箭也射得很好，像朱蒙一样。

라 有一天，琉璃做了弹弓玩，但不小心把路过的妇人的水缸打破。那位妇人非常生气，大声责备琉璃说：「原来没有父亲的孩子就是这样玩啊！」"没有父亲的孩子"这句话让琉璃受到极大的冲击。此话在琉璃的脑海里挥之不去。

마 琉璃回到家里，问礼氏夫人说：「母亲，我的父亲是谁呢？现在在哪里？」礼氏夫人犹豫了一下说道：「你父亲不是普通人。他离开了这个国家，去了南方建立国家，并成为了王。你父亲在七角岩石上的松树底下藏有信物，找出来以后，去你父亲那里吧！」

바 琉璃为了寻找七角岩石，每天在山上和溪谷寻觅。寻找信物因而疲惫的琉璃回到家，坐在地板上。'七角岩石上的松树到底在哪里？'那时从柱石传来声响。他一看发出声音的柱

石，正有七角，其上的柱子正是松树。松树柱子下方有一小缝，琉璃将手伸进缝里。他找到了朱蒙留下的信物——断掉的刀子的一半。

사 琉璃拿着父亲留下的信物下到南方。到达高句丽卒本城的琉璃让朱蒙看了断掉的刀。朱蒙拿出自己持有的另一半刀加以接合。看到完整的刀子的朱蒙非常高兴说道："琉璃是我的儿子。"后来琉璃接续朱蒙，成为高句丽的第二代王。

아 断掉的刀子是证明琉璃乃朱蒙儿子的钥匙。为了寻找这把钥匙，琉璃走遍了山川和溪谷。但是这把钥匙却终究是在家里。我们是否应想想，活在世界上，当发生问题时，是不是像琉璃一样，只是想从远处寻找问题的钥匙？

문형과 표현 익히기 熟悉句型和表现

1 –다가
某种行为在尚未结束的状况下转换为其他行为时使用的表现。

2 –아/어 있다
某种行为结束，其状态持续时所使用的表现。

3 –던
在名词前面说明名词，在名词的行为尚未结束时使用的表现。

더 알아보기 更多了解

高句丽与百济是兄弟

朱蒙从扶余南下，来到卒本城的时候，许多人帮助了朱蒙。其中召西奴是卒本有权势的人的女儿，她与朱蒙再婚，帮助朱蒙建立高句丽。朱蒙因召西奴的帮助，成为高句丽的国王。

朱蒙在建立高句丽之后，琉璃拿着朱蒙留下的信物，南下高句丽之时，朱蒙和召西奴膝下已有二子，名为沸流和温祚。朱蒙并未封此二子，而是立从扶余来的琉璃成为太子。为此，两个儿子陪着召西奴南下各自建立了国家。

哥哥沸流在弥邹忽建立国家，弟弟温祚在汉江地域建国。但是哥哥沸流猝死，原本跟随沸流的百姓来到弟弟温祚的国家。温祚因为与十个臣下一起建国，因此国家的名字刚开始定为"十济"，沸流的百姓来到十济后，温祚就将国名改为"百济"。

有人认为建立百济的温祚及其兄弟沸流是朱蒙与召西奴的儿子，也有人说是召西奴与死去的前夫所生。召西奴和朱蒙再婚，但因史料不足，无法得知究竟哪一说法是正确的。

第四课

失去理智的爱情
- 乐浪公主的故事

생각하며 읽기 想像并进行阅读

가 各位如果听到'爱'这个单词会想起什么？'爱'除了男女之间的爱情，还有为了儿女付出所有的父母的爱，甚至虽然与我无关，但珍惜、尊重存在于世上所有存在的爱。人们都希望拥有美丽的爱情。但有一名女子因为爱情而失去所有。

나 距今约2000年前，在高句丽的南方有一名为乐浪的小国。某一天，乐浪国王去了沃沮地区，遇见了高句丽的王子好童。乐浪国王非常喜欢好童，所以邀请他到自己的宫殿。

다 他们两人在宫里交谈各种话题。国王想让好童成为自己的女婿，于是把公主叫来，介绍给好童。公主对外貌堂堂的好童一见钟情，好童和乐浪公主结婚后，住在乐浪国里。

라 不久之后，好童回到高句丽，见了自己的父亲。好童向父亲说了乐浪国宝物的事情。他说："乐浪国有如遇敌人出现，就会自己发出声音的鼓和号角。这个鼓和号角是保护乐浪国免受周边国家侵犯的宝物。

마 高句丽的大武神王听了好童的话，心想建立更大、更强的国家的机会到来。"你果然是我的儿子。"身为庶子的好童想获得父亲的认可。于是在没有人知道的情况下，派人去向乐浪公主说："如果把乐浪的宝物破坏掉，就可以成为高句丽的王子妃，如果不这样做的话，就不能获得成为王子妃。"

바 乐浪公主去到宝物所在地，在没有人知道的情况下，将鼓和号角打坏，然后把这个事实告诉好童。高句丽大武神王在知道鼓和号角都被打坏后，派军队攻击了乐浪。而事先无法得知高句丽攻击的乐浪国只能遭受攻击。乐浪国王将背叛国家的公主处死，向高句丽投降。

사 因为这件事情，好童受到大武神王的高度认可，但大武神王的王妃担心庶出的好童成为国王，于是陷害他。因为一连串的陷害，大武神王想处罚好童。好童不但失去了最爱，还失去了父亲的认可，最终自杀身亡。

아 乐浪公主为了心爱的好童，破坏了国家的宝物。但终究无法和心爱的人在一起，死在父亲的手里。好童王子也是失去了一切，甚至还失去自己的性命。乐浪公主不就是因为爱情而失去理智？好童王子不就是因为自己的欲望而失去理智吗？

문형과 표현 익히기 熟悉句型和表现

1 -았/었다가
结束某种行为后，进行其他行为时使用的表现。（此时后文出现在前文中料想不到或与其相反的事情。）

2 (으)로 삼다
将某种状态认为是其他对象，或者成就为其他对象时使用的表现。

3 마저
主要在负面的情况中出现最后剩下的或最坏情况时使用的表现。

더 알아보기 更多了解

大武神王的计划？

乐浪公主和好童王子的爱情故事直到今天也是电影、演剧、音乐剧、歌剧等多样公演的素材，受到韩国人的喜爱。

根据三国史记的其他故事，高句丽的大武神王为了将乐浪纳入自己的手里，向乐浪国王请求儿子的婚姻，在乐浪公主成为自己的儿媳妇后，让乐浪公主破坏乐浪的宝物。

虽无法得知哪一故事才是正确，但乐浪公主和好童王子的爱情终究无法成就，面临了悲剧性的死亡。

好童虽是大武神王的庶子，但大武神王非常钟爱好童，因此在名字当中加入'好'字，起名好童。又大武神王虽有嫡子，但并没有把太子的位子赐给嫡子，而是在好童死后，才将其命为太子。由此看来，可知大武神王不仅喜爱好童，还想将好童立为自己的接班人。

第五课

一切唯心造 - 元晓大师的故事

생각하며 읽기 想像并进行阅读

가
在完成一天的工作之后，会感觉回家的路非常遥远、辛苦。但是同样的路如果和心爱的人一起走的话，只会觉得太短。因为如果和那个人在一起只会感到幸福。人生经常会有这种情况虽没有改变，但感受却完全不同的时候。

나
距今约1400年前的新罗，有一名为元晓的法师。元晓法师自幼佛心极深，15岁时，将家里改为寺庙，成为和尚。元晓法师向几位老师学习佛法，对于自己领悟觉得很喜悦。有一天，他听说知名的法师从印度回到唐国，为了向他学习佛法，决心前往唐国。

다
元晓法师在前往唐国的路上，有天在山里遇到了暴雨。元晓法师想躲雨并睡一晚，于是就进了附近的洞窟。因为太过疲倦，进了洞窟以后，立刻就睡着了。

라
因为太渴醒来的元晓法师摸了摸旁边，找到一个盛水的容器。并且将里面的水咕噜咕噜地喝掉。隔天早晨元晓法师大为震惊，因为昨晚喝的水是积满在骸骨里的腐水。"我竟然喝了那么脏的水。"于是突然呕吐起来。

마
'不知道而喝的时候，只觉得清凉甜美，但知道了那是脏水之后，竟然就吐了。'元晓法师获得了极大的启示。'一切唯心造，我现在要去哪里学什么呢？'元晓法师于是回到新罗，向人们传播一切唯心造的启示。

바
元晓大师向百姓弘扬佛教，并唱着内容为'如果能借我没有把柄的斧头，我就会建造支撑上天的柱子'的歌。人们都不了解这首歌的意思。但是新罗国王知道元晓大师的真意，于是将没有丈夫、孑然一身的自己的女儿介绍给他。元晓大师和公主一起生活在宫里。不久之后，公主怀孕，元晓大师心想已建造了支撑上天的柱子，于是就离开了宫殿。

사
离开了宫殿之后的元晓法师想向百姓传播佛法，于是脱下僧服，和百姓一起唱歌、跳舞。并且简单、明了地向百姓讲解佛教。此后，从孩子到老人的所有百姓都知道'南无阿弥陀佛'，佛教因此传扬到全国。

아
喝下污水虽然是极为不愉快的事，但元晓大师因此得到极大的感悟。我们活在世上，也会有如同喝下污水一般的不愉快经验的时候。每当此时，与其陷入不愉快的感觉，倒不如像元晓大师一样，努力用另一视线来看待此事，则不愉快的事情也会成为让我们成长的基础。

문형과 표현 익히기 熟悉句型和表现

1 -(으)ㄹ 겸
某种行为的目的在两个以上时使用的表现。

2 -다니/(이)라니
因为意外的事感到惊讶或觉得是无法置信的事情时使用的表现。

3 -기 나름
呈现某种事情或行为可能不同的表现。

더 알아보기 更多了解

骸骨之水的故事是事实吗？

元晓法师的故事在中国和日本都有流传。中国的《林间录》中虽有元晓法师和骸骨之水的故事，但《宗镜录》中记载并非骸骨之水，而是尸体的腐水；《宋高僧传》中虽介绍了元晓法师的故事，但并没有提到骸骨之水或尸体的腐水之事。

日本的《华严缘起》中，以图画介绍元晓法师的故事。图画的内容是妖怪看着元晓大师和义湘大师在坟墓里睡觉的模样。在韩国、中国、日本流传的故事虽都不同，但元晓法师悟道的说法都是一样的。

支撑上天的柱子和薛聪

元晓法师唱着如果借他一把没有把柄的斧头，那么他就会制作支撑上天的柱子，知道歌词意义的新罗武烈王将自己的女儿——瑶石公主介绍给元晓大师。其后瑶石公主生下儿子，他就是薛聪。

薛聪是新罗十大贤人之一，也是三大文章家之一，是对于新罗教育贡献极大的大学者。薛聪最大的功绩就是整理了'吏读'。'吏读'是借用汉字的意思和声音，适合韩文标记方式的标记法。新罗没有自己固有的文字，因此借用中国的汉字，但使用起来非常不便。薛聪整理吏读之后，新罗百姓可以更简单地用文字留下自己的想法，也可以更轻易地理解别人写的文字。

3章 高丽时代的故事

第六课
不白之冤 – 王建的故事

생각하며 읽기 想像并进行阅读

가
发生坏事的时候，如果我没做，但却有人说那件事情是我做的，一定会觉得十分委屈。如果被冠上偷窃、暴行、杀人等不白之冤时，是否能够忍耐？为了洗脱冤屈，应该做何等努力？历史上有人就是智慧地越过这个危机而成为王的。

나
公元800年后半，新罗的王和臣下们不关心国家，过着奢侈的生活，让百姓十分痛苦。百姓渐渐无法生存下去，纷纷逃进山里或在各地引起战乱。新罗的力量变弱，将军甄萱在全州地区建立国家，新罗的王族弓裔也纠聚势力，在铁原地区建国。

다
国家如果想强盛，需要很多力量。当时松岳地区有权势的人王隆和他的儿子王建一起投靠弓裔。弓裔则给了王隆和王建官职。王建成为弓裔的将军，与新罗作战，将新罗的几个地区收进弓裔的国家之内。

라
因为王建每场战争都大胜，所以弓裔更加信任王建，并给了他国家最高的官职。王建对于在战争中胜利的地区百姓就像自己的百姓一样加以治理，但弓裔却将该地区的百姓残忍地杀死。因此所有百姓都畏惧弓裔，相信并追随王建。

마
弓裔以大肆兴建宫殿为由，向百姓收取许多税金，并使唤他们做辛苦的事情。百姓活得越来越吃力，弓裔的个性也变得越来越残暴。弓裔因为认为自己是活着的佛祖，说自己拥有可读出他人内心的'观心法'，将自己不喜欢的人全部杀掉。甚至连自己的夫人和儿子也亲手杀掉。

바
王建也无法避开弓裔的观心法。弓裔对王建说："你想背叛我，自己当王吧？"王建觉得很委屈。此时有一个名叫崔凝的人假装要捡掉下的东西，对王建说："如果不屈服的话，会很危险。"王建对于自己究竟要说是冤枉的，还是要屈服自己感到苦闷，他后来说："对不起，我起了贪欲想当王。"，弓裔说完："你说了事实，所以我不杀你。"之后大笑。

사
弓裔的残暴愈发严重，臣下们和百姓拥立王建为王，攻入弓裔所在的宫殿。弓裔在任何人都不知道的情况下，逃出宫里，躲在山上，结果被百姓抓住处死。王建当了王以后，新罗百姓的民心也不在新罗王身上，而是转移到王建这边。于是新罗王将国家献给王建，王建也征服了甄萱建立的后百济，建立了一个统一的国家——高丽。

아
王建在受到弓裔说他想当王的委屈时，他一定很想说自己是被冤枉的。但如果王建说出自己的委屈的话，他可能会丧命。正因为他虽然委屈，但暂时不坚持自己的意志，所以能避开死亡，后来当王。我们如果遭遇危机，能像王建一样考虑最重要的是什么吗？

문형과 표현 익히기 熟悉句型和表现

1 –아/어 가다/오다
呈现维持动作的状态，时间持续进行的表现。(–아/어 오다 是从过去到现在；–아/어 가다是呈现从现在到未来时间的进行。)

2 –(으)ㄴ/는 척하다
将与事实相反的内容修饰为谎称的态度时使用的表现。

3 –자
前面的动作成为前提条件，后面的动作立即发生时使用的表现。

더 알아보기 更多了解

高丽？高句丽？

中国的历史书《宋史》和《明史》中有高丽王建继承高氏的高句丽的纪录。《高丽史》中也有辽朝将曾占领的高句丽的土地还给高丽的纪录，说这是因为高丽继承高句丽之故。因此可知王建的高丽是继承了高朱蒙的高句丽。

建立高丽的王建将新罗、百济和高丽统合为一个国家，实施了多样的政策。不区分高句丽、百济和新罗人，让他们都能以一个高丽人的身份生活。高句丽遗民建立的渤海被契丹灭亡后，他也接纳渤海的遗民成为高丽人。

王建为了让百姓的心合而为一，积极奖励佛教。建设寺庙和佛塔，举行佛教活动，发展佛教文化。另外为了将各地有权势的人的力量聚合在一起，与他们的女儿成婚，赐给各地有权势的人王氏的姓氏，让他们拥有对于高丽人的归属感。王建正是如此而安定了国家。

第七课

相信我的人
– 恭愍王和鲁国公主的故事

생각하며 읽기 想像并进行阅读

가
　　如果为了当王，发生必需彼此杀戮，连父母兄弟都不能相信的情况时，生命有何希望？如果此时至少有一人相信我、支持我，在这种情况下，必定能够怀抱着希望，努力发挥意志吧？

나
　　高丽后期，由于元朝的干涉，国王经常更换，臣下也持续进行权力斗争，王权甚为薄弱。高丽的王在对元朝表示忠诚的意义上，在名字的前面加上'忠'字，称为忠烈王、忠宣王、忠肃王等，高丽的王子自小必须在元朝生活，熟悉元的风俗，并且必须和元的公主结婚。忠肃王的儿子'祺'也和其他王子一样，在12岁的时候，必须去元朝生活。

다
　　祺看到被带到元朝的高丽人悲惨的生活，下定决心要将无力的高丽建设为强大的国家。但由于祺的母亲不是元朝的公主，所以不能当王。祺为了成为高丽的王，和元朝的鲁国公主结婚，后来成为高丽的王，回到高丽。

라
　　恭愍王一回到高丽，就将骚扰百姓的元朝势力赶走，选拔新的人才，将国家大事交给他们。另又努力禁止蒙古式的衣服、发型、风俗等，以期恢复高丽的传统，此外又把被元朝夺走的高丽土地再次找回。鲁国公主虽然是元朝的公主，但却积极帮助反对元朝的恭愍王，为强化恭愍王的王权尽心尽力。

마
　　恭愍王虽然努力建设强大的高丽，但国家内、外有很多困难。在外部有红巾贼和倭寇的进攻，使得国力衰减，内部则有亲元势力想杀掉恭愍王的危机。每逢此时，鲁国公主都帮助恭愍王，因此亲元势力对于元朝的公主-鲁国公主无可奈何。鲁国公主对于恭愍王而言，不仅是妻子，还是政治的同志、心灵的知己。

바
　　两人尽管相爱，但他俩之间没有孩子。在过了15年之后，鲁国公主终于怀了孕，恭愍王为了祈祷鲁国公主能顺利地生下孩子，所以将国家的全部囚犯都加以释放，但鲁国公主在生产过程中却不幸和孩子一起死亡。

사
　　因为鲁国公主的死去，恭愍王遭受极大冲击，他亲手绘制公主画像，然后就好像公主还活着一样，不分昼夜地与图画对话、一起用餐，不愿从图画的前方离开。他还花了9年的时间全心全意地建设公主和自己的坟墓，并建设可连接两座坟墓的通道，让他俩在死后也能见面。因为失去公主的悲伤，无法治理国家的恭愍王最终在1374年被臣下杀死。

아
　　恭愍王的周围虽然都是敌人，但因为有真心相信自己、坚定支持自己的公主，才能发挥自己的意志。可是鲁国公主死后，恭愍王什么都不能做，最终死去。并且不久之后，高丽也随之灭亡。如果公主没有死去，是不是又会有另一段不同的历史？

문형과 표현 익히기 熟悉句型和表现

1 에도 (-(으)ㄴ/는데도) 불구하고
强调不受任何条件或情况拘束的表现（主要是相反的结果在后句出现）。

2 이자
同时具有两种特征时使用的表现，与名词结合。

3 –고 말다
负面的结果出现时使用的表现。

더 알아보기 更多了解

蒙古风与高丽样（高丽习俗）

　　高丽接受蒙古80余年的干涉。在此期间，两国的文化互相给予影响。在高丽流行蒙古的文化，在蒙古流行高丽的文化；在高丽流行的蒙古文化称为蒙古风，蒙古流行的高丽文化则被称为高丽样。

　　在韩国传统婚礼中，新娘头上戴的花冠以及脸上点的胭脂红点都是来自于蒙古。另烧酒和饺子都是受到蒙古影响的饮食。

　　高丽人的衣服模样在蒙古流行之后，一直持续到明朝；高丽的韩包和包饭的蔬菜也给予蒙古饮食文化诸多影响。据说蒙古饮食中，起源是来自于高丽，但经由本地化之后，还流传至现在。

第八课

代代相传的热情 – 崔茂宣的故事

생각하며 읽기 想像并进行阅读

가
　　所有人都说'不'的时候，各位能说'是的'吗？这是一件不容易的事。但高丽时代却有人为了所有人都说不行的事情而奉献出自己的一生。他的热情一直持续到儿子和孙子，梦想最终才得以完成。那我们来了解一下他们是谁？他们的梦想又是什么？

나
　　高丽末期，倭寇经常进到高丽骚扰百姓，因为元朝的干涉，王权和军事力量为之弱化的高丽不能妥善对应倭寇的侵略。国际贸易港——碧澜渡也是倭寇经常侵略的地方，对于在该处工作的崔东洵而言，倭寇是非常伤脑筋的存在。崔东洵的儿子崔茂宣经常思考能减轻父亲忧虑的方法。

다 有一天，崔茂宣看到烟火表演后说："对了，如果用火药的话，一定可以击退倭寇。"但是不仅高丽没有制造火药的方法，而且高丽人根本没想过可以把火药使用为武器。但崔茂宣告诉大家火药的重要性，也强调以直接制作火药，并且开发利用火药的武器，必须要击退倭寇。

라 崔茂宣寻找懂得火药的中国商人，最后见到了一个商人，知道了制作火药的方法。他不舍昼夜加以实验、研究，终于制成了火药。崔茂宣虽然说了得设立用此火药制成的武器的机构，但官吏们不但不帮他，也不相信他的话。可是崔茂宣并不放弃，最终在1377年设立了火筒都监。

마 1380年秋天，倭寇率领了500艘船，来到津浦入口。倭寇将船绑在一起加以固定后，进到村里杀人、窃取粮食之后，将村子全部烧掉。崔茂宣心想现在就是使用自己制造的武器的最佳时机。于是崔茂宣率领100艘船，去到津浦，将倭寇的船全部烧毁。

바 3年后，倭寇虽再次来到高丽，但却无法招架崔茂宣的武器。于是倭寇逐渐不侵略高丽，百姓也重拾平和的生活。倭寇逐渐消失之后，官吏们就把火筒都监废除，崔茂宣就再也不能开发武器。他将关于火药和武器的知识写成书，交给年幼的儿子，以70岁的年龄逝世。

사 崔茂宣的儿子崔海山经由父亲留下来的书籍，学习制作火药和武器的方法。崔海山走上仕途之后，更加发展父亲制成的武器，并制造多样武器，将国家建设得更强大。他的儿子崔功孙也继承祖父和父亲的意志，毕生奉献于火药和武器的研究。

아 虽然所有人都认为那是不可能的事，但崔茂宣相信自己，并毕生为了实现梦想而努力。这份热情延续到儿子和孙子，结果就如同崔茂宣的梦想一般，百姓得以过着和平的生活。他们延续三代的热情给予活在这个时代的我们很大的意义。

문형과 표현 익히기 熟悉句型和表现

1 –(으)ㄹ 뿐만 아니라(뿐만 아니라)
呈现不只某种事实，还有其他状况的表现。

2 은/는커녕
比较前面的内容和后面的内容，强调前面的内容不需再说时的表现。

3 (이)야말로
强调、确认时使用的表现。

더 알아보기 更多了解

高丽和 Korea

如果用英语标记韩国，就是'Korea'。此名称是从何时开始使用的呢？

高丽是贸易发达的国家。碧澜渡是高丽代表性的国际贸易港口。据说不只中国和日本的商人，连远从阿拉伯来的商人也来碧澜渡从事贸易。当时阿拉伯商人发'高丽'的音时，发做'Coree'，这个发音也传到其他国家，于是就成为了'Korea'。

此时期从碧澜渡出口的代表性东西有高丽青瓷、螺钿漆器、人参、纸张等，进口的东西则有丝绸、药材、书籍、香料等。

第九课

不能抹去的血迹 – 郑梦周的故事

생각하며 읽기 想像并进行阅读

가 为了持守自己认为是正确的，是否可以放弃自己所拥有的全部？接到甜蜜的提议，是否能够至终持守自己认为是正确的事情？高丽末期的郑梦周为了持守自己认为是正确的信念，甚至连生命也抛弃了。郑梦周是何许人也？他所要坚持的信念又是什么？

나 高丽末期的恭愍王为了建设强大的高丽，将元朝的势力去除，通过考试选拔新人才。此时郑梦周也被选为人才，负责国家的事务。但恭愍王突然过世，高丽再次被亲元势力所掌控。他们将明朝使臣杀死，把郑梦周流放到遥远的地方。

다 因为倭寇连续的侵略，百姓遭受苦痛，国家派遣使臣到日本。但该使臣被监禁后，几乎快要死掉才活着回来。亲元势力知道如果作为使臣去日本的话，很明显地会死掉，但仍指派正流放中的郑梦周担任使节，派往日本。可是日本人被郑梦周的人品和学识所感动，非常妥善地接待郑梦周，并释放被倭寇抓来的高丽人。

라 那之后，郑梦周帮助与侵略高丽的倭寇作战的将军们。那些将军中也包括后来建立朝鲜的李成桂。他们两人数次共同击退倭寇，累积了对彼此的信任。

마 元朝的力量变弱，明朝的力量变强，于是开始对高丽做许多要求。高丽必须派遣使节到明朝，但因为以前曾经发生过杀死明朝使臣的事情，没有一个人想去。亲元势力知道如果去了明朝必死无疑，但仍派了郑梦周前往。郑梦周以其杰出的外交能力，改善了两国关系。

바 随着明朝的势力愈发强大，他们把高丽恭愍王时期从元朝收复的辽东区域的土地再度据为己有。恭愍王的儿子禑王派李成桂去收回辽东区域的土地。但李成桂在接近辽东区域附近时，突然将军队调回，回到宫里将禑王赶走。李成桂立禑王年幼的儿子昌为王，开始进行干政，后来说昌王并非王族，于是将他赶走。其后立了本身为王族，与自己又是亲家关系的王瑶为王。

사
　　郑梦周为了建设强大的高丽，虽然帮助新王做了很多事，但李成桂为了自己当王，将反对自己的人统统杀掉。郑梦周认为李成桂做的事不是正确的。李成桂的儿子李芳远在酒席上款待了郑梦周，并向他进行甜美的提案。但郑梦周说自己的想法至死也不会改变。最终李芳远派人杀了他，郑梦周在名为善竹桥的桥上流血而死。

아
　　不久之后，李成桂建立了名为朝鲜的国家。如果郑梦周改变了自己是正确的这种想法，他可能会被认为建立朝鲜有功，因而舒适地活着。但对郑梦周而言，与错误的事情妥协不如死去。他虽然因为朝鲜建国势力而死，但他对朝鲜时代人们的思想具有极大影响。

문형과 표현 익히기　熟悉句型和表现

1　을/를 통해
以某种东西作为手段或媒介，形成其他结果时使用的表现。

2　-다시피
虽然实际上并非那样，但几近该程度时使用的表现。

3　만 못하다
前句的内容或程度未能满足或不足后句的内容、程度时使用的表现。

더 알아보기　更多了解

何如歌和丹心歌

李芳远为了说服高丽的忠臣郑梦周，写了'何如歌'一诗，郑梦周写下并吟诵'丹心歌'，作为对何如歌的回答。

何如歌　　　　李芳远	丹心歌　　　　郑梦周
如此亦如何 如彼亦如何	此身死了死了 一百番(次)更死了
城隍堂后垣 颓落亦何如	白骨为尘土 魂魄有也无
吾辈若此为 不死亦何如	向主一片丹心 宁有改理与之
这是李芳远对只想留存为高丽臣子的郑梦周所说的内容，要他不要固执高丽，就像葛藤纠缠一样，在朝鲜彼此友好，一起带领国家。	郑梦周用这首诗表示即便是死了百次，即便是骨头变成灰消失，也绝对不会改变对高丽王的心意。他用这诗表现自己一片丹心的坚固忠心，拒绝了李芳远的提议。

4章　朝鲜时代的故事

第十课

关爱百姓的王 - 世宗大王的故事

생각하며 읽기　想像并进行阅读

가
　　全世界有六千余种语言、两百多种文字。这些文字大部分是在长久时间中，由于人们的需要所创造的。因此无法正确得知是谁、何时、在哪里、如何创造的，但韩文是可知晓所有的过程，并为大众所使用的唯一文字。那么，我们来了解一下创制韩文的过程以及创造韩文的世宗大王。

나
　　世宗是太宗李芳远的第三个儿子，自幼非常喜欢读书。同一本书也读过百次，甚至在身体不舒服的时候也手不离书。担忧世宗健康的太宗曾命令臣下将书籍完全清理掉，此时世宗也在屏风后方找出留下的一本书，背着父亲读过无数次。

다
　　世宗因为不是第一个儿子，所以不能当王，但他十分仁慈而聪明，王和臣下都希望世宗能当王。在世宗当王之后，聚集了许多人才，支援他们的研究。他又重新改订各种制度，让百姓活得更好，因此邻国的许多人都非常羡慕，还有人归化了朝鲜。

라
　　世宗为百姓创造的政策有好几种。包括给予怀孕的奴婢和丈夫休假；没有父母的孩子由国家照顾；监狱的罪犯不会因为冷、热而生病；70岁以上的老人不分身份，举行筵席加以祝贺，并给他们米和衣服；没有儿女的老人由国家照料。

마
　　世宗听到住在晋州的百姓杀了自己的父亲后，为了教导百姓'孝道'而编写书籍。但是不认识字的百姓无法知道其内容，世宗觉得他们十分可怜，于是将儒教的内容画成图画，让百姓知晓。

바
　　韩国语和中国语不同，百姓得用中国文字表现韩国语有所困难，对此，世宗觉得百姓非常可怜。为了让不识字的百姓能够轻易地学习，他创了28个字。这些字正是意为'教导百姓的正确声音'的'训民正音'。用这28个字可以写下韩国语的所有声音。

사
　　世宗虽然想教导百姓训民正音，但臣下们认为世宗发明的训民正音对国家没有帮助，因而加以反对。世宗对于不为百姓着想的臣下大加斥责。然后为了让所有人都能了解训民正音，附加了说明，以之教育百姓。之后，只要是想了解文字的人，不管其年纪、性别或身份，都可以学习训民正音并写字。

아
　　世宗在位共32年，心中所想的只有百姓。即便是身份低的人，如果有能力，他还是会给予机会。他不分孤儿、老人、罪囚等，对所有人都加以照顾。正因为世宗对于百姓的热爱，韩文才能有以致之。今天韩国人的生活之所以变得方便，可视为都是托世宗之福。因此人们认为世宗是最好的国王，也因此称呼他为世宗大王。

문형과 표현 익히기　熟悉句型和表现

1 에 의해(서)
作为后面情况进行的根据，呈现其手段、方法、状况、基准等的表现。

2 -곤 하다
同一状况反复出现数次时的表现。

3 -는 데(에)
与后方出现的内容相关，或事先言及状况时使用的表现。

더 알아보기　更多了解

训民正音的特征

1. 创制动机
过去认识文字就等于拥有知识，拥有知识就意味不是受支配的人，而是支配者。亦即文字等同于权力。然而世宗大王让愚民认识文字。因为他并不把百姓单纯地认为是受支配的人。由此事实，可知世宗大王的爱民精神。

2. 创制的文字
许多文字由图画或记号开始。有些还借用既存的文字加以使用，或者改用。但韩文是为了标记韩国语，全新创制的文字。

3. 制字原理
① 象形：以发音器官和天地人的模样为基本文字呈现。
② 加划：在基本文字上增加笔划制成。
③ 组合：将初声再次使用为终声，使初声、中声、终声可加以组合。

28字中消失的4字是？

ㆆ	여린히읗	韩国固有语中不使用，为了呈现中国汉字的发音使用的文字。
ㅿ	반치음	ㅅ与ㅇ的中间发音，现在改变为ㅅ或ㅇ，在地域方言中发为 '여우 → 여수 (병이) 나아 → 나사'。
ㆁ	옛이응	初声的ㅇ(이응)和收音ㅇ(이응)是不同的声音。옛이응呈现收音ㅇ(이응)的声音，现在统合使用为ㅇ(이응)。
ㆍ	아래아	发音与 'ㅗ + ㅏ' 类似。标准语中发音消失，但在地区方言中还留存。

第十一课

忽然消失的天才科学家
－ 蒋英实的故事

생각하며 읽기　想像并进行阅读

가
　　朝鲜是身份制的社会。身份是人生下来从父母继承而来，左右了那个人的一生。根据身份的不同，规定了能做的和不能做的事情，而且身份不容易更改。然而蒋英实依凭自己的能力，超越了这种身份制度。

나
　　蒋英实是朝鲜太宗朝的人，是在今天釜山地区的东莱县工作的奴隶。朝鲜时代因为奴隶是最低贱的身份，所以关于蒋英实的记录并不多。根据几项资料的内容，有人说蒋英实的祖先是元朝人，也有人说是宋朝的将军，母亲则是在官厅工作的妓生。

다
　　那是蒋英实在东莱县当奴隶的时候。因为朝鲜全国的干旱非常严重，许多百姓遭受苦痛。然而东莱县并没有因为干旱遭害。理由是蒋英实创造将远处的水引来，能将水灌注于农田的设施所致。知道了这件事情的太宗非常爱惜并保护蒋英实。

라
　　在太宗之后成为王的世宗认为中国的天文学不适合于朝鲜，对于无法正确得知朝鲜天文现象感到很难过。世宗将制作物品的技术十分高超的蒋英实和天文科学家一起派往中国，让他熟知中国天文机器的模样。

마
　　世宗将制作天文机器的工作交给从中国回来的蒋英实，并想让他脱离奴隶身份。虽然因为臣下的反对，没能脱离身份，但他并不为此失望，热衷制作天文机器。最终因功劳获得认可，得以脱离奴隶的身份。此后蒋英实改良手动刻漏，证明自己的实力，世宗也授予蒋英实新的官职。

바
　　世宗命令蒋英实制作能自己报时的时钟。蒋英实比较、研究了中国和阿拉伯的刻漏，制作出朝鲜固有的自动刻漏。其后还制造了可以知道季节和时间变化的浑天仪、日晷、测雨器等科学机械与金属活字，他被提升为名为大护军的官职。

사
　　1442年蒋英实发现国王坐的轿子有问题，将此事实告诉同样官职的赵顺生。蒋英实听赵顺生说没有任何问题，并未修理轿子。但该轿子后来毁损，蒋英实于是挨了板子，官职也被剥夺。然后在历史的记录中忽然消失。

아
　　因为蒋英实的记录不多，所以无法得知他的结果。但他留下的许多东西对于朝鲜农业与科学的发展助益良多。蒋英

实虽然是奴隶身份，但自己的能力受到国王的肯定，超越了身份的限制。今天虽已没有身份的限制。但我们却仍有自己制造限制，并且无法超越该限制的时候。每当此时，是否应想想蒋英实的一生？

문형과 표현 익히기 熟悉句型和表现

1 –아/어다가
带着前句的结果，进行后句的行为时使用的表现。

2 을/를 비롯하여
罗列各种情况时使用的表现。

3 –는 바람에
因为不是计划中的事情，发生不好的结果时使用的表现。

더 알아보기 更多了解

蒋英实的发明品

高丽时代已有杰出的金属活字技术。《直指心体要节》就是用高丽的金属活字制成的书，比德国约翰·古腾堡的活字技术早70年。但该技术停滞了一段时间，世宗命令蒋英实创造更好的金属活字。那就是蒋英实发明的金属活字'甲寅字'。

这是水在聚集一定时间之后，小娃娃会敲钟报时的刻漏。以其自己敲钟的意义，故取名为'自击漏'。因为战争的缘故，仅留下一部分，将其再加复原，成为现在的模样。

仰釜日晷是向百姓广为普及的日晷。利用太阳升起时出现的影子，便可知道时间。为了不识字的百姓，绘有呈现时间的12种动物图画。

测雨器是测量雨量的器具。在国家里使用的标准化器具是世界首创。测雨器不会让滴落到地上的雨水溅入，因此减少了在测量雨量时产生的误差。

此外，蒋英实还创造了多样的科学仪器。举例而言，将报时的自击漏和观测天体运行的浑天仪加以合并为玉漏。玉漏是可以知道包括季节变化、节气、时间的器具。

第十二课

拯救国家的英雄 – 李舜臣的故事

생각하며 읽기 想像并进行阅读

가
许多人都希望能晋升，坐上高位，在组织里成为领袖。但根据谁成为领袖的不同，组织可能会崩溃，也有可能获得很大的成功。朝鲜的名将李舜臣正是呈现组织里领袖的指导能力有多么重要的人。

나
距今四百多年前，统一日本的丰臣秀吉为了侵略明朝，准备先侵略朝鲜。守卫全罗地区的李舜臣虽预料到会发生战争，但宣祖对此并不加以准备。所以李舜臣在没有国家帮助的情况下，训练兵士，制造龟船，为战争作准备。

다
1592年丰臣秀吉率领20多万名军队侵略釜山。镇守庆尚地区的元均未作任何准备，他看到数不胜数的日军船舰，心想就算作战也一定会输。因此将武器和船只全部丢弃在海里后逃走。王将宫殿丢弃，前往避难，并向明朝求助。结果朝鲜的首都也在二十天后被侵略。

라
听到侵略消息的李舜臣率领军队，前往庆尚地区。朝鲜军队在李舜臣的指导下，获得第一次胜利，也找回自信心。其后李舜臣进行十余次的战斗，都获得胜利，日本军队在与李舜臣率领的军队战斗时连续战败，于是丧失了战斗的决心。对于日军而言，李舜臣成为一个可怕的存在。

마
李舜臣后来成为统管忠清道、全罗道、庆尚道军队的三道水军统制使。他在任期间，日本都无法战胜。后来日本泄露假情报，信以为真的宣祖命令李舜臣前往战斗。但研判是假情报的李舜臣并未遵守王的命令，于是宣祖将李舜臣关在监狱里。臣下们都说应处死李舜臣，但王对于李舜臣过去的功绩加以认可，并未杀了他，而是命令他白衣从军。

바
李舜臣被关在监狱里的时候，元均成为三道水军统制使，但在与日本的战斗中几乎失去了所有兵力，在逃亡陆地的时候被日军杀死。宣祖再次将三道水军统制使的职位交给李舜臣，命令他放弃海洋、在陆地上作战。但李舜臣说"还剩下12艘船，如果抱持必死的决心，一定可以获胜"，他在鸣梁外海与超越十倍的130余艘船舰作战，获得胜利。

사
1598年丰臣秀吉死亡，在陆地的日军想回到日本，但因为李舜臣守卫海洋，日军无法回去。后来日军派遣500艘船舰，发起总攻击，朝鲜和明朝的军队以100余艘的船舰共同作战。李舜臣在追赶逃走的日军时不幸中枪，但他说"不要透露我的死亡"。不知道李舜臣已经死亡的军队作战到最后，后来赢得胜利，结束了历时7年的战争。

아
李舜臣在任何条件下，都发挥领袖的指导能力，创造了不败神话。超过10倍的兵力差异在他杰出的指导能力之前，也未能成为任何问题，而即便是在死亡之前，他的指导能力导致了战争的胜利。李舜臣不只是在侵略朝鲜的日本，在全世界也是被认可的杰出名将。

문형과 표현 익히기 熟悉句型和表现

1 에 따라(서)
以前方的内容为基准，呈现后方内容受限制的表现。

2 –아/어 봤자
即便前面的行为状态成就，呈现否定内容将到来的表现。

3 –는 한
呈现后方句子行为或状态的条件时使用的表现。

더 알아보기 更多了解

李舜臣的三场大捷

李舜臣在壬辰倭乱的7年期间，进行了许多海战，创造了不败神话。其中具代表性的海战如下：

- 闲山岛大捷：1592年在闲山岛外海进行的海战。因为这场海战，日军无法进行海上作战。进入朝鲜陆地的日军因无法获得圆满的支援，日本陆军遭受极大的打击。另李舜臣在海战中使用鹤翼阵战术，证明陆上战术也能使用在海上。

- 鸣梁大捷：1597年在鸣梁以12艘船舰击败拥有130余艘船舰的日军。李舜臣利用鸣梁的地区特性，击败超过十倍以上的敌军，阻止日军进入西海。这个戏剧性的海战也曾被制作成电影。

- 露梁大捷：1598年朝鲜与明朝军队联合大胜的海战。露梁海战是壬辰倭乱期间中在海上进行的最后一场战斗。李舜臣在获得胜利后永眠。他留下的最后一句话让许多人到现在都还记得，他的人生、精神通过电影、连续剧、小说等多样的作品再次诞生。

第十三课

扭曲的树木 – 思悼世子的故事

생각하며 읽기 想像并进行阅读

가 这棵严重扭曲的树木是生长在昌庆宫的四百五十年的槐树。普通的槐树不是这个模样。可是这棵树为什么如此弯曲？这棵树扭曲的模样与遗憾死去的朝鲜的一位王子有关。

나 朝鲜有很多爱护百姓的伟大君王，英祖也可被推为其中一人。英祖减税、去除残忍的刑罚、不让官吏和贵族骚扰百姓，他虽严格，但经常为百姓着想。

다 英祖将百姓视为自己的子女一样怜惜、爱护，但他自己却无法轻易得到可付出关爱的儿子。英祖结婚后，虽得到了第一个儿子，但那个儿子在九岁的时候死亡。七年后才获得了第二个儿子"李愃"。英祖因为生了宝贝儿子非常高兴。李愃从小时候开始就非常聪明，也得到英祖满满的关爱。

라 可是这份关爱并没能持续多久。李愃与父亲英祖不同，个性非常好动，不只喜欢玩战斗的游戏，边骑马边使用武器的才能十分卓越。英祖对于儿子比起读书，更喜欢战争游戏这个事情十分不满，认为会妨碍他成为一个鲜明的君王。因此将一起玩战争游戏的人都杀了。李愃在年幼之时受到如此大的冲击后，非常畏惧父亲，看到父亲就吓得直哆嗦。

마 李愃在十五岁的时候，英祖将君王的政务交给他，观察他未来能否成为君王。可是畏惧父亲的李愃没能妥善地领导臣下，英祖于是不喜欢李愃。臣下们向英祖禀告对李愃的不满。英祖不听李愃的话，只是一味地责备他。李愃因畏惧父亲而连辩解的机会都没有，所以得了心病，而且这个病越来越严重。

바 后来李愃变得极为暴戾。他非常厌恶只向父亲禀告自己缺点的臣下。李愃心想："我如果成为有力的君王，绝对不会放过他们。"知道了李愃想法的臣下向英祖禀告说李愃得了精神病，而且杀了人。

사 英祖想结束这一切事情。于是为了惩罚独子，将他关在米柜里。李愃虽然在米柜里大喊把自己放出来，但英祖并未改变心意。有人偷偷地利用米柜的隙缝，送进去水和食物，知道了这件事情的英祖将米柜的所有隙缝都封了起来。在七月的炎热天气中，李愃连一口水都没得喝，在米柜里十分痛苦，在八天后终于死亡。英祖为了表示对于李愃之死的悲伤，称他为"思悼世子"。

아 思悼世子在死后才得以从沉郁的米柜中出来。在七月的炎热中，思悼世子是多么痛苦呢？他是如何地大喊救命呢？昌庆宫的槐树不能长得直挺，模样就好像是思悼世子因为苦痛，所以扭身体。这不就是思悼世子的痛苦转移到槐树身上吗？

문형과 표현 익히기 熟悉句型和表现

1 -아/어 버리다
表现结束某种行为，呈现结果感到可惜或减轻了负担。

2 -(으)로 인해
前句成为后句的原因时使用的表现。

3 -(으)ㄴ 채(로)
维持前句的状态，做后句行为时使用的表现。

더 알아보기 更多了解

荡平菜和荡平策

这个食物的名字是荡平菜。这道菜必须将颜色不同的材料放进一个盘子里，才能成为名为"荡平菜"的美味菜肴。荡平菜的四种颜色和荡平菜之名有何关系？这与英祖有关。

人们都会追求自身的利益把？英祖时代的许多大臣为了自身的利益，都想将不是属于自己一方的人赶走。英祖在这样的过程中错失了许多可惜的人才。英祖觉得太可惜了。 因此他想出了以选拔人才时不问背景，只问能力让他们参与政治的政策，这就是所谓的荡平策。

为了告知臣下荡平策的必要性，英祖在与臣下讨论荡平策的场合命人上了一道菜。那道菜由白色、黑色、红色和青色所构成。英祖认为正如同多种颜色调和的那道菜一样，想法彼此不同的臣下不要再彼此斗争，应彼此合作，以期建设更好的国家。此后人们将该道菜肴称为"荡平菜"。

第十四课

实践分享的人生 - 金万德的故事

생각하며 읽기 想像并进行阅读

가
朝鲜因为是身份制度的社会，同时也是以男性为中心的社会，因此男人和女人做的事情并不相同。男人做外面的事情，女人必须做家里的事情。女人无论能力再如何杰出，都不能在社会上展现自己的能力。然而在济州岛有一位以女人的身份累积财富、将自己所有的财产奉献给社会，因而获得人们的称颂。

나
英祖15年，一位名为金万德的孩子诞生在济州岛。万德十二岁的那年，她父亲因为事故过世，母亲也因病去世。一名妓生将无依无靠的万德带回自己的家里，将她视为自己的女儿。几年后，万德登入妓生的名簿，于是就以妓生的身份活着。可是万德并不认为自己是妓生。

다
金万德过了20岁的时候，向官厅说明自己的情况，请求能回到良民的身份。官厅认为金万德很可怜，于是将她从妓生的名簿中删除，让她以良民的身份生活。此后，金万德开始做生意。她在东西便宜的时候买进，贵的时候卖出去。如此过了几十年之后，万德成为济州岛相当有钱的人。

라
正祖19年，济州岛因为持续四年的凶年，许多人因此饿死。正祖虽送了米到济州，但不够所有人吃。金万德用尽了所有财产，从陆地购买粮食后，为了能平均分配给即将饿死的人，将所有粮食奉献给官厅。

마
金万德做的事是社会领导阶层的贵族也难以做到的事。一般来说，做了这种事的人可以获得官职，但金万德因为是女人，无法获得官职。正祖要济州的官吏成就金万德的愿望。她却说了很意外的愿望："我如果能看到国王所在地以及金刚山的话，就死而无憾了。"

바
在朝鲜时代，济州岛的人不能离开济州岛。可是正祖将金万德叫来首尔，也让她去游览了金刚山。正祖给予回到济州的金万德奖赏，金万德的名字在首尔也广为人所知，许多人都称颂金万德。

사
金万德的善行成为朝鲜所有人的典范。不只是高位官吏，朝鲜的著名学者也对于珍恤人群、实践分享的金万德给予高度评价。有很多人写了称颂金万德的诗，也写了有关万德故事的书。金万德回到济州也持续善行，后来以74岁高龄离开人世。

아
即便有"出陆禁止"的命令，但去到岛外，直接晋见朝鲜国王的金万德是获得朝鲜学者称颂的唯一济州女性。而且在以男性为中心的朝鲜，金万德是虽短暂，但留在朝鲜历史中稀少的女性之一。在过了200多年以后的现在，金万德的精神仍成为许多人的模范。

문형과 표현 익히기 熟悉句型和表现

1 –다 보니
在做某些事情的过程中，知道了新的事实或发生后面句子的结果时使用的表现。

2 –도록
呈现后方句子行为的目的或理由的表现。

3 (이)나마
无法进行其他选择或虽不是最好的选择，也觉得还可以时使用的表现。

더 알아보기 更多了解

出陆禁止

15世纪国家要求济州岛人民奉献出马、柑橘、鲍鱼、海苔、药材等，并强迫劳动和缴税。因为汉拿山中间区域被开垦为养马的牧场，无法从事农耕，所以济州岛人只能在海边地区的部分土地务农。后来因为凶年严重，再加上地方有势力的人骚扰济州岛人，一些不能忍受的济州居民为了生存，所以爆发民乱或逃往陆地。

逃离济州的人越来越多，中央政府下达出陆禁止(不能前往陆地的制度)，并且不准搭乘设有风帆的船。船上如果不能设置风帆，则无法利用风力，自然无法驶远。所以济州岛人只能在近海利用没有风帆的竹筏捕鱼，以之谋生。因为出陆禁止的命令让济州为之孤立，济州的技术也发展得很难。但因为如此，让济州留下与陆地不同的固有文化。

第十五课

超越时代的思想家
- 丁若镛的故事

생각하며 읽기 想像并进行阅读

가
"所有人都是平等的"这句话在今日被视为是理所当然。可是在200年前的朝鲜，这句话是难以令人想象的。有一个人曾梦想改革朝鲜的这种不合理、不公平的现象，创造一个公平的世界。

나
丁若镛生而为一个京畿道地方官吏的儿子。他从小就非常聪明，四岁的时候就已经熟知千字文，七岁的时候就会写诗，十岁以前就发表了自己的诗集。十六岁时从住在首尔的姐夫学习到西洋的实用知识和科学，此后他对实学有所关注，读了许多书。其后，他进入成均馆学习，获得正祖的注意，也获得正祖的信任。

다 丁若镛为了让正祖去思悼世子的坟墓时能够轻易过江，制作了将数条船连结在一起的船桥。另外，在正祖想将水原建设为新都市时，丁若镛负责此事。他发明了能将沉重的石头加以轻易搬运的举重器，减少建筑时间和费用，利用西洋和朝鲜的科学技术，完成实用的城。

라 正祖听到京畿地方的官吏骚扰百姓的消息，于是派丁若镛当暗行御史。他们不只让百姓缴纳不当的税金，而且将官厅的粮食以昂贵的利息借出，以此方法聚敛了财产。其中徐龙辅将国家的土地据为己有，丁若镛将这些事情上报正祖，于是正祖将徐龙辅流放到遥远的地方。

마 正祖对于以研习西学想对实际生活有所帮助的丁若镛等实学者非常爱惜。可是和徐龙辅亲近的势力认为从西方传来的天主教破坏朝鲜的秩序，于是逮捕实学者，甚至杀死他们。正祖担心丁若镛被害，派他去离首尔很远的谷山地区当官。

바 谷山地区因为以前官吏的缘故经常发生民乱，丁若镛在知道之后，只要是百姓蒙受冤屈，不管他们的身份高低，都仔细加以聆听。此后，他在处理所有事情的时候都非常公正，谷山再也没有发生民乱，只经过两年，谷山就成为富裕的村子。于是丁若镛再次回到首尔。

사 在首尔的官吏们一直诬陷丁若镛，为此，丁若镛放下官职，回到故乡。不久之后，支持丁若镛的正祖突然过世，丁若镛就被流放到康津。他为了无法改变的世界感到惋惜，于是在流放地写下多样的文章。他亲自经历农民的生活，为农民写书，也写了能改革官吏腐败和无能的书，他一直到死为止，都以诗文来表现百姓的痛苦。

아 丁若镛是超越时代的思想家和改革家。他梦想着能建立所有人都能平等且能自由发挥能力的世界。他留下的500多本书和2400多篇诗中，内含有希望能改变不合理的事情，创造百姓能安乐生活的改革思想。他的思想直到现在还给予这个时代极大的教诲。

더 알아보기 更多了解

实学与丁若镛

支配朝鲜的思想是性理学。性理学认定世上所有都存在差别和等级。所以不只男性和女性、成人和孩子，甚至包括王与臣下、平民与贱民一样，所有人都应区分身份，以之维持社会的秩序。在朝鲜，性理学的秩序非常重要，所有人必须按照秩序生活。

朝鲜后期，社会的许多地方都发生变化。西方势力进入东方，西洋的文物也随之进入。因此过去以中国为中心的秩序开始变为薄弱。随农业生产力变好，拥有土地的人慢慢变成有钱人，未能拥有土地的人渐渐变为贫穷。

在这样的变化中，实学者为了建设百姓安居乐业的富强国家，认为社会的各个地方都需要改革。

代表性的实学者丁若镛在流放的地方写下《经世遗表》一书，详细说明政治、经济、社会、军事等所有方面的改革方法。另外他著有《钦钦新书》，期许以公正的裁判，不让委屈的百姓产生，另外他整理出地方官吏应该为百姓做的事情的《牧民心书》一书。

문형과 표현 익히기　熟悉句型和表现

1　조차
已经包含某种状况，更加呈现超越其上的情况时实用的表现。

2　-(으)ㄹ까 봐
猜测尚未发生的情况时使用的表现。

3　-았/었더니
呈现过去做的事情成为后句结果的原因或理由时的表现。

第1章 古朝鮮時代の話

第1課

ヨモギとニンニク － 檀君の話

생각하며 읽기 考えながら読もう

가
　みなさんの国では、ヨモギやニンニクをどれくらいよく食べますか。韓国人にとってヨモギやニンニクは、切っても切れないほど非常に慣れ親しんだ植物です。韓国人は、ヨモギやニンニクを、料理としても食べ薬としても使用します。では、韓国人にとってヨモギやニンニクは、歴史的にどのような意味があるでしょうか。この意味を知るためには、約5000年前に韓国でどのようなことがあったか、確認する必要があります。

나
　昔、天の国に桓因という王がいました。桓因には桓雄という息子がいたのですが、桓雄は天の国には関心がなく人間たちが暮らす世界にばかり関心がありました。桓雄の見た人間世界は、戦争で混乱していました。桓雄は苦しむ人間たちを見て、人間世界に下りてくることを決心しました。

다
　桓雄は父から「天符印」を受け取った後、人間世界をよく治めるために、風伯・雲師・雨師とともに3千人の人々を連れて、人間世界に下りてきました。桓雄は人間たちに、穀物・刑罰・疾病・国防・教育に関係する360あまりのことを教えて治めました。桓雄が来た後、人間世界は平和になりました。

라
　平和に暮らす人間を見て、クマとトラが人間になろうと桓雄を訪ねてきました。桓雄はヨモギとニンニクを与えながら言いました。
　「100日間、光を見ないでヨモギとニンニクだけを食べれば、人間になるだろう。」
　クマとトラは、ヨモギとニンニクを持って、洞窟の奥へ入っていきました。

마
　暗闇の中でクマとトラは、苦くて辛いヨモギとニンニクを我慢して食べました。数日が過ぎ、苦しさに勝てなかったトラは洞窟の外へ飛び出しました。しかし、クマは人間になれるという希望を捨てませんでした。3×7日(21日)になったとき、クマは自分の体に変化が起きたのを知り、洞窟の外へ出てきました。明るいところで見ると、クマは女になっていました。

바
　女になったクマは、結婚して幸せに暮らしたいと思いました。それで、よい夫を見つけてほしいと、天に祈りました。切実な願いを聞いた桓雄は、彼女と結婚しました。そして、息子を得ました。この息子は成長して王になり、人々は彼を檀君王俟と呼びました。

사
　檀君は紀元前2333年に「阿斯達」を首都に定め、私たちの最初の国家「朝鮮」を建てました。檀君はすべての人間に利するという考えで、法を作り、国を治めました。檀君の朝鮮は、その後、約2000年間続いたそうです。

아
　このように、韓国の歴史の始めに「ヨモギとニンニク」が登場します。ところで、桓雄はなぜヨモギとニンニクを食べるように言ったのでしょうか。ヨモギとニンニクは、苦い味と辛い味のために食べづらいです。しかし、我慢して食べれば、ヨモギとニンニクに入っているよい成分が体を健康にします。クマは、苦い味と辛い味という苦痛に打ち勝って人間になりました。韓国人たちも、歴史の中で数多くの苦痛と苦しみをクマのように克服しました。いかなる困難が来てもあきらめなければ克服できるという意味が、ヨモギとニンニクにあるのではないでしょうか。

문형과 표현 익히기　文型と表現

1. **-(으)려야 -(으)ㄹ 수 없다**
   ある行為や動作をしようとしてもできないときに使用する表現。

2. **-고자**
   先行節が後続節の目的や意図になるときに使用する表現。

3. **-더라도**
   先行節の仮定された状況と関係なく後続節が成立するときに使用する表現。

더 알아보기　もっとよく知ろう

朝鮮? 古朝鮮?

　韓国の歴史で最初の国名は「朝鮮」です。しかし、人々は「古朝鮮」と呼びます。後代にできた「朝鮮」という同じ名前の国家と区別するためにです。最初にできた国家には「昔」という意味の「古」を付けて「古朝鮮」と呼び、後代にできた国家は「朝鮮」と呼ぶようになりました。

　天から下りてきた桓雄と人間になったクマの間に生まれた檀君王俟の話は、古朝鮮の建国神話です。古朝鮮に関する記録は、高麗時代に書かれた『三国遺事』に見ることができます。この本では、『魏書』の内容を引用して古朝鮮の話を紹介しています。また中国の『漢書地理志』にも、古朝鮮の話が記録されています。しかし、「古朝鮮」に関する記録は、韓国にあまり残っていません。長い歴史の中で、周辺国の頻繁な侵入によって、歴史書がたくさん消失したからです。

第2章 三国時代の話

第2課

百発百中 – 朱蒙の話

생각하며 읽기 考えながら読もう

가
予想したことや計画したことがことごとく間違いなくよく当たるとき、私たちは「百発百中」といいます。「百発百中」という言葉を文字どおり解釈してみると、「百本の矢を射て、百本すべて当たる」という意味です。昔、扶余という国には本当に、百本の矢を射て百本をすべて的に当てた人がいたそうです。百発百中ということが本当に可能でしょうか。その人は誰でしょうか。

나
昔、扶余には金蛙王がいました。ある日、金蛙王は、太白山の南で泣いている1人の女性に会いました。その女性は金蛙王に泣きながら言いました。
「私は、水の神・河伯の娘、柳花です。結婚もせずに妊娠して追い出されました。でも、行くところがありません」
金蛙王は柳花が気の毒でもあり、子どもの父親が天の国の王子という話も聞いたので、柳花を宮殿へ連れて行きました。

다
ある日、不思議な光が柳花の妊娠したおなかを照らした後、柳花は大きな卵を産みました。金蛙王はびっくりして、その卵を犬と豚に与えました。すると、犬と豚は卵を避けて通り、鳥たちは卵をあたたかく翼で覆いました。金蛙王は卵を割ろうとしましたが、卵にはまったく傷もつきませんでした。結局、金蛙王はその卵を柳花に返しました。

라
柳花が真心を込めて卵の世話をしはじめて間もなく、男の子が卵を割って出てきました。この子は、幼いころから弓を自分で作って射たのですが、射る矢はすべて百発百中でした。人々は、弓をよく射る人という意味で、この子を朱蒙と呼びました。

마
金蛙王の息子たちは、能力が優れた朱蒙が王になることを恐れ、金蛙王に朱蒙を殺さなければならないと言いました。金蛙王は息子たちを安心させるため朱蒙に馬を育てる仕事をさせたのですが、これは下々の人々がする仕事でした。しかし、金蛙王の息子たちは、朱蒙を殺す計画を立てました。柳花は、彼らの計画に気づいて、朱蒙に言いました。
「朱蒙、王子たちがお前を殺そうとしている。お前は早くここを出なければならない。お前の能力と才能を持って遠いところに行き、大きなことをしなさい」

바
朱蒙は、親友の烏伊・摩離・陝父とともに扶余を去りました。朱蒙が去ったことを知り、王子たちは兵士たちを連れて追いかけて来ました。川岸に到着した朱蒙は、川に向かって言いました。
「私は水の神・河伯の孫で、私の父は天の息子である。いま兵士たちに追われているのだが、どうすべきか」
すると、魚とスッポンたちが川の上に浮かんで橋を作りました。おかげで朱蒙は川を渡ることができました。

사
朱蒙は扶余から脱出した後、再思・武骨・黙居に会いました。朱蒙は彼らが賢人であることを知り、彼らとともに卒本へ行って、国を建てました。朱蒙は、大きく高い城という意味で、国の名前を高句麗としました。そして、周辺の国家を統合し、国を大きくしました。その後、高句麗は700年間あまり続きました。

아
高句麗の始祖・朱蒙が国を建てるまでには、多くの困難がありました。朱蒙を妬み嫌う人々にいじめを受けて死にかけたこともありました。しかし、そのたびに、母や友人たちが彼を助けてくれました。弓を射れば百発百中の朱蒙でも、彼を助けてくれる人がいなかったら高句麗を建てることはできなかったでしょう。

문형과 표현 익히기 文型と表現

1 –고 해서
複数の理由があるが、そのうち1つだけを言うときに使用する表現。

2 –(으)ㄴ/는가?
地位が高い人や年上の人が下の人を高めて尋ねるときに使用する表現。

3 –(으)ㄹ 뻔하다
ほとんどある状況や状態になりかけたが、実際にはそのようにならなかったときに使用する表現。

더 알아보기 もっとよく知ろう

卵から生まれた子ども

人が卵から生まれるというのはもちろん不可能なことですが、卵から生まれた人の話は、世界の多くの国の神話に見ることができます。では、これは何を意味するのでしょうか。丸い卵の形は太陽に似ています。ですから、卵から生まれた人は天が遣わしてくれた人を意味します。彼らは天からその権威と能力を授かっているため、一般人とは違って神秘感を持つようになります。卵から生まれた人は平凡な人でないため、その時代の人々にとって、一般人を支配する王になることが正当化されえたでしょう。

朱蒙の出生から高句麗建国までの話は、広開土大王碑をはじめとして複数の歴史資料に出てきます。その資料としては『三国遺事』『三国史記』『東国通鑑』『東史綱目』などがあります。

朝鮮半島には、高句麗とほぼ同じ時期に、百済・新羅・伽耶という国もありました。百済は高句麗の朱蒙の息子が建てた国で、新羅・伽耶は朝鮮半島の東南でそれぞれ自生した国です。新羅の始祖である朴赫居世・昔脱解・金閼智も卵から生まれたといい、伽耶の金首露王も卵から生まれたと伝えられます。

第3課

折れた刀 – 瑠璃王の話

생각하며 읽기 考えながら読もう

가
　私たちは、生きていく中で、多くの問題に出会います。ある人は難しい問題があれば無条件に避けようとし、またある人は問題を解いていて答えを見つけられないと簡単にあきらめます。高句麗には、問題をあきらめずに最後まで解いて、王になった人がいます。その問題とは、どのような問題だったのでしょうか。

나
　朱蒙が扶余にいるときでした。金蛙王の息子たちが朱蒙が王になることを恐れて朱蒙を殺そうという計画を立てたため、朱蒙は急いで扶余を離れなければなりませんでした。朱蒙は夫人の礼氏にこの事実を知らせ、旅立つ前に最後のあいさつをしました。そのとき、礼氏夫人は涙を流して自分が妊娠したということを朱蒙に言いました。朱蒙は子どもに与える印を隠して扶余を去りました。

다
　朱蒙が扶余を出た後、礼氏夫人は息子を産みました。礼氏夫人は息子の名前を瑠璃とし、柳花夫人とともに真心を込めて育てました。瑠璃は、朱蒙に似て、弓をよく射ました。

라
　ある日、瑠璃がぱちんこを作って遊んでいて、誤って、通りかかったある夫人の水甕を割ってしまいました。怒ったその夫人は大声で瑠璃を叱りました。
「父親のいない子だから、こんなふうに遊ぶのね」
　瑠璃にとって「父親のいない子」という言葉は大きな衝撃でした。この言葉が瑠璃の頭から離れませんでした。

마
　瑠璃は家に帰って礼氏夫人に言いました。
「お母さん、私のお父さんは誰ですか。いまどこにいらっしゃるのですか」
　礼氏夫人はためらって言いました。
「あなたのお父さんは、普通の人ではない。あなたのお父さんは、この国を離れ、南へ下って国を建て、王になられた。七角形の岩の上の松の下にお父さんが印を隠したから、印を見つけて父のところに行きなさい」

바
　瑠璃は七角形の岩を求めて、毎日、山や渓谷を捜し回りました。印を捜し疲れた瑠璃は、家に帰って縁側に座りました。
「いったい、七角形の岩の上の松はどこにあるのだろうか」
　そのとき、礎石から何か音がしました。音がする礎石を見ると七角形で、その上にある柱は松でした。松の柱の下に小さな隙間が見えたので、瑠璃はその隙間へ手を入れました。瑠璃は、朱蒙の残してくれた印である折れた刀の半分を見つけました。

사
　瑠璃は父の残した印を持って南へ下りました。高句麗の卒本城に到着した瑠璃は、折れた刀を朱蒙に見せました。朱蒙は、自分が持っていた残りの半分の刀を取り出し、合わせてみました。完成した刀を見た朱蒙は、喜んで言いました。

「瑠璃は私の息子だ」
　後日、瑠璃は朱蒙の後を継いで、高句麗の2代目の王になりました。

아
　折れた刀は、瑠璃が朱蒙の息子ということを証明する鍵です。この鍵を見つけようと、瑠璃は山や渓谷を歩き回りました。しかし、その鍵は結局、家の中にありました。生きていく中である問題が生じたとき、私たちも瑠璃のようにその問題の鍵を遠くからばかり見つけようとしていなかったか、考えてみてはどうでしょうか。

문형과 표현 익히기 文型と表現

1　-다가
ある行為が終わっていない状態でほかの行為に変わるときに使用する表現。

2　-아/어 있다
ある行為が終わって、その状態が持続するときに使用する表現。

3　-던
名詞の前で名詞を説明する言葉であり、名詞に関する行為が終わっていないときに使用する表現。

더 알아보기 もっとよく知ろう

高句麗と百済は兄弟

　朱蒙が扶余から南へ下って卒本に来たとき、多くの人々が朱蒙を助けてくれました。そのうち召西奴は卒本の勢力家の娘で、朱蒙と再婚して、朱蒙の高句麗建国を助けました。朱蒙は召西奴の助けで高句麗の王になることができました。

　朱蒙が高句麗を建てた後、瑠璃が朱蒙の残した印を持って高句麗に下ったとき、朱蒙と召西奴の間には沸流と温祚という2人の息子がいました。朱蒙はこの2人の息子を差し置いて、扶余から来た瑠璃を高句麗の王になる太子としました。それで、2人の息子は召西奴とともに南へ下って、それぞれ国を建てます。

　兄の沸流は弥鄒忽に国を建て、弟の温祚は漢江地域に国を建てました。ところが、兄の沸流が急死するや、沸流に従っていた民が弟の温祚の国へ来ます。温祚は10名の臣下とともに国家を建てたので国の名前をはじめ「十済」としたのですが、沸流の民が十済に来て国が大きくなると、温祚は国の名前を「百済」と変えました。

　百済を建てた温祚とその兄弟の沸流を、朱蒙と召西奴の息子という人もいれば、召西奴と死別した先夫の息子という人もいます。召西奴が朱蒙と再婚をしているうえ、歴史的史料が不足しているため、どちらが正しいかは分かりません。

第4課

盲目の愛 – 楽浪王女の話

생각하며 읽기 考えながら読もう

가
みなさんは、愛という単語を聞いて、何が思い浮かびますか。愛には、男女間の愛、子どものためにすべてを与える両親の愛、自分とは関係ないけれど世界に存在するすべてのものを大事にして尊重する愛もあります。人々は、みな美しい愛をしたがります。しかし、愛のためにすべてを失った女性がいます。

나
いまから約2000年前、高句麗の南に楽浪国という小さい国がありました。ある日、楽浪国の王は沃沮地域に行って、高句麗の王子・好童に会いました。王は好童が気に入って、好童を自分の宮殿へ招待しました。

다
2人は、宮殿であれこれ話を交わしました。王は好童を婿にしたくて、王女を呼んで好童に紹介しました。王女は凛々しくてかっこいい好童を見て一目ぼれしました。好童は楽浪王女と結婚して、楽浪国で暮らしました。

라
後日、好童は高句麗に帰って父に会いました。好童は父に楽浪国の宝の話をしました。
「楽浪国には、敵が現れると自ら音を出す太鼓と角笛があります。この太鼓と角笛は、周辺の国から楽浪国を守ってくれる宝だそうです」

마
高句麗の大武神王は、好童の言葉を聞いて、さらに強大な国を作ることができる機会が来たと考えました。
「さすがは私の息子だ」
庶子の好童は、父に認められたかったのです。好童は誰にも気づかれないように、楽浪王女のもとに人を送りました。
「楽浪の宝をなくせば、高句麗の姫になることができます。そうでなければ、姫として認められることができません」

바
楽浪王女は、誰にも気づかれないように宝があるところへ入って、太鼓と角笛を壊しました。そして、好童にこの事実を知らせました。高句麗の大武神王は太鼓と角笛がなくなったことを知り、兵士を送って楽浪を攻撃しました。高句麗の攻撃を前もって知ることができなかった楽浪国は、やられるしかありませんでした。楽浪国の王は、国を裏切った王女を殺して、高句麗に降伏しました。

사
このことで、好童は大武神王に大いに認められました。しかし、大武神王の王妃は庶子の好童が王になることを憂えて、好童を陥れました。たび重なる計略によって、大武神王は好童に罰を与えようとしました。好童は愛も失ったうえに父にも認められなくなり、結局、自ら命を断ちました。

아
楽浪王女は、愛する好童のために国の宝を壊しました。しかし、愛する人とともにできず、父の手で殺されました。好童王子もまた、すべてを失い、自分の命までも失いました。楽浪王女は愛に目がくらみ、好童王子は自分の欲に目がくらんだためではないでしょうか。

문형과 표현 익히기 文型と表現

1 –았/었다가
ある行為を完了した後、ほかの行為をするときに使用する表現(このとき、後続節には先行節で予想できなかったことやそれと反対のことが来る)。

2 (으)로 삼다
ある対象をほかの対象と考えたり、ほかの対象になるようにしたりするときに使用する表現。

3 마저
主に否定的な状況で、最後に残ったものや最悪の状況を表すときに使用する表現。

더 알아보기 もっとよく知ろう

大武神王の計画?

楽浪王女と好童王子の愛の話は、今日でも、映画・演劇・ミュージカル・オペラなど多様な公演の素材になるほど、韓国人に愛される話です。

『三国史記』の別の話によると、高句麗の大武神王が楽浪を手に入れるために楽浪国の王に息子の婚姻を申し入れて楽浪王女を嫁にした後、楽浪王女に楽浪の宝を壊させたそうです。

どの話が正しいかは分かりませんが、楽浪王女と好童王子は愛を成就できず悲劇的に死を迎えます。

好童は大武神王の庶子でしたが、大武神王は好童を非常に愛しました。それで名前に「好」の字を入れて好童と名づけました。また、大武神王には嫡子の息子がいたのですが、彼に太子の地位を与えず、好童が死んだ後にようやく、彼を太子としました。このことから見て、大武神王は好童を愛して大切にしたのみならず、好童を自分の後継者と考えていたということが分かります。

第5課

考え方しだい – 元暁大師の話

생각하며 읽기 考えながら読もう

가
一日じゅう仕事をして家に帰る道は、非常に遠くつらく感じられます。しかし、同じ道でも、愛する人とともにする道は短く感じられます。その人とともにすれば幸せだからでしょう。このように、状況は変わっていないのに、まったく違って感じられるときがあります。

나
いまから約1400年前、新羅に元暁という僧侶がいました。元暁は幼いころから仏心が深く、15歳のときに、家を寺にして僧侶になりました。元暁は複数の師を通じて仏教について学び、自ら悟ることに喜びを感じました。そんなある日、有名な

僧侶がインドから唐に帰ってきたという話を聞き、教えを受けるために唐へ向かいました。

🔹 **다**
　元暁は唐へ行く途中、山の中で大雨に会いました。雨宿りと寝泊まりを兼ねて、近くに見える洞窟へ入っていきました。元暁は、あまりに疲れて洞窟に入った後、すぐに眠りに落ちました。

🔹 **라**
　喉が渇いて目が覚めた元暁は、あたりを手探りして水の器を見つけました。そして、その水をゴクゴク飲みました。あくる朝、元暁はびっくりしました。夕べ飲んだ水は、骸骨にたまった腐った水でした。
　「私があんなに汚い水を飲んだとは」
　突然、吐き気がしてきました。

🔹 **마**
　「知らずに飲んだときには冷たくておいしかったのに、汚い水ということを知ったら吐き気がするのだな」
　元暁は大きな悟りを得ました。
　「すべては考え方しだいなのに、私はいまどこに何を学びに行くのだろうか」
　元暁はきびすを返し、新羅へ帰りました。そして、すべては考え方しだいという悟りを、人々に知らせました。

🔹 **바**
　元暁は、民たちに仏教について話し、柄のない斧を貸してくれれば天を支える柱を造るという内容の歌も歌って歩きました。人々はこの歌の意味が分かりませんでした。しかし、新羅の王は元暁の意思を理解し、夫もなく1人で暮らす自分の娘を僧侶に紹介しました。元暁は王女とともに宮殿で生活するようになりました。後日、王女が妊娠して、元暁はようやく天を支える柱ができたと考え、宮殿を出ました。

🔹 **사**
　宮殿を出た元暁は、仏教を民たちに知らせようと、僧侶の服を脱いで、民たちとともに歌って踊りました。そして、民たちの目線に合わせて、仏教について易しく話しました。その後、幼子から老人たちまですべての民が「南無阿弥陀仏」を知り、国じゅうに仏教が広まりました。

🔹 **아**
　腐った水を飲んだことは非常に不快なことでしたが、元暁はこのことで大きな悟りを得ました。私たちも生きていく中で腐った水を飲むような不快な経験をすることがあります。そのたびに不快だという感情に陥るより、元暁のようにそのことを別の視線で見ようと努力するならば、不快なことも私たちを成長させる肥やしになりうるでしょう。

문형과 표현 익히기　文型と表現

1　－(으)ㄹ 겸
　ある行為の目的が2つ以上であるときに使用する表現。

2　－다니/(이)라니
　意外なことに驚いたり、信じることができないことと考えたりするときに使用する表現。

3　－기 나름
　ある出来事や行為が異なりうることを表す表現。

더 알아보기　もっとよく知ろう

骸骨の水の話は事実？

　元暁の話は中国と日本にも伝わっています。中国の『林間録』には元暁と骸骨の水の話が伝わっていますが、『宗鏡録』には骸骨の水でなく死体の腐った水と伝わっており、『宋高僧伝』では元暁の話を紹介していますが骸骨の水や死体の腐った水の話はありません。

　日本の『華厳縁起』には、元暁の話が絵で紹介されています。その絵とは、元暁と義湘が墓で寝ており、その姿を鬼が見ている絵です。韓国・中国・日本で伝わる話はみな異なりますが、元暁が悟りを得たというのはすべて同じです。

天を支える柱と薛聡

　元暁は柄のない斧を貸してくれれば天を支える柱を造るという歌を歌い、その言葉の意味を知った新羅の武烈王は自分の娘である瑤石王女を紹介しました。その後、瑤石王女は息子を産んだのですが、彼こそが薛聡です。

　薛聡は、新羅の10大賢人の1人で、3大文章家の1人でもあり、新羅の教育に大きく貢献した大学者です。薛聡の最も大きな業績は「吏読」を整理したことです。「吏読」は、漢字の意味や音を借りて韓国語に合うように書く表記法です。新羅には固有の文字がなく中国の漢字を借りて使用したのですが、使用するのが非常に不便でした。薛聡が吏読を整理してから、新羅の民たちは自分の考えをより簡単に文章に残せるようになり、ほかの人が書いた文章も簡単に理解できるようになりました。

第3章　高麗時代の話

第6課

不本意な濡れ衣 － 王建の話

생각하며 읽기　考えながら読もう

🔹 **가**
　悪いことが起きたとき、自分がしていないのに、誰かがそのことを自分がしたと言ったとしたら、本当に不本意でしょう。もしも泥棒・暴行・殺人などの不本意な濡れ衣を着せられたら、ただ耐えることができるでしょうか。濡れ衣を晴らすために、どんな努力をすべきでしょうか。歴史上には、このような危機を賢明に乗り越えて、王になった人がいます。

🔹 **나**
　800年代後半、新羅の王や臣下たちは、国を顧みずぜいたくな生活をして、民たちを苦しめました。民たちはだんだん暮らしが苦しくなり、山に入ったりあちこちで乱を起こしたりしました。新羅の力が弱まって、新羅の将軍・甄萱は全州地域に国を建て、新羅の王族・弓裔も勢力を集めて鉄原地域に国を建てました。

다
　国が強くなるには多くの力が必要です。そのとき、松嶽地域の勢力家・王隆が彼の息子・王建とともに弓裔を訪ねてきました。弓裔は王隆と王建に官職を与えました。王建は弓裔の将軍になって新羅と戦争をし、新羅の多くの地域を弓裔の国にしていきました。

라
　弓裔は戦争するたびに大きく勝利する王建をさらに信じるようになって、国で最も高い官職を与えました。王建は戦闘で勝利した地域の民たちを自分の民のように治めましたが、弓裔はその地域の民をすべて残忍に殺しました。それで、すべての民たちは弓裔を恐れ、王建を信じて従いました。

마
　弓裔は、大きな宮殿を建てるために、民たちに多くの税金を課し、つらい仕事をさせました。民たちはだんだん暮らしが苦しくなり、弓裔の性格もだんだん暴虐になりました。弓裔は自分が生き仏なのでほかの人の心を読む「観心法」ができると言って、気に入らない人々はすべて殺しました。果てには、自分の夫人と息子まで手にかけました。

바
　王建も弓裔の観心法を免れることはできませんでした。弓裔は王建に「お前は私を裏切って王になろうとしているな」と言いました。王建は不本意でした。このとき、崔凝という人が落とした物を拾うふりをして、王建に「折れなければ危険です」と言いました。王建は不本意であることを話すか自分を曲げるか悩んだ末に「申し訳ございません。私が、王になろうと欲を出しました」と言いました。弓裔は「お前は事実を話したから生かしてやる」と言って高笑いしました。

사
　弓裔の暴虐がますますひどくなると、臣下や民は王建を王として仕え、弓裔のいる宮殿へ攻め込みました。弓裔は誰にも気づかれないように宮殿を出て山に隠れましたが、結局、民に捕まって、殺されました。王建が王になった後、新羅の民たちの心は新羅の王でなく王建へと移っていきました。新羅の王は王建に国を譲り、王建は甄萱が建てた後百済も征服して統一国の高麗を建てました。

아
　弓裔から王になろうとしているという濡れ衣を着せられたとき、王建は自分の不本意さを話したかったでしょう。しかし、王建が自分の不本意さを話そうとしたならば、命を失ったでしょう。不本意でしたが、しばし自分の意志を曲げたために王建は死を免れ、後日、王になることができました。もしも私たちに危機が迫ったら、王建のように、最も重要なことは何かを考えられなければならないでしょう。

문형과 표현 익히기　文型と表現

1　-아/어 가다/오다
　動作の状態を維持して時間が進行することを表す表現。「-아/어 오다」は過去からこれまで、「-아/어 가다」はこれから未来へ、時間が進行することを表す。

2　-(으)ㄴ/는 척하다
　事実に反する内容を偽りの態度で装うときに使用する表現。

3　-자
　先行節の動作が前提条件となって後続節の動作がすぐに起きるときに使用する表現。

더 알아보기　もっとよく知ろう

高麗? 高句麗?

　中国の歴史書『宋史』『明史』には、高麗の王建が高氏の高句麗を継承したと記録しています。『高麗史』には遼が占有していた高句麗の土地を高麗に返した話があるのですが、これは高麗が高句麗を継承したからだといいます。したがって、王建の高麗は高朱蒙の高句麗を継承した国であることが分かります。

　高麗を建てた王建は、新羅と百済を1つの国である高麗に統合して、多様な政策を実施しました。高句麗・百済・新羅の人を区分せず、1つの高麗人として暮らすことができるようにしました。さらに、高句麗の遺民が建てた渤海が契丹によって滅亡すると、渤海の遺民たちも高麗人として受け入れました。

　王建は、民の心を一つに集めるために、仏教を積極的に奨励しました。寺や塔を建て、仏教行事を開いて、仏教文化を発展させました。また、地方の勢力家の力を一つに集めるために彼らの娘たちと結婚し、地方の勢力家に王という姓を下賜して、高麗人であるという所属感を持たせました。王建はこのようにして国を安定させました。

第7課

自分を信じてくれる人
－ 恭愍王と魯国王女の話

생각하며 읽기　考えながら読もう

가
　王になるために互いに殺し合い、親兄弟はもちろん信じられる人が誰もいない状況だったら、人生に何の希望があるでしょうか。もしも自分を信じて支持してくれる人がただ1人でもいるならば、そのような状況でも希望を持って頑張り意志を展開することができるでしょう。

나
　高麗末には、元の干渉によって王がよく変わり、臣下たちも勢力争いを続けて、王権が非常に弱まっていました。高麗の王は元に忠誠するという意味で名前の1文字目に「忠」の字を入れ、忠烈王、忠宣王、忠粛王と呼び、高麗の王子は幼いときから元で生活して元の風習を身に付けて元の王女と結婚をしなければなりませんでした。忠粛王の息子「祺」も、ほかの王子たちと同様、12歳のとき、元に行かなければなりませんでした。

다
　祺は元に連れられてきた高麗人たちの悲惨な生活を見て、力のない高麗を強い国にするという決心をしました。しかし、祺は母が元の王女ではなかったため、王になることができませんでした。祺は高麗の王になるために元の魯国王女と結婚をし、高麗の王になって高麗へ帰ってきました。

라
　恭愍王(祺)は、高麗へ帰ってくるやいなや、民を苦しめる元

の勢力を追い出し、新しい人材を選んで国の仕事を任せました。また、モンゴル式の服・髪型・風習などを禁止して高麗の伝統を生かそうと努力し、元に奪われた高麗の土地を取り戻しました。魯国王女は、元の王女であるにもかかわらず元に反対する恭愍王を積極的に助け、恭愍王が王権を強化するのに力を添えてくれました。

마 恭愍王は強い高麗を作るために努力しましたが、国の内と外で困難が多くありました。外では紅巾賊と倭寇が攻め込んできて国力が弱くなり、内では親元勢力が恭愍王を殺そうとしました。そのたびに魯国王女は恭愍王を助け、親元勢力は元の王女である魯国王女をどうすることもできませんでした。魯国王女は恭愍王にとって、夫人であり、政治的同伴者であり、心の友でした。

바 2人の愛にもかかわらず、恭愍王と魯国王女の間には子どもがいませんでした。そんな2人に、15年目にして子どもができました。恭愍王は、魯国王女が安産することを願って国のすべての囚人を解放しましたが、魯国王女は子どもを産む途中で子どもと一緒に死んでしまいました。

사 魯国王女の死に大きな衝撃を受けた恭愍王は、王女の絵を自ら描いて、王女が生きているかのように昼も夜も絵と対話し、一緒に食事もし、絵の前を離れませんでした。そして、9年間、真心を込めて王女の墓と自分の墓を作り、2つの墓をつなぐ通路を作って、死んだ後にもお互い会うことができるようにしました。王女を失った悲しみから国を顧みなかった恭愍王は、結局、1374年に、臣下たちに殺されました。

아 恭愍王は四方を敵に囲まれていましたが、心から自分を信じて強く支持してくれた王女がいたために、自分の意志を展開することができました。しかし、魯国王女が死んだ後、恭愍王は何もできず、結局、死を迎えました。そして後日、高麗も滅亡しました。もし王女が死ななかったら、また違った歴史が繰り広げられたのではないでしょうか。

문형과 표현 익히기 文型と表現

1 에도(-(으)ㄴ/는데도) 불구하고
어떤 조건이나 상황에 구애받지 않음을 강조하는 표현(주로 반대의 결과가 후속절에 나타남).
ある条件や状況にとらわれないことを強調する表現(主に反対の結果が後続節に現れる)。

2 이자
2つの特徴を同時に持っているときに使用する表現で、名詞と結合する。

3 -고 말다
否定的な結果を表すときに使用する表現。

더 알아보기 もっとよく知ろう

蒙古風と高麗様

高麗は、80年間あまり、モンゴルの干渉を受けました。その間に、2つの国の文化は互いに影響を与え合いました。高麗ではモンゴルの文化が流行し、モンゴルでは高麗の文化が流行しました。高麗で流行したモンゴルの文化は蒙古風といい、モンゴルで流行した高麗の文化は高麗様と呼ばれました。

韓国の伝統的婚礼で新婦が頭にかぶる礼冠(チョクトゥリ)と顔につける紅(ヨンジコンジ)は、モンゴルから由来したそうです。そして、焼酎と餃子も、モンゴルから影響を受けた食べ物です。

高麗人たちの服の形はモンゴルで流行した後、明まで続き、高麗の漢菓とサム(野菜などでご飯やおかずを包んで食べる方法)の野菜はモンゴルの食文化に影響を与えました。モンゴルの食べ物の中には、高麗から伝わって現地化し、いままで残っているものもあるそうです。

第8課

代を継いだ情熱 – 崔茂宣の話

생각하며 읽기 考えながら読もう

가 みんなが「いいえ」と言うときに、みなさんは「はい」と言えますか。これは簡単でないことです。しかし、高麗時代に、みんなができないと言うことに自分の一生をすべて捧げた人がいました。彼の情熱は息子と孫にまで受け継がれ、彼の夢は完成されました。では、彼らとは誰で、彼らの夢とは何だったのか、見てみましょうか。

나 高麗末には、倭寇がよく高麗に入ってきて、民たちを苦しめました。元の干渉によって王権と軍事力が弱まった高麗は、倭寇の侵略にうまく対応できませんでした。国際貿易港の碧瀾渡は、倭寇がよく侵略するところでした。ここで働く崔東洵にとって、倭寇は頭痛の種でした。崔東洵の息子・崔茂宣は、父の心配を軽減する方法について、いつも考えていました。

다 ある日、崔茂宣は花火を見て言いました。
「そうだ、火薬なら、倭寇を撃退することができるだろう」
しかし、高麗には火薬を作る技術がなかったのみならず、高麗の人々は火薬を武器として使えるという考えもできませんでした。しかし、崔茂宣は人々に火薬の重要性を知らせ、火薬を自分たちで作って火薬を利用した武器も開発し、倭寇を撃退しなければならないと話しました。

라 崔茂宣は、火薬について知っている中国商人を探し回った末に1人の商人に会って、火薬を作る方法を聞き出しました。そして、日夜実験して研究し、ついに火薬を作りました。崔茂宣はこうして作った火薬で武器を作る機構を設置しなければならないと主張したのですが、官吏たちは彼を助けるどころか彼の言葉も信じませんでした。しかし、崔茂宣はあきらめず、ついに1377年に、火焔都監を設置しました。

마 1380年の秋、倭寇が500隻の船を引き連れて鎮浦入口に来ました。倭寇は船を互いに結びつけて固定してから、村に入って人々を殺し穀物を盗んだ後、村をすべて焼き払いました。崔茂宣は、いまこそ、自分が作った武器を使用するときだと考えました。崔茂宣は、100隻の船を引き連れて鎮浦へ行き、倭寇の船をすべて焼き払いました。

바
　3年後に、倭寇は再び高麗に来ましたが、崔茂宣の武器に太刀打ちできませんでした。すると、倭寇はだんだん高麗を侵略しなくなり、民たちは平和を取り戻しました。倭寇がだんだんいなくなると、官吏たちは火㷁都監をなくし、崔茂宣はこれ以上武器を開発することができなくなりました。崔茂宣は、幼い息子に火薬と武器に関する本を書き残して、70歳で世を去りました。

사
　崔茂宣の息子・崔海山は、父の残した本で火薬と武器を作る方法を学びました。崔海山は官職に就き、父の作った武器をさらに発展させて多様な武器を開発し、国を強くしました。彼の息子・崔功孫も、祖父と父の意志を継いで、火薬と武器の研究に一生を捧げました。

아
　みんなが不可能だと考えたことでしたが、崔茂宣は自分を信じて一生を捧げ夢を成就しようと努力しました。その情熱は息子と孫に受け継がれ、ついに、崔茂宣の夢のとおり民たちは平和な生活をすることができるようになりました。3代にわたって続いた彼らの情熱は、この時代を生きていく私たちに大きな意味を与えてくれます。

문형과 표현 익히기　文型と表現

1　-(으)ㄹ 뿐만 아니라(뿐만 아니라)
　ある事実だけでなく、それに加えてほかの状況もあることを表す表現。

2　은/는커녕
　先行節の内容と後続節の内容を比較して、先行節の内容は言うまでもないことを強調する表現。

3　(이)야말로
　強調して確認するときに使用する表現。

더 알아보기　もっとよく知ろう

高麗とKorea

　韓国を英語で表記すると「Korea(コリア)」です。「コリア」という名称は、いつから使用したのでしょうか。

　高麗は貿易が発達した国です。碧瀾渡は高麗の代表的な国際貿易港でした。碧瀾渡には中国や日本の商人をはじめとして、遠くアラビアの商人たちまでも貿易をしに来たと言います。このとき、アラビアの商人たちは高麗を発音するとき「Coree(コレ)」と言い、この発音がほかの国にも伝えられて「Korea(コリア)」になりました。

　この時期に、碧瀾渡から輸出した物としては高麗青磁・螺鈿漆器・高麗人参・紙が代表的で、輸入した物としては絹・薬の材料・本・香料などがあります。

第9課

消えない血痕 - 鄭夢周の話

생각하며 읽기　考えながら読もう

가
　正しいと考えることを守るために、自分の持てるすべてを放棄することができるでしょうか。甘い提案が来ても、自分が正しいと考えたことを最後まで守ることができるでしょうか。高麗末、鄭夢周は、自分が正しいと考える信念を守るために命まで投げ出しました。鄭夢周とは誰で、彼が守ろうとした彼の信念とは何だったのでしょうか。

나
　高麗末、恭愍王は強い高麗を作るために元の勢力を追い出し、試験を通じて新しい人材を選び出しました。このときに、鄭夢周も人材として選ばれ、国の仕事を任されました。しかし、恭愍王が急死すると、高麗は再び親元勢力の手に落ちました。彼らは明から来た使臣を殺し、鄭夢周を遠くへ島流しにしました。

다
　相次ぐ倭寇の侵略によって民が苦痛を受けるや、国から日本へ使臣を送りました。その使臣は、監禁されて、瀕死の状態でやっと生きて帰ってきました。親元勢力は、使臣として行けば死ぬことが明らかな状況で、島流し中の鄭夢周を日本に使臣として送りました。しかし、鄭夢周の人柄と学識に感動した日本人たちは、鄭夢周をよくもてなし、倭寇に捕まっていた高麗人たちも解放しました。

라
　その後、鄭夢周は、高麗を侵略した倭寇と戦う将軍たちを助けました。その将軍たちの中には、後日、朝鮮を建てた李成桂もいました。2人は何度も一緒に倭寇を撃退し、互いに対する信頼を築きました。

마
　元の力が弱くなり、明の力が強くなると、明は高麗に多くのことを要求しはじめました。高麗から明に使臣を送らなければならなかったのですが、以前に明の使臣を殺したことがあったため、誰も明に使臣として行こうとしませんでした。親元勢力は、使臣として行けば死ぬことが明らかな明に、鄭夢周を送りました。しかし、鄭夢周は、優れた外交力で、2つの国の関係を改善させました。

바
　明は勢力が大きくなるにつれて、高麗が恭愍王のときに元から取り戻した遼東地域を、明の土地としました。恭愍王の息子・禑王は李成桂を送り、遼東地域を取り戻してくるように言いました。しかし、李成桂は遼東の近くまで行って軍隊を引き返させ、宮殿へ帰ってきて禑王を追い出しました。李成桂は、禑王の幼い息子・昌を王として立て国事に干渉しましたが、昌王も王族でないと言って追い出しました。その後、王族で自分と姻戚関係にある王堯を王に立てました。

사
　鄭夢周は強い高麗を作るために新しい王を助けて多くのことをしましたが、李成桂は自分が王になるために自分に反対する人はすべて殺しました。鄭夢周にとって李成桂のしたことは正

しいことではありませんでした。李成桂の息子・李芳遠は、酒席に鄭夢周を招待して、甘い提案をしました。しかし、鄭夢周は自分の考えは死んでも変わらないと言いました。結局、李芳遠は人を遣わし、鄭夢周は善竹橋という橋で血を流して死にました。

아 後日、李成桂は朝鮮という国を建てました。もし鄭夢周が自分の正しいと信じることに対する考えを変えたならば、朝鮮を建てた功を認められ、安らかに生きられたでしょう。しかし、鄭夢周にとって正しくないことと妥協するのは、死ぬよりも劣ることでした。鄭夢周は朝鮮建国勢力のために死にましたが、彼は朝鮮時代の人々の思想に多くの影響を与えた人物として残ることになります。

문형과 표현 익히기 文型と表現

1 을/를 통해
あることを手段や媒介として別のことを成すときに使用する表現。

2 －다시피
実際にそのようになったわけではないが、その程度に近いときに使用する表現。

3 만 못하다
先行節の内容や程度が後続節の内容や程度に及ばないか足りないときに使用する表現。

더 알아보기 もっとよく知ろう

何如歌と丹心歌

李芳遠は高麗の忠臣・鄭夢周を説得するため「何如歌」という詩を作り、鄭夢周は何如歌に対する返歌として「丹心歌」を作って詠んだといいます。

何如歌 李芳遠	丹心歌 鄭夢周
こうであろうといいではないか ああであろうといいではないか	この身が死に死んで 一百回、繰り返し死んで
万寿山の葛の蔓が からまろうといいではないか	白骨が塵土となり 魂すらありやなしや
私たちもこのようにからまって 百年まで生きよう	主への一片丹心(真心からの赤誠)が 消えることがあろうか
李芳遠は、高麗の臣下として残ろうとする鄭夢周に、高麗にばかり固執せず、朝鮮で葛の蔓がからまりあっているように互いに交わって、一緒に国を導いていこうと言ったのです。	鄭夢周は、百回死んでも、そしてその骨が土となってなくなっても、高麗の王への心は絶対に変えることができないことを、詩に表しました。一片丹心たる自分の確固とした心を表現して、李芳遠の提案を拒絶したのです。

第4章 朝鮮時代の話

第10課

民を愛した王 － 世宗大王の話

생각하며 읽기 考えながら読もう

가 世界には6千種あまりの言語があり、200あまりの文字があるそうです。これらの文字は、長い時間をかけて、人々の必要によって作られたため、誰が、いつ、どこで、どのように作ったのか、知ることができないものがほとんどです。ところが、ハングルはこのすべてが分かり、大衆的に使用されている、唯一の文字です。では、ハングルが作られるようになった過程とハングルを作った世宗大王について、調べてみましょう。

나 世宗は太宗・李芳遠の三男で、幼いときから本を読むのが大好きでした。世宗は同じ本を百回ずつ読んだりし、体調が悪いときも手から本を離しませんでした。世宗の健康を心配した太宗は臣下を遣わして本をすべて片づけさせたことがあったのですが、このときも世宗は屏風の後ろに残された1冊の本を見つけて父に隠れて千百回も読んだそうです。

다 世宗は長男でなかったので王になることができなかったのですが、賢く聡明だったので、王や臣下たちはみな、世宗が王になることを望みました。世宗は王になった後、人材を集めて彼らが研究することを支援しました。また、諸制度を刷新して民たちが暮らしやすくすると、隣国の多くの人々がこれをうらやんで朝鮮へ帰化したりもしました。

라 世宗が民のために作った政策には、いろいろあります。妊娠した奴婢とその夫に休暇を与え、両親がいない子どもを国で保護し、監獄の囚人たちも暑さや寒さで病気にならないようにしました。70歳以上の老人は、身に関係なく宴会を開いてお祝いし、米と服を与え、子どもがいない老人は国で保護しました。

마 世宗は晋州に住む民が自分の父を殺したという話を聞いて、民たちに「孝」を教えるために、本を作りました。しかし、文字を知らない民たちがその内容が分からなかったため、これを残念に思い、儒教に関する内容を絵にして、民たちが分かるようにしました。

바 世宗は、韓国語と中国語が異なるために、民たちが中国の文字で韓国語を表現するのに困難があることを、不憫に感じました。それで、文字を知らない民たちのために、簡単に学んで簡単に書くことができる28個の字母を作りました。この文字こそ、民を教える正しい音という意味の「訓民正音」です。この28個の字母で、韓国語のすべての音を書き表すことができました。

사 世宗は民たちに訓民正音を知らせようとしましたが、臣下たちは世宗の作った訓民正音が国家に役に立たないと言って反対

しました。世宗は民のことを考えていない臣下たちを激しく叱りました。そして、訓民正音をみんなが理解できるように説明を付けて民たちに知らせました。その後、文字を知ろうとする人は、年齢・性別・身分に関係なく誰でも、訓民正音を学んで文章を書くことができるようになりました。

아
　世宗は32年間、在位し、民のことばかり考えました。彼は身分が低い人にも能力があれば機会を与え、孤児・老人・罪人などすべての人を分け隔てせずに保護しました。ハングルもまた、民に対する世宗の愛があったからこそ作られたのです。今日、韓国人たちの生活が便利になったのは、世宗のおかげと見ることができます。ですから、人々は世宗を、最高の王という意味で世宗大王と呼んでいます。

문형과 표현 익히기　文型と表現

1　에 의해(서)
　後続節の状況が進行するようにする根拠・手段・方法・状況・基準などを表す表現。

2　-곤 하다
　同一の状況が何度も繰り返されることを表す表現。

3　-는 데(에)
　後ろに来る内容と関係ある出来事や状況を前もって言うときに使用する表現。

더 알아보기　もっとよく知ろう

訓民正音の特徴

1. 創製の動機
文字を知っているということは知識を持っているということであり、知識があるということは支配される人でなく支配する人になれるということを意味しました。すなわち、文字は権力と同様でした。しかし、世宗大王は無学な民に文字を教えました。民を単純に支配される人とは見なかったからです。このことから、世宗大王の愛民精神を知ることができます。

2. 創製された文字
多くの文字は、絵や記号から始まりました。そして、その文字を借りて使用したり改変して使用したりしました。しかしハングルは、韓国語を表記するために新しく創製された文字です。

3. 製字の原理
① 象形: 発音器官と天地人の形を基本字母としました。
② 加画: 基本字母に画を追加してほかの字母を作りました。
③ 組み合わせ: 初声字母を終声字母として再び使用し、初声字母・中声字母・終声字母を組み合わせられるようにしました。

28の字母のうちなくなった4つの字母は?

ㆆ	여린히읗	韓国の固有語には使われず、中国の漢字の発音を表すための字母です。
ㅿ	반치음	ㅅとㅇの中間の発音で、いまはㅅやㅇに変わりました。地域方言で「여우(キツネ) → 여수, (병이(病気が)) 나아(治り) → 나사」と発音されます。
ㆁ	옛이응	初声字母ㅇと終声字母ㅇは異なる音です。옛이응は終声字母ㅇの音を表しましたが、いまはㅇひとつに統合して使用します。
ㆍ	아래아	発音は「ㅗ+ㅏ」と似ています。標準語ではこの発音がなくなり、地域方言に残っています。

第11課

忽然と消えた天才科学者
－ 蒋英実の話

생각하며 읽기　考えながら読もう

가
　朝鮮は身分制社会でした。身分は人が生まれながらに両親から受け継ぐものであり、その人の一生を左右しました。身分によってできることとできないことが決められていて、身分は簡単に抜け出すことができるものではありませんでした。ところが、蒋英実は自分の能力でこのような身分制度を飛び越えました。

나
　蒋英実は朝鮮の太宗のときの人で、今日の釜山地域の東莱県で働く奴婢でした。朝鮮で奴婢は最も低い身分だったため、蒋英実に関する記録は多くありません。いくつかの記録によると、蒋英実の祖先は元の人ともいい、宋の将軍ともいい、母は官庁で働く妓生であったともいいます。

다
　蒋英実が東莱県の奴婢としていたときのことです。朝鮮全土で干ばつがひどく、多くの民たちが苦痛を受けていました。しかし、東莱県は干ばつの被害がありませんでした。その理由は、蒋英実が遠くの水を引いて田畑に与えることができる施設を作ったからです。このことを知った太宗は、蒋英実を大事にして保護するようになりました。

라
　太宗に続いて王になった世宗は、中国の天文学が朝鮮に合わなかったために、朝鮮の天文現象を正確に知ることができないことを残念に感じました。世宗は、物を作る技術にたけた蒋英実を天文科学者たちとともに中国へ送り、中国にある天文機器の形を覚えてくるように言いました。

마
　世宗は中国に行ってきた蒋英実に天文機器の制作を任せ、彼が奴婢の身分から抜け出せるようにしてやろうとしました。臣下たちが反対したため、蒋英実は奴婢の身分を抜け出せませんでしたが、これに失望せず、天文機器を制作しました。ついにその功を認められ、奴婢の身分を抜け出すことができました。その後、蒋英実が手動水時計を改善して実力を証明すると、世宗は蒋英実に新しく官職を与えました。

바
　世宗は蒋英実に、自動で時間を知らせる時計を作るように命令しました。蒋英実は中国とアラビアの水時計を比較して研究し、朝鮮だけの自動水時計を作りました。その後も、季節や時間の変化を知ることができる渾天儀をはじめとして、日時計や

測雨器など科学的な機械や金属活字を作って、大護軍という高い官職に就きました。

사
1442年、蒋英実は王が乗る駕籠に問題があることを発見して、同じ官職にあった趙順生にこの事実を知らせました。何の問題もないだろうという趙順生の言葉を聞き、蒋英実は駕籠を直しませんでした。ところが、その駕籠が壊れたせいで蒋英実は鞭打ちの刑に処され、官職を解任されました。そして、歴史の記録から忽然と消えました。

아
蒋英実の記録が多くないため、彼の最期は分かりません。しかし、彼が残した多くのものは、朝鮮の農業と科学の発展に大きく役立ちました。蒋英実は奴婢の身分でしたが、王にまで自分の能力を認められて、身分の限界を飛び越えました。今日、身分という限界はなくなりました。しかし、私たちは自ら限界を作って、その限界を抜け出せないときがあります。そのようなとき、蒋英実の一生を考えてみるのはどうでしょうか。

문형과 표현 익히기 文型と表現

1 **-아/어다가**
先行節の結果をもって後続節の行為をするときに使用する表現。

2 **을/를 비롯하여**
複数のものを羅列するときに使用する表現。

3 **-는 바람에**
意図しなかった出来事によってよくない結果が発生したときに使用する表現。

더 알아보기 もっとよく知ろう

蒋英実の発明品

高麗時代にはすでに、優れた金属活字の技術がありました。『直指心体要節』は高麗の金属活字で作った本で、ドイツのグーテンベルクの活字技術より70年も先立っていました。しかし、その技術が一時期停滞していたため、世宗が蒋英実によりよい金属活字を作らせました。それがまさに蒋英実が作った金属活字「甲寅字」です。

自撃漏は、一定の時間が経って水が集まると、小さい人形が鐘を打って時間を知らせてくれる水時計です。自ら鐘を打つという意味で、その名を「自撃漏」といいました。戦争によって一部だけ残りましたが、これを再び復元していまの形になりました。

仰釜日晷は、民に広く普及した日時計です。日が昇ったときに現れる影を利用して、時間が分かるようにしました。文字を知らない民のために、時間を表す12の動物の絵が描かれています。

測雨器は、雨の降る量を測る器具です。国家で使われる標準化された器具としては世界で最初です。測雨器は、床に落ちた雨水がはねて入らないようにし、雨の降る量を測るときに生じる誤差を減らしました。

このほかにも、蒋英実は多様な科学機器を制作したそうです。一例として、時間を知らせてくれる自撃漏と天体の運行を観測する渾天儀を合わせて、玉漏を制作しました。玉漏は、季節の変化、節気、時間を、すべて知ることができる器具です。

第12課

国を救った英雄 － 李舜臣の話

생각하며 읽기 考えながら読もう

가
多くの人々は、昇進して高い地位に就くことを望み、組織でリーダーになることを望みます。しかし、誰がリーダーになるかによって、組織は崩壊することもあり、大成功することもあります。朝鮮の名将・李舜臣は、組織においてリーダーの指導力がいかに重要かを示してくれた人です。

나
いまから400年あまり前、日本を統一した豊臣秀吉は、明を侵略するために、まず朝鮮を侵略しようと準備していました。全羅地域を守っていた李舜臣は戦争が起きることを予想しましたが、宣祖はこれに対して準備をせずにいました。それで李舜臣は、国の助けなしに兵士たちを訓練させ、亀甲船を作るなど、戦争に備えました。

다
1592年、豊臣秀吉は20万名あまりの兵士を率いて釜山を侵略しました。慶尚地域を守っていた元均は、何の準備もしておらず、数えきれないほど多くの日本軍の船を見て、戦ったところで負けることが明らかだと考えました。それで、武器と船を海にすべて捨てて逃亡しました。王は宮殿を捨てて避難し、明に助けてほしいと言いました。結局、朝鮮の首都まで20日で侵略されました。

라
侵略の知らせを聞いた李舜臣は、兵士たちを率いて慶尚地域へ行きました。朝鮮の兵士たちは李舜臣の指導力で初勝利を収めて自信を取り戻しました。その後も、李舜臣は10回あまり戦って全勝し、日本軍は李舜臣の率いる兵士たちとの戦いで負け続けて戦意を失いました。日本軍にとって、李舜臣は恐ろしい存在になりました。

마
李舜臣は忠清道・全羅道・慶尚道の兵士を率いる三道水軍統制使になりました。李舜臣がいる限り、日本はこの戦争で勝つことができませんでした。日本は偽の情報を流し、これを信じた宣祖は李舜臣に出陣して戦えと言いました。偽の情報と考えた李舜臣が王の命令に従わなかったため、宣祖は李舜臣を監獄に閉じ込めました。臣下たちは李舜臣を殺せと言いましたが、王はその間の功を認めて殺しはせず、李舜臣に白衣従軍することを命じました。

바
李舜臣が監獄にいるとき、元均は三道水軍統制使になりましたが、日本との戦いでほぼすべての兵力を失い、陸地へ逃亡して、日本軍の手で殺されました。宣祖は李舜臣に再び三道水軍統制使を任せ、海をあきらめて陸地で戦うように命じました。しかし、李舜臣は「まだ12隻の船が残っているので、死力を尽くして戦えば勝つことができます」と言い、鳴梁海峡で10倍以上の130隻あまりの船と戦って勝ちました。

사
1598年に豊臣秀吉が死ぬと、陸地にいた日本軍は日本へ帰ろうとしましたが、李舜臣が海を守っていて帰ることができま

せんでした。日本軍は500隻を送って総攻撃をし、朝鮮と明の兵士たちは100隻あまりの船で一緒に戦いました。李舜臣は逃亡する日本軍を追撃する途中で銃に撃たれましたが、「私が死んだことを口外するな」と言いました。李舜臣の死を知らない兵士たちは、最後まで戦って勝ち、7年間の戦争は終わりました。

아

李舜臣は、いかなる条件の中でもリーダーの指導力を発揮し、不敗神話を作り出しました。10倍を超える兵力の差も彼の優れた指導力の前では何の問題にもならず、死を前にしたときにさえ彼の指導力は戦争を勝利へ導きました。李舜臣は、朝鮮を侵略した日本のみならず、全世界で認められる優れた名将として数えられます。

문형과 표현 익히기 文型と表現

1 에 따라(서)
先行節の内容を基準として後続節の内容が制限されることを表す表現。

2 -아/어 봤자
先行節の行為や状態が成立しても否定的な内容が来るであろうことを表す表現。

3 -는 한
後続節の行為や状態に関する条件を表すときに使用する表現。

더 알아보기 もっとよく知ろう

李舜臣の3大海戦

李舜臣は、壬辰倭乱(文禄・慶長の役)の7年間に多くの海戦を行い、不敗神話を築きました。そのうち代表的な海戦は次のとおりです。

- 閑山島海戦：1592年に閑山島の沖合いであった海戦です。この海戦によって、日本軍は海上作戦を展開することができなくなりました。朝鮮の地に進出していた日本軍は円滑な支援を受けられなくなり、日本陸軍は大きな打撃を受けました。また李舜臣は、鶴翼陣戦術を海戦に使用して、陸上戦術も海上で使用できるということを証明しました。

- 鳴梁海戦：1597年に鳴梁で12隻の船で130隻あまりの日本軍と戦って勝った海戦です。鳴梁の地域的特性を利用して10倍以上の敵を撃退し、日本軍が黄海へ進出するのを防ぎました。この劇的な海戦は映画としても制作されました。

- 露梁海戦：1598年に朝鮮と明が連合して日本軍を大きく退けた海戦です。露梁海戦は、壬辰倭乱(文禄・慶長の役)期間中における海での最後の戦いでした。李舜臣は、この海戦を勝利へ導き、目を閉じました。李舜臣が残した最後の言葉は多くの人々がいまでも記憶する名言として残り、彼の人生と精神は映画・ドラマ・小説など多様な作品に生まれ変わっています。

第13課

ねじれた木 – 思悼世子の話

생각하며 읽기 考えながら読もう

가
ひどくねじれたこの木は、昌慶宮にある樹齢450年のエンジュです。普通のエンジュはこのような姿ではありません。ところで、この木はなぜこのようにねじれているのでしょうか。この木のねじれた姿は、不憫に死んだ朝鮮の1人の王子と関係があります。

나
朝鮮には民を愛した立派な王が多いのですが、英祖もそのうちの1人に数えることができます。英祖は税金を減らし、残忍な罰をなくし、官吏や両班が民を苦しめることができないようにするなど、厳しくありつつも、いつも民のことを考える王でした。

다
英祖は民を自分の子どものように大事にして愛しましたが、肝心の自分の愛する息子は簡単に得ることができませんでした。英祖は結婚後に長男を得ましたが、その息子は9歳の幼い年で死んでしまいました。その後、7年ぶりに次男「李愃」を得ました。英祖は大切な息子を得て非常によろこびました。李愃は、幼いときから非常に賢く、英祖の愛をたっぷり受けました。

라
しかし、その愛はさほど続きませんでした。李愃は、父の英祖とは違って活動的で戦争遊びを好んだのみならず、馬に乗って武器を使用する才能にたけていました。英祖は、息子が勉強より戦争遊びを好んでいるのが気に入らず、賢い王になるのに邪魔になると考えました。それで、戦争遊びを一緒にした人々を殺しました。李愃は幼い年齢で大きな衝撃を受け、それから父を怖がり、ぶるぶる震えるようになりました。

마
李愃が15歳になったとき、英祖は李愃に王の仕事を任せ、王の地位を譲ることができるか見守りました。しかし、父に気後れした李愃は臣下たちをよく導くことができず、英祖はそのような李愃が気に入りませんでした。臣下たちは英祖に、李愃に対する不満を話しました。英祖は李愃の言葉は聞かないで叱ってばかりいました。李愃は恐ろしい父によって言い訳もきちんとできないまま心の病を患い、その病はだんだんひどくなりました。

바
結局、李愃は暴力的になりました。李愃は、父に自分の短所ばかり言う臣下たちが憎かったのです。李愃は考えました。
「私が力のある王になったら、あいつらを放っておかない」
李愃の考えを知った臣下たちは英祖に、李愃が精神病にかかって人を殺したと知らせました。

사
英祖は、これらすべてのことを終わらせたかったのです。それで、1人しかいない息子を罰するために、米びつに閉じ込めました。李愃は米びつから出してほしいと叫びましたが、英祖の気持ちは変わりませんでした。誰かがこっそり米びつの隙間から李愃に水や食べ物を入れてあげたのですが、この事実を知った英祖は米びつのすべての隙間を塞いでしまいました。7月の蒸

し暑さの中で、李愃は水さえ一口も飲めないまま米びつの中で苦しみ、ついに8日目に死んでしまいました。英祖は李愃の死を悲しむ意味で「思悼世子」と名づけました。

아

思悼世子は、死んでからようやく、息苦しい米びつから出てくることができました。7月の蒸し暑さの中で、思悼世子はどれほど苦しかったでしょうか。助けてほしいと、どれほど叫んだでしょうか。昌慶宮のエンジュは、まっすぐ育たず、まるで思悼世子が苦しみに体をねじらせたようにひどくねじれた姿をしています。これは、思悼世子の苦痛がエンジュに伝わったためではないでしょうか。

문형과 표현 익히기 　文型と表現

1　-아/어 버리다
行動が完了したことを表現し、その結果、残念な気持ちになったり負担が減ったりすることを表す。

2　-(으)로 인해
先行節が後続節の原因になるときに使用する表現。

3　-(으)ㄴ 채(로)
先行節の状態を維持して後続節の行為をするときに使用する表現。

더 알아보기　もっとよく知ろう

蕩平菜と蕩平策

この料理の名前は蕩平菜です。この料理は、互いに異なる色の材料が1つの皿に盛られてはじめて、「蕩平菜」というおいしい1つの料理になります。蕩平菜の4つの色と蕩平菜という名前には、どんな関係があるのでしょうか。これは、英祖と関係があります。

人は誰でも自分の利益を追及するでしょう。英祖の時代にも、多くの臣下たちが自分たちの利益のために、自分の味方でない人を互いに追い出そうとしていました。英祖はこの過程で、惜しい人材をたくさん失いました。英祖は、これを非常に残念に思いました。それで、背景でなく能力によって人を選び政治に参与させる政策を考え出したのですが、これがまさに蕩平策です。

蕩平策の必要性を臣下たちに知らせるため、英祖は臣下たちと蕩平策を議論する席に1つの料理を出しました。その料理は、白・黒・赤・緑から成っています。多様な色が調和したその料理のように、互いに異なる考えを持った臣下たちが争わないで一緒に交わってよい国を作ればよい、と考えたからでした。その後、人々はその料理を「蕩平菜」と呼ぶようになったそうです

第14課

分かち合いを実践した人生
－ 金万徳の話

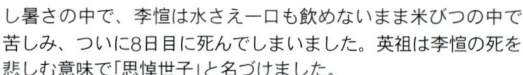　考えながら読もう

가
　朝鮮は身分制社会で男性中心の社会だったため、男性と女性がする仕事が異なりました。男性は外の仕事をして、女性は家事をしなければなりませんでした。女性はいかに能力が優れていても、社会で自分の能力を発揮することができませんでした。ところが、済州には女性の身で富を築いて、自分の全財産を社会に寄付し、人々からほめたたえられた人がいました。

나
　英祖15年、済州で金万徳という1人の子どもが生まれました。万徳が12歳になった年、万徳の父は事故で亡くなり、母まで病で亡くなりました。身寄りのない万徳を1人の妓生が自分の家へ連れて行って娘にしました。数年後、万徳は妓生の名簿に名前を上げ、妓生として生きることになりました。しかし、万徳は自分のことを妓生だと思っていませんでした。

다
　金万徳は20歳が過ぎたとき、官庁に自分の事情を話して、庶民に戻してほしいと頼みました。官庁では金万徳を不憫に思い、妓生の名簿から名前を抜いて、庶民として暮らせるようにしました。その後、金万徳は商売を始めました。品物を、安いときに買って、高いときに売りました。このようにして数十年が経つと、万徳は済州で大金持ちになっていました。

라
　正祖19年、済州では4年間続いた凶作によって多くの人が飢え死にしました。正祖は済州に米を送りましたが、済州島のすべての人が食べるには不足していました。金万徳は全財産をはたいて陸地で穀物を買い、飢え死にしていく人々にまんべんなく分け与えることができるように、官庁にすべての穀物を託しました。

마
　金万徳のしたことは、社会の指導層だった両班たちもするのが難しいことでした。普通、このようなことをした人は官職を得ることができたのですが、金万徳は女性なので官職を得ることができませんでした。正祖は済州の官吏に、金万徳の願いを聞いてやるように言いました。金万徳は意外な願いを言いました。
「私は王様のいらっしゃるところと金剛山を見ることができたら、死んでもいいです」

바
　朝鮮時代、済州島の人は済州島の外へ出ることができませんでした。しかし、正祖は金万徳を都へ呼び、金剛山も観光できるようにしてやりました。正祖は済州に帰っていく金万徳に賞を与え、金万徳の名前は都に広く知れ渡って、多くの人々が金万徳をほめたたえました。

사
　金万徳の善行は、朝鮮のすべての人々にとって、模範になりました。高い官職にある人々のみならず朝鮮の有名な学者たちも、人間を大切に思い分かち合いを実践した金万徳の精神を、

高く買いました。多くの人々が金万徳をほめたたえる詩を書き、金万徳の話を本にしました。金万徳は、済州に帰ってからも善行を続け、74歳で世を去りました。

아

「出陸禁止」があったにもかかわらず、島の外へ出て朝鮮の王に直接会った金万徳は、朝鮮の学者たちにほめたたえられた唯一の済州の女性でした。そして、男性中心の社会であった朝鮮で、短期間といえども歴史に名前を残した、数少ない女性のうちの1人でした。200年あまりが過ぎたいまでも、金万徳の精神は多くの人々にとって模範となっています。

문형과 표현 익히기　文型と表現

1 −다 보니
あることをする過程で新しい事実を知ったり後続節の結果が発生したりしたときに使用する表現。

2 −도록
後続節の行為に関する目的や理由を表す表現。

3 (이)나마
ほかの選択ができないときや、最善の選択ではないけれどそれでもかまわないと考えるときに、使用する表現。

더 알아보기　もっとよく知ろう

出陸禁止

15世紀、国家は済州の人々に、馬・みかん・あわび・わかめ・薬の材料などを納めるように要求し、労働や税金も強要しました。漢拏山の中間地域を馬を育てる牧場にして農業ができなくしたために、済州の人々は海岸地域の一部の土地でのみ農業をすることができました。さらに凶作までひどくなり、地方の勢力家たちまで済州の人々を苦しめるや、これに耐えきれなかった済州の人々は生きるために一揆を起こしたり陸地へ逃げ出したりしました。

済州から逃げ出す人々が多くなると、中央政府は済州に出陸禁止(陸地へ行くことができなくすること)を命じ、帆を張った船に乗ることができないようにしました。船に帆を張れなければ風の力を利用することができないため、遠くへ行くことができません。それで、済州の人々は、近い海で帆のない筏を利用して魚を捕まえて暮らすようになりました。出陸禁止は済州を孤立させ、技術の発展が難しくなりました。そのかわり、済州には、陸地とは異なる済州固有の文化が残りました。

第15課

時代を飛び越えた思想家
－ 丁若鏞の話

생각하며 읽기　考えながら読もう

가
すべての人間は平等だという言葉は、今日当然のように受け入れられています。しかし、200年前の朝鮮では、考えることすら難しい言葉でした。そのような朝鮮に、不合理で不公正なことを改革して平等な世界になることを夢見ていた人がいました。

나
丁若鏞は、京畿道で地方官吏の息子として生まれました。丁若鏞は、4歳で千字文を身につけ、7歳で詩を作り、10歳以前に自分の詩集を作るほど、賢い人でした。16歳のときには、都で暮らす姉の夫から西洋の実用的な知識や科学を学んでから、実学に関心を持ち、多くの本を読みました。その後、成均館に入って勉強していた丁若鏞は、正祖の目にとまり、正祖の信任を受けました。

다
丁若鏞は、正祖が思悼世子の墓に行くとき、簡単に川を渡ることができるように、何隻もの船を連結した船橋を作りました。また、正祖が水原に新しい都市を作ろうとするとき、その仕事を引き受けました。彼は重い石を簡単に運ぶことができる挙重器を作って、建築期間と建築費用を減らし、西洋と朝鮮の科学技術を利用して実用的な城を完成しました。

라
正祖は京畿地方の官吏たちが民を苦しめているという知らせを聞き、丁若鏞を暗行御史として送りました。彼らは、民に不当な税金を払わせ、官庁の穀物を高い利子をもらって貸す方法で財産を集めました。そのうち徐龍輔は国家の土地を自分のものにしたのですが、丁若鏞がこのことを正祖に知らせると、正祖は徐龍輔を遠くへ左遷しました。

마
正祖は、西学を勉強して実生活にも役立つようにしようという、丁若鏞のような実学者たちを大切にしました。しかし、徐龍輔と近しくしていた勢力は、西洋から入ってきた天主教が朝鮮の秩序を乱すと言って、実学者たちを捕らえて閉じ込め、殺したりしました。正祖は大事にしていた丁若鏞が被害を受けるのではないかと、都から遠く離れた谷山地域の官吏として送りました。

바
以前の官吏たちのせいで谷山で民の乱がよく起こったということを知った丁若鏞は、不本意な仕打ちを受ける民の言葉であれば、身に関係なくすべて、耳を傾けて聞きました。その後、すべてのことを処理するときに公正にしたところ、谷山ではこれ以上、民の乱が起きず、谷山は2年でお金持ちの村になりました。丁若鏞は、再び都へ戻りました。

사
都にいる官吏たちは丁若鏞を計略にかけ続けたため、丁若鏞は官職を辞して故郷へ帰りました。後日、丁若鏞を支持してくれていた正祖が急死すると、丁若鏞は康津へ流刑に処されました。変わらない世界を残念に思っていた丁若鏞は、流刑の地で多様な文章を残しました。農民の人生を自ら経験して農民のための本を書き、官吏の腐敗と無能さを改革できる方法に関する本を書き、死ぬまで民の苦しみを詩に残しました。

아
丁若鏞は、時代を超越した思想家であり改革家でした。彼はみんなが平等で自由に能力を発揮する世界を夢見ました。彼が残した500冊あまりの本と2400編あまりの詩には、不合理なことを改め、民が暮らしやすい国を作りたがっていた、彼の改革思想が込められています。彼の思想は、いまこの時代にも、大きな教えを与えてくれます。

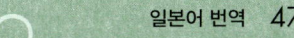

문형과 표현 익히기 文型と表現

1 조차
すでにある状況は含まれており、それ以上の状況が加わることを表す表現。

2 −(으)ㄹ까 봐
起きていない状況をそうなりそうだと推測するときに使用する表現。

3 −았/었더니
過去にしたことが後続節の結果をもたらす原因や理由になることを表す表現。

더 알아보기 もっとよく知ろう

実学と丁若鏞

　朝鮮の支配的な思想は性理学でした。性理学では、世界のすべてのものに差別と等級があるといいました。それで、男性と女性、大人と子どものみならず、王と臣下、平民と賤民のように、すべての人の身分を分け、社会の秩序を維持しました。朝鮮において性理学の秩序は非常に重要で、すべての人はこの秩序に合うように暮らさなければなりませんでした。

　朝鮮後期には、社会のさまざまなところに変化が生じました。西洋の勢力が東洋へ進出し、西洋の文物が入ってきました。これによって、中国を中心とする秩序が弱まりはじめました。農業生産力が高まり、土地を持つ人はだんだんお金持ちになる一方で土地を持てない人はだんだん貧しくなる、ということが生じました。

　このような変化によって実学者たちは、民がよく暮らし強く富める国を作るためには、社会の至るところに改革が必要だと考えました。

　代表的な実学者である丁若鏞は、流刑の地で『経世遺表』という本を書いて、政治・経済・社会・軍事などすべての面における改革方法を詳しく説明しました。また、不本意な民が生じないよう公正な裁判をするために『欽欽新書』を書き、民のために地方官吏がすべきことを整理して『牧民心書』という本を書きました。

　このほかに、疾病と関連した『麻科会通』、技術の発展を奨励するための『技芸論』など、500冊あまりの本を書きました。

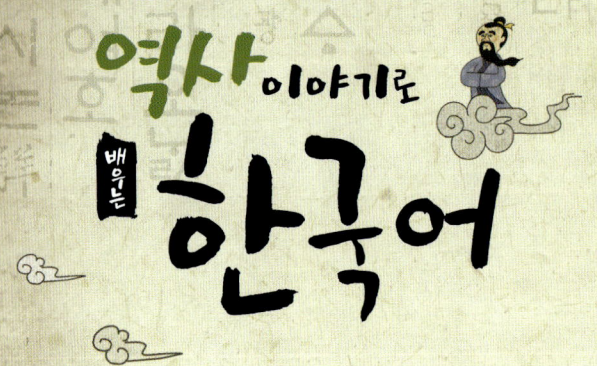

아는 만큼 보이고 보이는 만큼 느낀다는 말이 있지요? 역사는 그 나라를 이해할 수 있는 아주 좋은 방법이라고 생각합니다. 이 책을 통해 한국어 학습자들이 한국의 역사를 알고, 보고, 느끼기를 바랍니다.

숭실대학교 국제교육원 한국어강사 **정연균**

'한국 역사'라고 하면 자칫 따분하게 느껴질 수 있지만, 이 책은 역사 이야기에 재미있는 그림과 다양한 활동을 더해 한국어를 쉽고 재미있게 공부할 수 있도록 도와줍니다. 한국을 더욱 깊이 알고 싶어 하는 학습자들과 대학에서 한국 역사를 전공하고 싶어 하는 학습자들에게 더없이 유익한 교재가 될 것입니다.

법무부 사회통합프로그램 강사 **고민지**

다양한 그림과 설명으로 한국의 역사를 배울 수 있어서 흥미로웠습니다. 특히 '더 생각해 보기' 부분에서 학생들이 마음껏 상상력을 발휘할 수 있다는 점이 좋았어요. 역사 속 인물이 왜 그랬을까 상상하다 보면 자연스럽게 한국과 한국인도 이해할 수 있지 않을까요?

베트남 유학생 **프엉**

기존에 나온 시리즈에서 전래 동화와 설화 이야기 역시 재미있게 읽으며 공부한 저로서는 이번 〈역사 이야기로 배우는 한국어〉의 출판이 너무 기대되고 기뻤습니다. 한국의 역사 이야기를 고조선부터 조선 시대까지 다양하게 읽을 수 있고, 영·중·일 번역도 있어서 이해하기 쉬웠습니다. 아이와 함께 한국어 뿐만 아니라 한국 문화와 역사도 공부할 수 있어 큰 도움이 됩니다.

태국 결혼 이민자 **김알리스**